廣州大典

《广州大典》普及书系

主编　陈建华

开启明代学术新风的大儒

陈献章作品选读

黎业明◎编著

广州新华出版发行集团
广州出版社

图书在版编目（CIP）数据

开启明代学术新风的大儒：陈献章作品选读 / 黎业明编著. —广州：广州出版社，2020.12

（《广州大典》普及书系 / 陈建华主编）

ISBN 978-7-5462-3157-0

Ⅰ. ①开… Ⅱ. ①黎… Ⅲ. ①陈献章（1428—1500）—文集 Ⅳ. ①C53

中国版本图书馆CIP数据核字（2020）第236687号

书　　名 开启明代学术新风的大儒：陈献章作品选读
Kaiqi Mingdai Xueshu Xinfeng De Daru：Chen Xianzhang Zuopin Xuandu

出版发行 广州出版社
（地址：广州市天河区天润路87号9、10楼　邮政编码：510635
网址：www.gzcbs.com.cn）

出 品 人 柳宗慧

责任编辑 叶桂莲　周　秦

责任校对 李少芳

装帧设计 林舒巧

印刷单位 佛山市浩文彩色印刷有限公司
（地址：南海区狮山科技工业园A区
电话：0757-88368558　　邮编：528225）

规　　格 787 mm × 1092 mm　1/16

印　　张 20.5

字　　数 350千

版　　次 2020年12月第1版

印　　次 2020年12月第1次

书　　号 ISBN 978-7-5462-3157-0

定　　价 62.00元

《广州大典》普及书系编辑委员会

关于“广府名人读本”系列编选出版的几点说明

一、本书属于《广州大典》普及书系“广府名人读本”系列；

二、“广府名人读本”系列作为《广州大典》普及书系的开篇，将分为若干辑出版，成熟一辑，出版一辑；

三、因书系以《广州大典》所收文献为编选基础，故个人著述不存世或存世稀少者不纳入“广府名人读本”系列；

四、考虑到《广州大典》（民国篇）正在编纂和不少近代广府名人著述活动时段跨越清末民初的实际情况，“广府名人读本”系列会适当拓宽选录范围。

《广州大典》普及书系
出版前言

广州自古以来就是岭南地区的政治、经济、文化中心，是首批国家历史文化名城。自秦始皇三十三年（前214年）广州建城，至今已有2200余年，大量珍贵的地方文献翔实地反映了广州文化不断发展、不断繁荣的悠久历程。

《广州大典》是由中共广州市委宣传部、广东省文化厅策划并组织研究编纂，旨在系统搜集整理和抢救保护广州文献典籍、传播广州历史文化的大型地方文献丛书，是千年羊城的“根”和“魂”。《广州大典》收录文献的时间范围截至1911年（个别门类的时限延至民国），地域范围包括清代中期广州府所辖南海、番禺、顺德、东莞、从化、龙门、增城、新会、香山、三水、新宁、新安、清远、花县以及香港、澳门、佛冈、赤溪，内容范围包括广州人士（含寓贤）著述、有关广州历史文化的著述及广州版丛书，依经、史、子、集、丛五部分类，共计收录文献4064种，编成520册，于2015年出版。2019年，《广州大典·曲类》专辑单行出版，共计收录文献1589种，编成43册。

为贯彻落实习近平总书记关于让书写在古籍里的文字活起来、推动优秀传统文化的创造性转化和创新性发展，以及要把优秀传统文化的精神标识提炼出来、展示出来，把优秀传统文化中具有当代价值、世界意义的文化精髓提炼出来、展示出来等指示精神，开发利用《广州大典》这一广州历史文献宝库，广州大典研究中心、广州出版社有限公司决定联合编纂出版《广州大典》普及书系，努力将书系打造成集学术性、知识性和可读性于一体的优秀出版物。

书系以《广州大典》为文献基础（可根据实际情况，适当拓宽选录范围），组织一批专家学者从《广州大典》中精选最具代表性、最具可读性、对当代读者有一定借鉴价值的文献，进行普及性的内容整理、发掘，形成《广州大典》普及书系。书系按年分辑来出版，拟分为广府名人读本系列、地方风物读本系列、地方游记读本系列、西学东渐读本系列、小说读本系列、戏曲曲艺读本系列等。书系每种读本均将尽量吸收、反映学术界最新研究成果。每种读本均包括导读、代表性作品选编（含注释、翻译、评析或解题、延伸阅读等）和相关资料附录，作者均为学有专长、研究有素的专家学者。每种读本均力求做到图文并茂、雅俗共赏。因此，《广州大典》普及书系可视作《广州大典》的延伸，且与《岭南文库》的延伸《岭南文化知识书系》《广东历史文化名人丛书》等普及性读物，既桴鼓相应，又各具匠心，可谓和而不同、美美与共。

民族复兴，以文化传承、文化创新为重，既需要薪火相传、代代守护，又要与时俱进、推陈出新。《广州大典》普及书系既是一项重要的文化普及工程，又是一项推动城市文化综合实力出新出彩的切实举措。

食髓知味，小书不小。我们相信，书系的陆续出版，将充分展示广州深厚的历史文化底蕴，擦亮广州历史文化品牌，并有助于中华优秀文化的传承和发展。

《广州大典》普及书系编辑委员会

目录

导读

陈献章，字公甫，号石斋，晚号石翁，广东新会人。因居住江门白沙村，世称白沙先生。明代著名思想家、文学家、教育家。

明宣宗宣德三年（1428）十月二十一日，白沙先生出生于广东新会都会村。白沙先生自幼警悟绝人，读书一览即能记住。曾经梦到自己轻击石琴，其音泠泠然，见一伟人笑着对他说："八音中惟石音为难谐，今谐若是，子异日得道乎！"因此取别号为石斋；后来年纪大了，更改其号为石翁。一日，读《孟子》至"有天民者，达可行于天下而后行之"，于是慨然感叹说："大丈夫行己当如是也。"弱冠，充邑庠生。明英宗正统十二年（1447），赴省城参加乡试，中式，录经义一篇。正统十三年（1448）、明代宗景泰二年（1451），两赴京城参加会试，皆名落孙山。

景泰五年（1454），白沙先生听说江右吴康斋先生（名与弼）讲伊洛之学于临川，于是徒步前往拜访，睹其风范，读其条教，遂放弃自己原来所学而跟随他学习，时年二十七岁。康斋先生性格严毅，很看重白沙先生。康斋先生教人多举伊洛成语，经史百子，无所不讲。然而，白沙先生并没有什么收获，过了半年就返回新会。回新会后，筑建一台，名之曰春阳台，每日端默静坐其中，以涵养本源。人们罕见其面。在春阳台静坐涵养了十年之后，白沙先生终于觉悟，用他自己的话说，就是"然后见吾此心之体隐然呈露，常若有物。日用间种种应酬，随吾所欲，如马之御衔勒也；体认物理，稽诸圣训，各有头绪来历，如水之有源委也。于是涣然自信，曰：'作圣之功，其在兹乎！'"（《陈献章全集》上册，第195—196页）

明宪宗成化二年（1466），乡间诽谤白沙先生的言论流传，当时翰林院侍读学士钱溥谪知顺德县，敬慕白沙先生，寄信给他说："亟起，毋重贻太夫人忧。”白沙先生于是复起，游太学（北京国子监）。祭酒邢让令作《太学小试赋》并律诗一首；后来，因游山回来，又令和杨龟山《此日不再得》韵。邢让见白沙先生诗，大惊曰：“龟山不如也。”遂扬言于朝，以为真儒复出。由此白沙先生名震京师。一时名士，如殿元罗伦、检讨庄㫤（音chǎng）、给事贺钦等，都乐意与他交游。既出太学，吏部留白沙先生于文选司历事。白沙先生日捧案牍与群吏杂立厅事下，朝往夕返，不曾稍微懈怠。郎中等官皆勉令其休退，白沙先生回答说，这是本分所应当做的。侍郎尹旻因此更加看重白沙先生，让其子某来从学，白沙先生竭力推辞，来了许多次，都没有接纳。成化五年（1469）白沙先生又一次参加会试，依然名落孙山。白沙先生从此绝意科举。

成化十七年（1481），江西布政使陈炜等修复白鹿洞书院，派人来聘请白沙先生为山长，以教育江右的士人。白沙先生辞谢，没有前往。经广东左布政使彭韶、巡抚右都御史朱英多番疏荐，成化十八年（1482）秋，先生赴京应聘。次年三月抵达京师。朝廷用成例敕令吏部对白沙先生加以考试，白沙先生托病，没有参加。八月底，即上疏乞归，其文略云：“臣母以贫贱早寡，俯仰无聊，殷忧成疾，老而弥剧，使臣远客异乡，臣母之忧臣日甚，愈忧愈病，愈病愈忧，忧病相仍，理难长久。臣又以病躯忧老母，年未暮而气已衰，心欲为而力不逮。夫内无攻心之疾，则外不见从事之难；上有至仁之君，则下必多曲成之士。愿乞养病终养。”（《陈献章全集》上册，第3页）疏上，宪宗亲阅再三。后来，授白沙先生翰林院检讨的官职，诏令让他等到亲终疾愈，仍旧来朝廷供职。白沙先生上表谢恩，没有推辞。从北京回广东，经过江西南安时，南安知府张弼问白沙先生为什么接受官职，其师吴康斋先生却没有接受，白沙先生回答说：“康斋以布衣为石亨荐，所以不受职而求观秘书者，冀得间悟主也。惜乎当时宰相不悟，以为实然，言之上，令受职然后观书，殊戾康斋意，遂决去。

某以听选监生荐，又疏陈始终愿仕，故不敢伪辞以钓虚名。或受或不受，各有攸宜尔。”回家之后，经常有官府催促其出仕的文书，白沙先生都引用皇帝诏令拒绝执行。明孝宗弘治十三年（1500）二月初十，先生病逝，享年七十有三。

白沙先生四十岁之前，思想与朱子比较接近，理学色彩颇为浓厚，这可以从其《和杨龟山〈此日不再得〉韵》看出；四十岁之后，其理学色彩渐渐淡化，心学倾向日益明显。白沙先生的思想要旨，可概括为“自然”“自得”“静坐”几个方面。

白沙先生向往自然，主张“学以自然为宗”，其《与湛民泽》书云，“古之善学者，常令此心在无物处，便运用得转耳。学者，以自然为宗，不可不着意理会”；又说“此学以自然为宗者也”。（《陈献章全集》上册，第252、253页）所谓自然，乃指“鸢飞鱼跃之机”“生生化化之妙”，（《陈献章全集》上册，第13、18—19页）亦即天道之流行，所指乃不事造作、不加雕琢、不见安排之境界。

白沙先生倡言自得，主张“自我得之、自我言之”（《陈献章全集》上册，第179页），“自得者，不累于外，不累于耳目，不累于一切，鸢飞鱼跃，其机在我”。（《陈献章全集》上册，第30页）所谓自得，以处世行事言之，指不为外在事物所移；以为学求道言之，指不迷信经典、不轻信古人，不偏信他人，不人云亦云，其《道学传序》云，“六经，夫子之书也，学者徒诵其言而忘味，六经一糟粕耳，犹未免于玩物丧志。今是编也，采诸儒行事之迹与其论著之言，学者苟不但求之书而求诸吾心，察于动静有无之机，致养其在我者而勿以闻见乱之，去耳目支离之用，全虚圆不测之神，一开卷尽得之矣。非得之书也，得自我者也。盖‘以我而观书，随处得益；以书博我，则释卷而茫然’”。（《陈献章全集》上册，第24页）

白沙先生倾心静坐，其《复赵提学佥宪》云，“于是舍彼之繁，求吾之约，惟在静坐。久之，然后见吾此心之体隐然呈露，常若有物”；《与贺克恭黄门》云，“为学须从静中坐养出个端倪来，方有商量处”。（《陈献章全集》上册，第195、180页）静坐，作为白沙先生的为学之方、教人之法，乃使人身心得到调适，达到心境之虚明，以“养出个端倪来”，以“见吾此心之体隐然呈露”，最终使此心与此理有其“凑泊吻合处”，进而臻至“心理合一”境界。

在白沙先生的思想当中，心比理占有更为重要之地位，其《书自题大塘书屋诗后》云，“为学当求诸心，必得所谓虚明静一者为之主，徐取古人紧要文字读之，庶能有所契合，不为影响依附以陷于徇外自欺之弊，此心学法门也”。（《陈献章全集》上册，第92—93页）在明代，白沙先生的思想颇具有承上启下的特色，上承孔孟周程之旨（并融摄佛道，尤其是禅宗、庄子），下启甘泉阳明（即湛若水、王守仁）之学。

黄宗羲《明儒学案·白沙学案上》云，“有明之学，至白沙始入精微。其吃紧工夫全在涵养。喜怒未发而非空，万感交集而不动。至阳明而后大”；又云“先生之学，以虚为基本，以静为门户，以四方上下、往古来今穿纽凑合为匡郭，以日用、常行、分殊为功用，以勿忘勿助之间为体认之则，以未尝致力而应用不遗为实得。远之则为曾点，近之则为尧夫，此可无疑者也。故有明儒者，不失其矩矱（音yuē）者亦多有之，而作圣之功，至先生而始明，至文成而始大。向使先生与文成不作，则濂、洛之精蕴，同之者固推见其至隐，异之者亦疏通其流别，未能如今日也”。[黄宗羲《明儒学案（修订本）》上册，第79、80页]《明史·儒林传》亦云，明代“学术之分，则自陈献章、王守仁始”。（张廷玉《明史》第24册，第7222页）白沙先生可说是有明一代开启学术新风的重要思想家。

白沙先生以为，道之显晦在人而不在言语，因此绝意著述。我们今天如果要了解其思想见解，评论其文学成就，只能从其诗文当中寻求。白沙先生的诗文数量颇丰，其弟子张诩说，“不下万余首”。（《陈献章全集》下册，第1177页）可惜的是，白沙先生这“不下万余首”诗文，并没有全部流传下来，有许多都失传了。章沛先生曾根据碧玉楼本《白沙子全集》加以统计，其中白沙先生的各类文有464篇、各体诗有1997首。（章沛《陈白沙哲学思想研究》，第23页）我们以章先生的统计为基础，加上后来众专家学者辑佚所得的白沙先生集外诗文，粗略统计，目前流传在世的白沙先生文在550篇上下、诗有2500首左右。

白沙先生之论作文，强调自然率性，不事雕琢安排，其《与张廷实主事（九）》云，“古文字好者，都不见安排之迹，一似信口说出，自然妙也。其间体制非一，然本于自然不安排者便觉好。如柳子厚比韩退之不及，只为太安排也”。（《陈献章全集》上册，第218页）白沙先生之论赋诗，强调雅健有新意，注重性情风韵，反对宋头巾气，其《次王半山韵诗跋》云，“作诗当雅健第一，忌俗与弱。予尝爱看子美、后山等诗，盖喜其雅健也。若论道理，随人深浅，但须笔下发得精神，可一唱三叹，闻者便自鼓舞，方是到也。须将道理就自己性情上发出，不可作议论说去；离了诗之本体，便是宋头巾也。大概如此。中间句格声律更一一洗涤，平日习气，涣然一新，所谓濯去旧见以来新意，作诗亦正用得着也”；（《陈献章全集》上册，第97页）其《与汪提举》云，“大抵论诗当论性情，论性情先论风韵；无风韵，则无诗矣。今之言诗者异于是，篇章成即谓之诗，风韵不知，甚可笑也。情性好，风韵自好；性情不真，亦难强说”。（《陈献章全集》上册，第266页）白沙先生自己之作文与赋诗，可以说就是对这些原则的实践，所以其诗文很有特色。

正由于白沙先生的诗文极具特色，以往的评论不少。（陈永正先生曾编辑有前贤对白沙先生及其诗文评论之“集评”，可参考。陈永正《陈献章诗编年笺校》下册，第1176—1227页）在这里我们无法加以详细论述，仅引述《四库全书总目》的评论为例。对白沙先生的诗文，《四库全书总目》评论说，“史称献章之学以静为主。其教学者，但令端坐澄心，于静中养出端倪，颇近于禅，至今毁誉参半。其诗文偶然有合，或高妙不可思议；偶然率意，或粗野不可向迩，至今毁誉亦参半。《王世贞集》中有《书白沙集后》曰：‘公甫诗不入法，文不入体，又皆不入题，而其妙处有超出法与体与题之外者。’可谓兼尽其短长。盖以高明绝异之姿，而又加以静悟之力，如宗门老衲，空诸障翳，心境虚明，随处圆通，辨才无碍。有时俚词鄙语，冲口而谈；有时妙义微言，应机而发。其见于文章者，亦仍如其学问而已，虽未可谓之正宗，要未可谓非豪杰之士也”。（永瑢《四库全书总目》下册，第1487页）《四库全书总目》所言，并非虚语。

这一册《陈献章作品选读》，是在我编校的《陈献章全集》（2019年经由上海古籍出版社出版）基础上加以选编、注释而成的，其底本是清康熙四十九年（1710）何九畴刊本《白沙子全集》，以多种其他版本校勘。本书共选注白沙先生各类文48题（书信中有一题多篇者，共60篇）、各体诗37题（部分诗一题有多首，共62首）。从篇数看，文的部分，占现存白沙先生文的十分之一；诗的部分，大概占现存白沙先生诗的四十分之一，比例较小。我之所以比较少选注白沙先生诗，而比较多选注白沙先生文，其一是考虑到目前对于白沙先生诗的笺释、选注，相对较多一些。如陈永正《陈献章诗编年笺校》上下册、关步勋《陈白沙诗文选》、陈奇思《陈白沙诗笺》、梁卫东《陈白沙诗选读》，以及张奕琳、郭鹏飞主编《陈白沙诗选注导读》等；而对于白沙先生文的注释，见闻所及，似乎只有关步勋《陈白沙诗文选》当中的21篇。其二是为了藏拙。我深知自己缺乏足够的诗词知识与修养，而且白沙先生的诗并不容易理解。白沙先生的重要弟子湛若水（字元明，号甘泉），曾将白沙先生一些诗辑注为《白沙子古诗教解》，其注释便被同时代人批评。例如，夏尚朴（字敦夫，正德年间进士）批评说，“白沙之诗，好为隐奥之语，至其论学处，藏形匿影，不可致诘。而甘泉之注，曲为回互，类若商度隐语，然又多非白沙之意”［黄宗羲《明儒学案（修订本）》上册，第72页。甘泉之注，指《白沙子古诗教解》］；杨慎（字用修，号升庵）则批评说，“白沙之诗，五言冲淡，有陶靖节遗意，然赏者少。徒见其七言近体，效简斋、康节之渣滓，至于筋斗、样子、打乖、个里，如禅家呵佛骂祖之语，殆是《传灯录》偈子，非诗也。若其古诗之美，何可掩哉？然谬解者，篇篇皆附于心学性理，则是痴人说梦矣”。（杨慎《升庵诗话》，丁福保辑《历代诗话续编》中册，第779页。谬解者，指湛若水。）虽然说诗无达诂，但是如果错误过多，毕竟是一件挺难堪的事情。

在《陈献章作品选读》中，每篇诗文都包括题旨、原文、注释、简析四个部分内容，个别诗文会附上白沙先生墨迹的图片。虽然本书的定位是普及性读物，但是为了对注释、简析中若干比较复杂的问题加以解释，偶尔会有一些稍为详细的考证。（例如，关于《与何时矩》的篇名修改，以及五律《初秋夜》、七律《西南驿晚望》《命孙田》的写作时间等比较复杂的问题之考证。）有考证，则不免涉及引证。在本书当中，凡是引用前贤的考证与见解，必一一加以标明，以示不敢掠人之美。当然，为了避免过于烦琐，对于常用经典或古代著作，如《论语》《孟子》《庄子》等，则多不详细标明其版本、卷册、页码。

《陈献章作品选读》得以顺利完成与出版，与广州大典研究中心刘平清先生、赵晓涛先生和广州出版社潘孟良先生、周秦先生的辛劳是分不开的。书稿的邀约、编辑、出版，都是由他们来完成的。我与刘先生、赵先生、潘先生、周先生素未谋面，至今所有的联系都是通过微信或电子邮件进行的，谢谢他们对我的信任。在此，对他们为此书的编辑、出版所付出的辛勤劳作，致以真挚感谢。

《陈献章作品选读》的撰写开始于2019年11月底，初稿完成于2020年3月底，时间比较紧迫，未能仔细斟酌；加上其间新型冠状病毒肆虐，学校图书馆闭馆，有些资料无法利用；而且由于自己学识浅陋、见闻有限，书中错漏在所难免，敬请读者指而正之。

文选

奏疏

乞终养疏

题旨

此文是白沙先生应召赴京之后，在成化十九年（1483）八月底，“为患病陈情乞恩终养事”而上的奏疏。

臣原籍广东广州府新会县人[1]，由本县儒学生员应正统十二年乡试，中式；正统十三年会试礼部，中副榜，告入国子监读书[2]；景泰二年会试，下第；成化二年本监拨送吏部文选清吏司历事；成化五年复会试，下第，告回原籍。累染虚弱自汗等疾，又有老母，朝夕侍养，不能赴部听选[3]。成化十五年以来，广东左布政使彭韶、钦差总督两广军务兼理巡抚右都御史朱英前后具本[4]，荐臣堪充任使，吏部移文广东布政司等衙门，趣令起程[5]。臣以旧疾未平，母年加老，未能辄行。府县官吏承行文书日夕催逼，不免强起就道。而沿途病发，随地问医，扶衰补羸，仅不大惫，于成化十九年三月三十日到京朝见，赴部，乃以久劳道路，旧疾复作，延至月余。于五月二十五日蒙吏部题：“奉圣旨，恁部里还考试了[6]，量拟职事来说。钦此。”

钦遵。臣时方在床褥，闻命愧悚，未能就试，即令侄男陈景星赴通政使司告转行本部[7]，暂令调治。再历晦朔，心不自安。七月十六日，扶病赴部听试，而筋力朽弱，立步艰难，自揣虚薄，未堪笔砚，因续具状再延旬日。日复一日，病势转增，耳鸣痰壅，面黄头晕，视昔所染，无虑数倍。众目所睹，不敢自诬。又于八月二十二日，得男陈景易书[8]，报臣母别臣以来，忧念成疾，寒热迭作，痰气交攻，待臣南归，以日为岁。臣病中得此，魂神飞丧，仰思君命，俯念亲情，展转郁结，终夜不寐。臣之愚迷，实不知所以自处也。臣自幼读书，虽不甚解，然于君臣之义知之久矣。伏惟我国家教育生成之恩，陛下甄陶收采不遗卑贱之德[9]，至深至厚，于此而不速就以图报称于万一，非其情有甚不得已者，孰敢骛虚名、饰虚让，趑趄进却于日月之下，以冒雷霆之威哉？[10]臣所以一领乡书，三试礼部，承部檄而就道，闻君命而惊心者，正以此也。缘臣父陈琮年二十七而弃养[11]，臣母二十四而寡居，臣遗腹之子也。方臣幼时，无岁不病，至于九岁，以乳代哺，非母之仁，臣委于沟壑久矣。臣生五十六年，臣母七十有九，视臣之衰如在襁褓，天下母子之爱虽一，［宜］未有如臣母忧臣之至、念臣之深者也[12]。臣于母恩无以为报，而臣母以守节应例为有司所白，已蒙圣恩表厥宅里。是臣以母氏之故，荷陛下之深恩厚德，又出于寻常万万者也。顾臣母以贫贱早寡，俯仰无聊，殷忧成疾，老而弥剧。使臣远客异乡，臣母之忧臣日甚，愈忧愈病，愈病愈忧，忧病相仍，理难长久。臣又以病躯忧老母，年未暮而气已衰[13]，心有为而力不逮，虽欲効分寸于旦夕，岂复有所措哉？[14]臣所以日夜忧惫欲处而未能者，又以此也。夫内无攻心之疾，则外不见从事之难；上有至仁之君，则下必多曲成之士[15]。惟陛下以大孝化天下、以至诚体万物[16]，海宇之内，无匹夫匹妇不获其所者，则臣之微亦岂敢终有所避而不自尽哉？伏望圣明察臣初年愿仕之心，悯臣久病思亲不能自已之念，乞敕吏部放臣暂归田里，日就医药，奉侍老母，以穷余年，俟母养获终，臣病全愈，仍前赴部以听侍用。则臣母子未死之年，皆陛下所赐。臣感恩益深，图报益切，虽死于道路，无所复辞矣。臣干冒天威，无任皇恐战栗之至。[17]

注释

［1］“臣原籍广东广州府新会县人”前，林齐本、萧世延本有“吏部听选监生臣陈献章谨奏，为患病陈情乞恩终养事”二十二字。［2］由本县儒学生员应正统十二年乡试，中式；正统十三年会试礼部，中副榜，告入国子监读书：儒学，指明清时在府、州、县所设立的学校，供生员（俗称秀才）读书。正统十二、十三年，分别为1447、1448年。乡试，明清时期，每三年各省集士子于省城，朝廷选派正、副主考官，考试四书、五经、论判、策问等，中式者称举人。会试，在乡试的第二年，集举人于京师，朝廷选派正、副主考官，考试四书、五经、论判、策问等，中式者称贡士。贡士参加殿试，中式者称进士。据《明史·选举志》，明代的科举考试，乃“子、午、卯、酉年为乡试，辰、戌、丑、未年为会试。乡试以八月，会试以二

月，皆初九日为第一场，又三日为第二场，又三日为第三场”。副榜，会试时正式录取的名列正榜；在正榜之外，另取若干名，名列副榜。国子监，古代的教育管理机构与最高学府。［3］不能赴部听选：听选，即谒选，指到吏部等候选派官职。当时会试中副榜者，可被选派为县学教谕或府学教授。［4］广东左布政使彭韶、钦差总督两广军务兼理巡抚右都御史朱英前后具本：彭韶，字凤仪，福建莆田人。曾任广东左布政使、刑部尚书等官职。著作有《彭惠安集》。朱英，字时杰，号诚庵，湖南桂阳人。曾任总督两广军务兼理巡抚右都御史。著作有《诚庵奏稿》《认真子集》。［5］趣令起程：趣，音cù，催促。［6］恁部里还考试了：恁，音nèn，这样，如此。［7］即令侄男陈景星赴通政使司告转行本部：陈景星，陈献章之兄陈献文的长子。［8］得男陈景昜书：“陈景昜”，碧玉楼本作“陈景旸”。陈景昜（或作景旸），字仲平，号奉时，邑庠生。卒于弘治十二年（1499），时年四十五岁。陈献章次子。昜、旸，均音yáng。［9］陛下甄陶收采不遗卑贱之德：“甄陶”，林齐本、高简本、萧世延本作“甄录”。作“甄录”，于义为长。甄陶，原指锻炼成器，引申为培育造就人才。此指培育造就。甄录，乃指选拔录用。［10］孰敢骛虚名、饰虚让，趑趄进却于日月之下，以冒雷霆之威哉：骛，追求。饰，假装。趑趄，音zī jū，欲进而不前。进却，进退。日月、雷霆，此处借指皇帝。这两句大意为：谁敢追求虚名、假装谦让，徘徊进退于日月之下，以冒犯您的雷霆之威呢？［11］缘臣父陈琮年二十七而弃养：“陈琮”，原作“陈琛”，据林齐本、高简本、萧世延本、碧玉楼本改。陈琮，字怀瑾，号乐芸。陈献章之父。为人聪明，喜歌吟。李承箕《陈乐芸传》云，其“十余岁时，能长吟，不起草，乡先生每以为莫及”。（《李承箕集》，第181页）［12］［宜］未有如臣母忧臣之至、念臣之深者也：“宜”字原缺，据林齐本、高简本、萧世延本补。［13］年未暮而气已衰：“已”，林齐本、高简本、萧世延本作“则”。［14］虽欲効分寸于旦夕，岂复有所措哉：効，音xiào，同“效”。“措”，林齐本、高简本作“惜”；萧世延本作“补”。［15］上有至仁之君，则下必多曲成之士：曲成，多方设法使有成就。［16］惟陛下以大孝化天下、以至诚体万物：体，亲近。［17］臣干冒天威，无任皇恐战栗之至：干冒，触犯。天威，皇帝的威严。无任，不胜、非常。皇恐，同“惶恐”。又：“无任皇恐战栗之至”后，林齐本、萧世延本有“为此具本，令侄男陈景星抱赍谨具奏闻”十六字。

简析

经广东左布政使彭韶、巡抚右都御史朱英多番疏荐，成化十八年（1482）秋，白沙先生赴京应选。次年三月抵达京师。朝廷用故事敕吏部考试，白沙先生托病不赴。八月底，上《乞终养疏》求归养。白沙先生此疏，文情并茂，影响深远。黄宗羲《明儒学案》云，蔡清（字介夫，号虚斋，福建晋江人）“极重白沙，而以新学小生自处，读其《终养疏》，谓‘钞读之余，揭蓬一视，惟北有斗，其光烂然，可仰不可近也’。其敬信可谓至矣”。［黄宗羲《明儒学案（修订本）》下册，第1094页］檀萃《番禺县志》亦记载云：“刘裕文，汀沙人，少贫，爱读书。其妻陈氏，最贤内助，事亲称克孝；聪敏知书，好《白沙集》。子达成方在抱，陈口授白沙《此日不再得诗》并《乞终养疏》。达成耳熟之，人以为是母是子。”阮榕龄甚至认为，白沙先生的《乞终养疏》，甚于李密（字令伯，晋犍为武阳人。武阳，今四川彭山）之《陈情表》。（阮榕龄《白沙丛考》，《陈献章全集》下册，第1425—1426页）

序

澹斋先生挽诗序

题旨

梁益在其父亲澹斋先生逝世之后，编辑了《澹斋先生挽诗集》。此文是白沙先生为《澹斋先生挽诗集》所作序言。

昔人求哀辞于林希，希谢之书，有曰：“君子无苟于人，患其非情也。”[1]夫感而哀之，所谓情也。情之发而为辞，辞之所不能已者，凡以哀为之也。苟无其哀矣，则又乌以辞为哉？此之谓不苟于人也。余顷居京师二年，间从贵公卿游，入其室，见新故卷册满案，其端皆书谒者之辞，就而阅之，凡以其亲故求挽诗者十恒八九，而莫不与也，一或拒之，则艴然矣[2]。惧其艴然而且为怨也，而强与之，岂情也哉？噫！习俗之移人一至于此，亦可叹也。天下之伪，其自兹可忧矣。澹斋先生姓某氏，名某，秫坡黎先生门人也[3]。吾乡称先达，以文行教后进，百余年间，黎秫坡一人而已。秫坡与予连里第，予之生也后，不及侍其门。弱冠，与澹斋之子益游[4]，始拜澹斋，诲予以秫坡事缕缕，此岂一日忘其师者耶？当是时，秫坡之门存者不少，独澹斋以其学教授于罗山之下，子弟有所矜式焉。夫不背其师于既死，而传其学于来世，信也；爱其子以及其友，仁也；益之子执馈于我，云也今为梁氏甥，戚也[5]。藉是三者，其死也，能无哀乎？哀而后为之诗，诗之发率情为之，是亦不可苟也已、不可伪也已。

注释

［1］昔人求哀辞于林希，希谢之书，有曰：“君子无苟于人，患其非情也。”：林希，字子中，号醒老，福建福清人。宋嘉祐二年（1057）进士，官至同知枢密院事。《宋史》有其传。所谓“君子无苟于人，患其非情也”之言，见林希《谢人求哀辞书》（参《宋文鉴》，第11卷）。 ［2］一或拒之，则艴然矣：艴然，发怒、生气的样子。艴，音fú；亦音bó。 ［3］澹斋先生姓某氏，名某，秫坡黎先生门人也：梁继灏，字行素，号澹斋，新会滘头人。黎贞，字彦晦，号秫坡，新会人。秫坡姿性坦荡不羁，以诗酒自放，自号陶陶生。洪武初署本邑训导，以事被诬，戍辽阳十八年。从游者甚众。放还卒。著作有《秫坡诗稿》。 ［4］弱冠，与澹斋之子益游：梁益，梁继灏之子，陈献章之友。金鉷（音hóng）监修、钱元昌编纂《广西通志》云，“梁益，新会人，举人。成化十一年（1475）任［广西兴业县知县］”。 ［5］益之子执馈于我，云也今为梁氏甥，戚也：益之子，指梁益之子，名号不详，曾从学于白沙先生，为白沙先生弟子，所以说“益之子执馈于我”。（执馈，原指进献礼物于尊者，此处指拜白沙先生为师。）云，指白沙先生长子陈景云。陈景云，字仲彩，号睡乡。景云娶梁益之女为妻，为梁益之婿，所以说“云也今为梁氏甥”。

简析

白沙先生此文写作的具体时间不详，文中云“云也今为梁氏甥”，指陈景云娶梁益之女一事；又白沙先生弟子林光成化十年（1474）七月《奉陈石斋先生》书云，“昨领手书，知先生了一男子缘，失贺失贺”，似指陈景云结婚事。若然，则此文当作于成化十年前后。文中论述了给人写挽诗，要有真正的感情、要真正感到哀伤，否则就不要写的观点。白沙先生说自己之所以要为澹斋写挽诗，是由于澹斋尊师而重其道、爱子而及其友，而且两家有亲戚关系，对于澹斋的逝世，感到十分哀痛。白沙先生主张言为心声，诗文要率情而为之。

送张进士廷实还京序

题旨

弘治二年（1489）春，白沙先生弟子张诩赴京复职。此文是白沙先生为张诩所写的赠行之序。

乡后进吾与之游者，五羊张诩廷实[1]。廷实始举进士，观政吏部稽勋，寻以疾请归五羊[2]。五羊，大省地。廷实所居，户外如市，漠然莫知也。自始归至今六年间[3]，岁一至白沙，吾与之语终日而忘疲。城中人非造廷实家不得见廷实，而疑其简[4]，实不然也。盖廷实之学，以自然为宗，以忘己为大，以无欲为至，即心观妙，以揆圣人之用[5]。其观于天地，日月晦明，山川流峙，四时所以运行，万物所以化生，无非在我之极，而思握其枢机、端其衔绥[6]，行乎日用事物之中，以与之无穷。然则，廷实固有甚异于人也，非简于人以为异也[7]。若廷实清虚高迈、不苟同于世也[8]，又何忧其不能审于仕止、进退、语默之概乎道也？[9]兹当圣天子登宝位之明年，思得天下之贤而用之，而廷实之病适愈[10]。太守公命之仕，廷实不得以“未信”辞于家庭[11]，于是卜日告行于白沙[12]，留二十余日。去岁之冬，李世卿别予还嘉鱼[13]，赠以古诗十三首[14]，其卒章云[15]：“上上昆仑峰，诸山高几重？望望沧溟波，百川大几何？卑高入揣料[16]，小大穷多少？不如两置之，直于了处了。”世卿，豪于文者也，予犹望其深于道以为之本。廷实至京师，见世卿，重为我告之。廷实所以自期，廷实其自信自养以达诸用，他人莫能与也。[17]

注释

［1］五羊张诩廷实：五羊，指广州。张诩，字廷实，号东所，广东番禺人。白沙弟子。 ［2］廷实始举进士，观政吏部稽勋，寻以疾请归五羊：“廷实”二字，底本原缺，然而此文墨迹尚存，据以补出。（秦有朋主编《陈献章书法集》，第12页）阮榕龄《编次陈白沙先生年谱》“弘治二年己酉”条所引此文，亦补出“廷实”二字。张诩在明成化二十年（1484）春参加会试，得中进士。观政吏部稽

勋，指张诩任职吏部稽勋司，但具体官职不得而知。吏部稽勋司的职责，主要是“掌勋级、名籍、丧养之事”。（参张廷玉《明史》第六册，第1737页）寻，不久。［3］自始归至今六年间：张诩在成化二十年春会试得中进士，观政吏部稽勋司，随即上疏乞求养病返回广州。自成化二十年至弘治二年春，前后近六个年头。［4］城中人非造廷实家不得见廷实，而疑其简：造，造访、到访。简，怠慢、倨傲。［5］以揆圣人之用：揆，揣度、估量。［6］无非在我之极，而思握其枢机、端其衔绥：极，中，中正的准则。枢机，比喻事物之关键。枢为户枢，主开；机为门阃（音kǔn），主闭。衔绥，比喻事情的要害。衔，指马嚼子，套在马口中，用以制驭马的行止；绥，原指上车时挽手所用的绳索，此处当指马缰。这三句大意似为：无非是在我的中正准则之下而考虑把握事物的关键，抓住事情的要害。［7］廷实固有甚异于人也，非简于人以为异也：这两句意为，廷实固然与别人有很多不同，然而，他并不是以对人傲慢来显示自已与众不同。［8］苟：苟且、太过随便之意。［9］又何忧其不能审于仕止、进退、语默之概乎道也：审，知道、明白。概，系念、关涉。这句意为：又何必忧愁他不能明白是出仕还是不出仕、是进还是退、是语还是默，都与道密切关联呢？［10］兹当圣天子登宝位之明年，思得天下之贤而用之，而廷实之病适愈：明宪宗朱见深在成化二十三年（1487）驾崩，其子朱祐樘继位，改年号为弘治。所谓“当圣天子登宝位之明年”，是指弘治二年。适，恰好。［11］太守公命之仕，廷实不得以“未信”辞于家庭：太守公，指张诩的父亲张璝。张璝，字德润，号两山，广东番禺人。天顺元年（1457）进士。历任抚州太守、漳州太守等官。未信，典出《论语·公冶长》：“子使漆雕开仕。对曰：‘吾斯之未能信。’子说。”（漆雕开的回答是说，自己对于出仕还没有信心。）这两句意为：太守公命令张廷实出仕，廷实没法以“对于出仕还没有信心”来向家里推辞。［12］于是卜日告行于白沙：卜日，择日。告行，告辞。白沙，村名，陈献章居住之地，在江门。［13］去岁之冬，李世卿别予还嘉鱼：李承箕，字世卿，号大厓，湖北嘉鱼人。成化二十二年（1486）举人，会试不第，遂归奉母。弘治元年（1488）四月，来从白沙先生游。既归，隐居于黄公山，不复出仕。与兄承芳皆好学，称“嘉鱼二李”。弘治十八年（1505）卒，年五十四。著作有《大厓李先生诗文集》。文中，李承箕于弘治元年四月来访白沙，同年十二月离粤回嘉鱼。［14］赠以古诗十三首：指白沙先生《送李世卿还嘉鱼》（原七首，现存六首）、《赠世卿》（六首）。（见《陈献章全集》中册，第424—425、405—406页）。［15］卒章：最后一首。［16］揣料：忖度、料想。［17］廷实所以自期，廷实其自信自养以达诸用，他人莫能与也：期，期望、期待。与，参预、干预。这三句意为：廷实之所用来自己期待的，廷实要自我信赖、自己涵养，并且达到实用，这是别人所无法帮忙的。又：此文之末，墨迹有落款说，“弘治二年，岁次己酉，春二月晦日，古冈病叟陈献章公甫书”。（秦有朋主编《陈献章书法集》，第12—13页）据此，此序作于弘治二年二月底。

简析

弘治二年，由于总督两广都御史屠滽的敦促，加上其父亲张瓒的要求，张诩不得已重新出仕做官，于是离粤北上入京，随后获授户部陕西清吏司主事。张诩行前，到江门向白沙先生告别，白沙先生作《送张进士廷实还京序》以赠。在赠序中，白沙先生称“盖廷实之学，以自然为宗，以忘己为大，以无欲为至，即心观妙，以揆圣人之用”。其实，这是白沙先生自己的学术主张。与其说这是白沙先生对于张诩的称赏，还不如说是白沙先生之夫子自道。

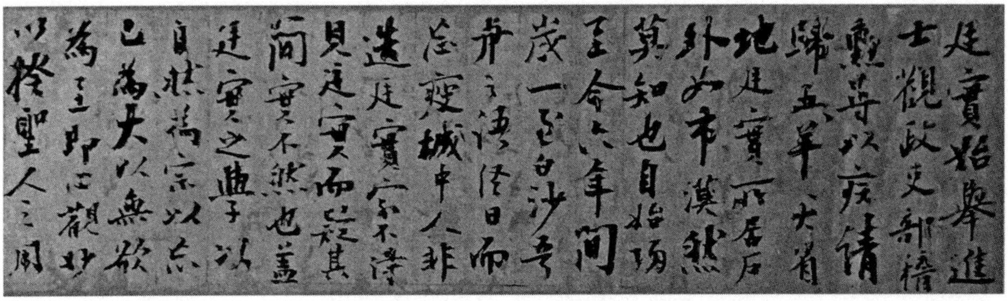

白沙先生墨迹《送张进士廷实还京序》（局部。秦有朋主编《陈献章书法集》，第12页）

送李世卿还嘉鱼序

题旨

弘治元年（1488）腊月，白沙先生弟子李承箕来从学七个月之后，返回湖北嘉鱼。此文是白沙先生为李承箕所写的赠行之序。

弘治元年戊申夏四月，湖广嘉鱼李承箕世卿，自其乡裹粮南望大庾岭[1]，沿途歌吟，入南海[2]，访予白沙。一见语合意。先是五六年，予会都宪公之子承恩于北京[3]。承恩，世卿从弟也，示予以世卿之文，出入经史，跌宕纵横[4]，笔端滚滚不竭来，数千言沛然出之，若不为势利所拘者。予时未识世卿，而知世卿抱负有大于人，既不忘于心，亦时于诗焉发之。或闻论当世士有文章，必问曰："如李世卿否？"然又意世卿少年，凌迈高远则有之[5]；优游自足无外慕，嗒乎若忘[6]，在身忘身，在事忘事，在家忘家，在天下忘天下，世卿未必能与我合。孰知世卿有意于来耶？自首夏至白沙，至今凡七阅月[7]，中间受长官聘修邑志于大云山五十余日[8]，余皆在白沙。朝夕与论名理[9]，凡天地耳目所闻见、古今上下载籍所存，无所不语。所未语者，此心通塞往来之机，生生化化之妙，非见闻所及，将以待世卿深思而自得之，非敢有爱于言也[10]。时时呼酒与世卿投壶共饮[11]，必期于醉。醉则赋诗，或世卿唱予和之，或予唱而世卿和之，积凡百余篇。其言皆本于性情之真，非有意于世俗之赞毁。至是，世卿以太夫人在堂辞去，欲留不可，为古诗十三首别之[12]。诸友相继有言。世卿归，以所闻于予者质诸伯氏茂卿[13]，登大崖山吟弄赤壁之风月，予所未言者，世卿终当自得之。世卿之或出或处、显晦用舍，则系于所遇，非予所能知也[14]。予老且病，行将采药于罗浮四百三十二峰以毕吾愿，世卿能复索我于飞云之上否耶？[15]序以送之。

注释

［1］自其乡裹粮南望大庾岭：大庾岭，五岭之一，在江西、广东交界处。相传汉武帝时，有庾姓将军筑城岭下，故名大庾，又曰庾岭。唐代为通粤要道，张九龄督所属开凿新路，多植梅树，故又名梅岭。宋元祐年间重修，蔡挺复命夹道植松，在岭上立关，袭名曰梅

关。［2］南海：郡名。秦始皇三十三年（前214）置，两汉因之。三国时，吴国在此置广州，晋宋以后同。郡治番禺，即今广州。这里所说的南海，指当时广州府管辖之地。［3］先是五六年，予会都宪公之子承恩于北京：都宪公，指李承箕叔父李田。李田，字舜耕，号约庵。景泰五年（1454）进士，官至都察院右副都御史。李承恩，字荩（音jìn）卿，号贞轩。成化二十年（1484）进士，曾任南京户部云南清吏司主事。李田长子。［4］跌宕纵横：跌宕，指文章富于变化。［5］凌迈高远则有之：凌迈，勇往直前。［6］嗒乎若忘：其典出《庄子·齐物论》："南郭子綦（音qí）隐机而坐，仰天而嘘，荅焉似丧其耦。"（荅，即嗒；丧，失也，犹言忘。）嗒，音tà。嗒乎，犹言嗒焉、嗒然，相忘的样子。［7］自首夏至白沙，至今凡七阅月：七阅月，林齐本、高简本、萧世延本作"七越月"。李承箕于弘治元年四月到达江门白沙村，至十二月初离开江门回嘉鱼，前后逗留时间七个多月。［8］中间受长官聘修邑志于大云山五十余日：修邑志，指李承箕在江门期间，参与修纂《新会县志》。大云山，新会山名。［9］朝夕与论名理：名理，魏晋时，把辨别是非、论析道理称为名理。据文中述说，陈献章此所谓名理，与魏晋时所言，涵义相近。［10］此心通塞往来之机，生生化化之妙，非见闻所及，将以待世卿深思而自得之，非敢有爱于言也：通塞，指人生境遇的顺利与滞塞。机，事物变化之所由。生生化化，指事物生生不息、变化不已。爱，吝啬。这几句意为：至于人生际遇顺利与不顺利的缘由，事物不断生息、变化的奥妙，不是仅仅通过眼见耳闻就能获得的，需要依赖世卿自己深思而得，并不是我吝啬言辞、不舍得和他说。［11］时时呼酒与世卿投壶共饮：投壶，古人宴会时的游戏。设特制之壶，宾主以次投矢其中，中多者为胜，负者饮。［12］为古诗十三首别之：此所谓古诗十三首，指白沙先生《送李世卿还嘉鱼》

（原七首，现存六首）、《赠世卿》（六首。案：十三首在诗中，现存十二首。见《陈献章全集》中册，第424—425、405—406页）。［13］世卿归，以所闻于予者质诸伯氏茂卿：李承芳，字茂卿，号东峤居士，成化二十二年（1486）举人，弘治三年（1490）进士，授大理寺评事，升寺副。以疾乞归，与弟承箕以读书论道为乐。著作有《东峤先生集》。［14］世卿之或出或处、显晦用舍，则系于所遇，非予所能知也：或出或处，典出《周易·系辞上》"君子之道，或出或处"。出处，犹言进退，此谓或出仕或不出仕。显晦，指出仕之后能显达或不能显达。用舍，即用行舍藏，意谓得任用则行其道，不任用则藏其身，典出《论语·述而》"子谓颜渊曰：'用之则行，舍之则藏，惟我与尔有是夫！'"这几句意为：世卿出仕或者不出仕、出仕之后能够显达还是不能够显达、是得到任用而行其道还是不得任用而藏其身，都取决于机遇，这不是我所能知道的。［15］予老且病，行将采药于罗浮四百三十二峰以毕吾愿，世卿能复索我于飞云之上否耶：罗浮，山名，在广东增城、博罗、河源等县、市之间，长达百余里，峰峦四百余，风景秀丽，为广东名山。相传罗山之西有浮山，为蓬莱之一阜，浮海而至，与罗山并体，故称罗浮。罗浮为道教第七洞天，据说晋代葛洪在此得仙术。飞云，罗浮山的一座山峰。

简析

李承箕于弘治元年四月抵达江门白沙村，从学于白沙先生，至十二月初离开江门回湖北嘉鱼。李承箕行前，白沙先生作《送李世卿还嘉鱼序》以及古诗十三首以赠。在序中，白沙先生对李承箕的诗文才华颇为赞赏，但是对于李承箕沉溺于诗文，而不致力于形上问题的思考、心性问题的修为，似乎不太满意。白沙先生多年之后，在给弟子湛民泽（即湛若水，当时名湛雨，字民泽）的信中说：“民泽足下：李世卿书来问守台者，老朽以民泽告之。冷焰并腾，殆出楚云之上。盖以勉世卿，使求诸言语之外。如世卿，可惜平生只以欧、苏辈人自期，安能远到？”（《陈献章全集》上册，第253页。欧、苏，指欧阳修、苏轼。在白沙先生看来，欧、苏所长在诗文。）因此，白沙先生文中“朝夕与论名理，凡天地耳目所闻见、古今上下载籍所存，无所不语，所未语者，此心通塞往来之机，生生化化之妙，非见闻所及，将以待世卿深思而自得之，非敢有爱于言也”这样的说法，并不是无的放矢，而是有所针对的。

赠李刘二生使还江右诗序

题旨

成化十七年（1481）七月底，江西按察使陈炜等委派李士达、刘希孟来江门，敦请白沙先生到白鹿洞书院主持教事，八月返回。此文是白沙先生为李士达、刘希孟所写的赠行之序。

匡庐，白鹿之故址[1]，自宋考亭朱晦翁一尝作新之后[2]，遂无闻焉。我朝文教诞敷，乡先辈翟公守南康日，始图创复旧观[3]，潮阳李先生继之[4]，白鹿书院之名复闻于天下。成化十七年，江西按察使耻庵陈先生乃谋于提督学校宪副钟公、佥事冷庵陈公、大参祁公，慨然以作新斯文为己任[5]。谓予于考亭之学亦私淑诸人者[6]，宜领教事，乃具书币，告于巡镇，遣二生李士达、刘希孟如白沙以请[7]。同时司藩臬诸贤咸与闻之[8]，外则东白张先生、广东大方伯彭公、按察使闵公、吉水袁德纯各以书遗予[9]。云辉日映，交迸衡宇[10]。二生以诸公之命命予，予览币而惊，置书而走，走且告曰："二生莫误。诸公欲兴白鹿之教、复考亭之旧，必求能为考亭之学者，夫然后可以称诸公之任使[11]。乃下谋于予，是何异借听于聋、求视于盲也？予闻之：君子之使人也由其诚，不强其所不能。[12]诸公即居予于庐山，予所能也；居庐山以奉诸公之教，非予所能也。二生其审诸。"于是，邑中闻有诸侯之使，自邑令佐以下至士庶耆老，源源而来，靡不观感[13]。李生丰姿秀发，言论是非不苟雷同；刘生貌恭而言慎，确有据守，俱称为东白门人也。予甚爱之，留且弥月矣[14]。二生以诸公之命久不复，辞去。予既返诸公币，复为诗别之，所以致区区于二生，而申景仰于庐山也。是日宪副陶公过白沙，邑长丁侯、乡诸士友各赋诗以赠[15]。帙成，俾予序之。[16]

注释

[1] 匡庐，白鹿之故址：匡庐，指庐山。庐山，在江西九江之南，北靠长江，东南傍鄱阳湖，古称南障山。相传秦末有匡俗兄弟七人庐居此山，因而得名。一说以庐江而得名。也称匡山、庐阜，总名匡庐。白鹿，指白鹿洞书院。白鹿洞书院，在庐山五老峰下，唐贞元年间，李渤与兄李涉隐居读书于此，畜养白鹿，因此得名。五代南唐

昇元年间在此修建学馆；宋咸平五年（1002）扩建为书院，后废。南宋朱熹知南康军时，重建白鹿洞书院，作为讲学之地。白鹿洞书院，与石鼓书院、应天书院、岳麓书院并称为宋代四大书院。　［2］自宋考亭朱晦翁一尝作新之后：考亭朱晦翁，即朱熹。朱熹，字元晦，一字仲晦，号晦庵、晦翁、云谷老人、遯翁等。南宋徽州婺源人。晚年徙居建阳考亭，又主讲紫阳书院，故亦别称考亭、紫阳。谥文，世称朱文公。宋代理学之集大成者，著作宏富，今人辑有《朱子全书》（全27册）。后人尊称他为朱子。　［3］我朝文教诞敷，乡先辈翟公守南康日，始图创复旧观：诞敷，大力布行。翟公，指翟溥福。翟溥福，字本德，广东东莞人。永乐二年（1404）进士，授青阳知县，后改知新淦，寻升南康知府。在南康知府任上，修复白鹿洞书院，会朔望亲临为生徒讲解，自是郡民皆慕其学。人称“江西第一郡守”。［4］潮阳李先生继之：潮阳李先生，指李龄。李龄，字景龄，广东潮阳人。宣德四年（1429）举人；正统元年（1436）会试，得中副榜，授宾州学正。先后升任国子监学录、江西道监察御史提督北畿学政、詹事府丞、太仆寺丞等官职。出任江西提学后，随即重修白鹿洞书院。　［5］成化十七年，江西按察使耻庵陈先生乃谋于提督学校宪副钟公、佥事冷庵陈公、大参祁公，慨然以作新斯文为己任：耻庵陈先生，指陈炜。陈炜，字文曜，号耻庵，福建闽县（今福州一带）人。天顺四年（1460）进士。成化初选监察御史。历江西按察使、右布政使，为民兴利除弊，颇有政绩。转浙江左布政使，未上任而卒，终年五十五岁。著作有《耻庵集》。提督学校宪副钟公，其名字、乡贯、履历待考。冷庵陈公，指陈琦。陈琦，字粹之，号冷庵，吴县（今江苏苏州）人。成化二年（1466）进士，授南京大理寺副，历寺正，擢江西佥事，迁贵州副使，罢归。著作有《冷庵集》。祁公，指祁顺。祁顺，字致和，号巽川，广东东莞人。天顺四年进士，授兵部主事，进郎中。累官至江西左布政使。弘治十年（1497）卒，终年六十四岁。著作有《巽川祁先生文集》。［6］谓予于考亭之学亦私淑诸人者：考亭之学，指朱子之学。私淑，典出《孟子·离娄下》“予未得为孔子徒也，予私淑诸人也”（朱熹注云，“私，犹窃也。淑，善也”）。后指未得身受其教而宗仰其人为私淑。［7］遣二生李士达、刘希孟如白沙以请：李士达、刘希孟，张元祯的弟子。［8］同时司藩臬诸贤咸与闻之：藩臬，分别指布政使、按察使。明清时期，称布政使为藩司或藩台、称按察使为臬司或臬台。［9］外则东白张先生、广东大方伯彭公、按察使闵公、吉水袁德纯各以书遗予：东白张先生，指张元祯。张元祯，字廷祥，号东白，江西南昌人。天顺四年进士，选庶吉士，授翰林院编修。参与修纂《英宗实录》。与执政议不合，引疾而归。居家讲求性命之学，长达二十年。弘治初，应召起，参与修纂《宪宗实录》。累官至吏部左侍郎。谥文裕。著作有《东白张先生文集》。广东大方伯彭公，指彭韶【彭韶生平，参《乞终养疏》注［4］】。按察使闵公，指闵珪。闵珪，字朝英，浙江乌程（今浙江湖州）人。天顺八年（1464）进士，授御史。擢江西按察副使，升广东按察使。弘治四年（1491）以都御史总督两广军务，官至刑部尚书。著作有《闵庄懿集》。吉水袁德纯，即袁道。袁道，字德纯，江西吉水人。成化八年（1472）进士，授太平知县，有善政。成化二十二年（1486）任巡按御史，次年四月二十六日卒于龙川。［10］云辉日映，交进衡宇：衡宇，指简陋的房屋。［11］夫然后可以称诸公之任使：称，音chèn，指与……相符合、与……相称。［12］予闻之：君子之使人也由其诚，不强其所不能：所谓“君子之使人也由其诚，不强其所不能”，其语疑出自《礼记·学记》“今之教者……使人不由其诚，教人不尽其材”，但反其意而用之。［13］自邑令佐以下至士庶耆老，源源而来，靡不观感：邑令，指知县；邑令佐，指县丞。耆老，年六十曰耆，七十曰老，此处特指受人尊重的老者。靡不，无不。　［14］留且弥月矣：弥月，整月。　［15］是日宪副陶公过白沙，邑长丁侯、乡诸士友各赋诗以赠：陶公，指陶鲁。陶鲁，字自强，号节庵，广西郁林（今广西玉林）人。以荫授新会县丞。迁知县、广州府同知，升广东按察佥事，善抚士卒，多智略，所向克捷。历任广东布政使司左参政、广东按察副使、湖广按察使，官至湖广左布政使。卒年六十五。丁侯，指丁积。丁积，字彦诚，别号三江渔樵人，江西宁都人。成化十四年（1478）进士。次年，出任新会知县。刚到新会，即师事白沙先生。为政以敦风化为本，卒于官。　［16］帙成，俾予序之：帙，音zhì，指书的卷册。俾，音bǐ，使。这两句意为：这些赠诗装订成册后，让我来给它写序。

简析

成化十七年七月二十四日，江西按察使陈炜等派张元祯的弟子李士达、刘希孟到达白沙村，敦请白沙先生到白鹿洞书院主持教事。白鹿洞书院，曾经由朱熹修复作为其讲学之地，是讲授程朱理学的重要书院。白沙先生虽然十分尊重朱子，但由于其思想主张、学术见解与朱子有较大不同，因此谢绝了陈炜等人的邀请，不愿意到白鹿洞书院去主持教事。李士达、刘希孟在八月底离开江门返回江西时，白沙先生作《送李刘二生还江右，用陶韵（二首）》《赠李刘二生使还江右诗序》以赠。江右，指江西。古人叙述地理时，以东为左、西为右，故称长江下游以东地区为江左、以西地区为江右。

赠容一之归番禺序

题旨

白沙先生弟子容贯将从新会返回番禺（具体年月不详）。此文是白沙先生为容贯所写的赠行之序。

容生卓锥无地，从予游者十有一载，未尝对人作皱眉状[1]。入京师，见声利烜赫辄不乐[2]。语人曰："古之仕者，将以行其志耳。徒食人禄而不知耻，虽吾不能以一日居。"生之志可谓笃矣[3]。顾以予之疏谬，不能辅其为仁[4]。是生虽有美质而其学未底于成[5]，由吾之虚名误之也。虽然，生之志岂易量哉？圣贤之言具在方册[6]，生取而读之，师其可者，改其不可者，直截勇往，日进不已，古人不难到也。但恐游心太高，著迹太奇，将来成就结裹处，既非庸常意料所及[7]；而予素蹇钝，不能追攀逸驾[8]。仰视九霄之上，何许茫茫，生方锐意以求自得，亦将不屑就。予又安知足履平地者果为何如也？千里之行，始乎跬步[9]，生慎由之。陈先生习忘久矣，生归见毅卿，其亦以是语之。[10]

注释

[1] 容生卓锥无地，从予游者十有一载，未尝对人作皱眉状：

容生，指容贯。容贯，字一之，新会荷塘人。一说为番禺人。盖其原籍新会荷塘，而家居于番禺。白沙先生弟子。卓，植立、竖立。卓锥无地，犹言立锥无地，义同“无立锥之地”，形容贫穷。白沙先生有《至容贯宅》诗云：“在昔偶相遇，如今忽白头。敝衣寒露肘，破屋早知秋。家业凭觚翰，厨烟管去留。老夫如辟谷，与子入罗浮。”（《陈献章全集》中册，第458页）亦言容贯之贫穷。皱眉，蹙紧双眉，表示不悦、忧愁。这几句意为：容一之贫无立锥之地，跟从我学习已经十一年了，从来没有见他对人表现出忧愁的神情。［2］入京师，见声利烜赫辄不乐：声利，名利。烜，音xuǎn。烜赫，声威盛大。辄，则。［3］生之志可谓笃矣：笃，笃厚、真诚、纯一。［4］顾以予之疏谬，不能辅其为仁：顾，只是。疏谬，疏陋谬误。辅其为仁，典出《论语·颜渊》：“曾子曰：‘君子以文会友，以友辅仁。’”这几句意为：只是由于我的疏陋谬误，不能帮助他培养仁德。［5］是生虽有美质而其学未底于成：底，音zhǐ，同“厎”，引致、达到。［6］圣贤之言具在方册：方册，指典籍。宋程大昌《演繁露》云：“方册云者，书之于版，亦或书之于简也。通版为方，联简为册。”［7］将来成就结裹处，既非庸常意料所及：结裹，即结果，指人的归宿。庸常，平常人、一般人。这两句意似为：其将来成就之地、归宿之处，就已经不是一般人所能意料得到了。［8］而予素蹇钝，不能追攀逸驾：素，平素，素来。蹇钝，音jiǎn dùn，困顿迟钝。不能，林齐本、高简本、萧世延本作“胡能”。逸，通“轶”，超绝。驾，原指帝王的车乘，后作称人的敬辞。逸驾，借指超群绝伦的人。［9］千里之行，始乎跬步：跬，音kuǐ，半步。《司马法》云：“一举足曰跬，跬三尺；两举足曰步，步六尺。”这两句出《老子》“千里之行，始于足下”及《荀子·劝学》“不积跬步，无以至千里”。［10］陈先生习忘久矣，生归见毅卿，其亦以是语之：习忘，疑指修习坐忘。坐忘，是道家的一种修炼方法，主张通过修炼，达到物我两忘、身心俱泯、澹泊无思虑的境界。毅卿，姓名、籍贯、履历不详。白沙先生诗文中有《吊陈毅卿墓》《清明前三日有怀亡友陈毅卿、伍光宇》（《陈献章全集》中册，分别见于第476、第687页），提及陈毅卿，不知是否同一人。

简析

此文为容一之归番禺时，白沙先生所作的赠序，撰作时间不详。容一之贫无立锥之地，却从来没有在别人面前皱眉不悦（忧愁）。但是，当其入京师，见声利烜赫则愦然不乐。可见，容一之乃忧道而不忧贫、笃志圣贤之道的人。然而，白沙先生担心容一之“游心太高，著迹太奇”，因此希望他无论做人治学，都能脚踏实地（“足履平地”）、一步一个脚印（“千里之行，始乎跬步”）。

道学传序

题旨

成化二十一年（1485），广东左布政使陈选把《宋史》当中的“道学传”四卷单独刊行。此文是白沙先生为陈选刊刻“道学传”而作的序言。

自炎汉迄今[1]，文字记录著述之繁，积数百千年于天下，

至于汗牛充栋犹未已也。许文正语人曰："也须焚书一遭。"[2]此暴秦之迹[3]，文正不讳言之，果何谓哉？广东左方伯陈公取元所修《宋史》列传中"道学"一编镂板，与同志者共之[4]。《宋史》之行于天下有全书矣，公复于此留意焉。噫！我知之矣。孔子曰："十室之邑，必有忠信如丘者焉，不如丘之好学也。"[5]后世由圣门以学者众矣，语忠信如圣人，鲜能之[6]，何其与夫子之言异也？夫子之学，非后世人所谓学。后之学者，记诵而已耳，词章而已耳。天之所以与我者，固懵然莫知也。夫何故？载籍多而功不专，耳目乱而知不明[7]，宜君子之忧之也。是故秦火可罪也，君子不讳，非与秦也[8]，盖有不得已焉。夫子没，微言绝[9]。更千五百年，濂洛诸儒继起[10]，得不传之学于遗经，更相讲习而传之，载于此编者备矣，虽与天壤共弊可也[11]。抑吾闻之："六经，夫子之书也。学者徒诵其言而忘味，六经一糟粕耳，犹未免于玩物丧志。"[12]今是编也，采诸儒行事之迹与其论著之言，学者苟不但求之书而求诸吾心，察于动静有无之机[13]，致养其在我者而勿以闻见乱之，去耳目支离之用，全虚圆不测之神[14]，一开卷尽得之矣。非得之书也，得自我者也。盖"以我而观书，随处得益；以书博我，则释卷而茫然"[15]。此野人所欲献于公与四方同志者之芹曝也[16]。承公命为序，故及之。公名选，字士贤，浙之临海人。先公勿斋先生宰新城，遗爱在民[17]。公称其家学云。[18]

注释

［1］自炎汉迄今：炎汉，即汉代。汉自称以火德王，故称炎汉。 ［2］许文正语人曰："也须焚书一遭。"：许文正，指许衡。许衡，字仲平，元代河内（今属河南）人。幼好学。后得程朱书，与姚枢等讲求理学，以道为己任。元世祖忽必烈时，命议中书省，上书言立国必行汉法，乃可长久。后为集贤大学士，兼国子监祭酒，培育人才。学者称其为鲁斋先生。谥文正。著作有《鲁斋集》。"也须焚书一遭"，此语出处待考。欧阳玄为许衡所撰《神道碑》云："先生平时颇病文籍之繁，尝曰'圣人复出，必大芟而治之。'斯则周衰以来文胜之弊，犹将有以正救于其间，是岂浅之为志者乎？"（《许衡集》，第292页）相关叙述，与"也须焚书一遭"大意有相近之处，可参考。 ［3］此暴秦之迹：指秦始皇焚书坑儒。 ［4］广东左方伯陈公取元所修《宋史》列传中"道学"一编锓板，与同志者共之：陈公，指陈选。陈选，字士贤，号克庵，浙江临海人。天顺四年（1460）进士，授御史，巡按江西，尽黜贪残吏。成化初疏劾马昂，救罗伦，一时惮其风采。已而督学南畿，改河南，升按察使。后擢广东右布政使、左布政使。成化二十二年（1486），因忤权贵被逮，赴京途中病卒于南昌。《宋史》，关于宋代历史的断代史史书。元脱脱（或作托克托）等主持修纂，全书四百九十六卷，篇幅浩大，但成书时间不到三年，错漏颇多。列传中"道学"一编，指《宋史·道学传》。道学，指宋代理学。《道学传》共四卷（《宋史》第427—430卷），其中第427卷为北宋道学家周敦颐、程颢、程颐、张载、邵雍的传记，第428卷为二程门人刘绚、李籲（音yù）、谢良佐、游酢、张绎、苏昞、尹焞、杨时、罗从彦、李侗的传记，第429卷为南宋道学家朱熹、张栻的传记，第430卷为朱熹门人黄榦（音gàn）、

李燔、张洽、陈淳、李方子、黄灏的传记。镂板，即雕板印刷。［5］孔子曰："十室之邑，必有忠信如丘者焉，不如丘之好学也。"：孔子语，见《论语·公冶长》。［6］鲜能之：鲜，音xiǎn，少。［7］载籍多而功不专，耳目乱而知不明：载籍，书籍。知，音zhì，同"智"，智慧。［8］君子不讳，非与秦也：不讳，不隐讳、不回避。与，音yù，赞同。［9］夫子没，微言绝：夫子，指孔子。没，音mò，同"殁"，死亡。微言，精微之言。绝，断绝、不传。这句意为：自从孔子死后，其微言大义就没有人传承了。［10］更千五百年，濂洛诸儒继起：更，经过、经历。濂，指濂溪，即周敦颐。洛，指程颢、程颐兄弟，因其家居洛阳，此为代称。濂洛诸儒，即周敦颐以及程颢、程颐兄弟。［11］虽与天壤共弊可也：天壤，天地。天地长存，故以天壤比喻事物的经久不朽。弊，破、败坏。这句意为：即使与天地同存亡，也是可以的。［12］抑吾闻之："六经，夫子之书也。学者徒诵其言而忘味，六经一糟粕耳，犹未免于玩物丧志。"：相关说法，语本谢良佐《上蔡语录》"昔录五经语作一册，伯淳见，谓曰：'玩物丧志。'"（谢良佐《上蔡语录》，朱熹《朱子全书》外编第三册，第34页。案：此记载又见《河南程氏外书》第十二卷，《二程集》第二册，第427页。）［13］察于动静有无之机：机，事物变化的迹象、征兆。［14］去耳目支离之用，全虚圆不测之神：支离，分散、残缺。虚圆，指心灵。不测，不可测度。这两句大意为：去除耳目分散残缺的（闻见）之功用，保全心灵的不可测度之神妙。［15］盖"以我而观书，随处得益；以书博我，则释卷而茫然"：此数言，白沙先生引述黄庭坚（字鲁直，号山谷道人）之语。《朱子语类》记载云："山谷《与李几仲帖》云：'不审诸经、诸史，何者最熟？大率学者喜博，而常病不精。泛滥百书，不若精于一也。有余力，然后及诸书，则涉猎诸篇亦得其精。盖以我观书，则处处得益；以书博我，则释卷而茫然。’先生深喜之，以为有补于学者。”（黎靖德编《朱子语类》第一册，第169页）然而学术界多将其误作白沙先生之言。［16］此野人所欲献于公与四方同志者之芹曝也：野人，白沙先生自称。芹，芹菜，喻物之微不足道者。曝，日暄，事之十分常见者。芹曝，谦言所贡献的东西琐碎不足道。［17］先公勿斋先生宰新城，遗爱在民：先公勿斋先生，指陈选父亲陈员韬。陈员韬，字从周，号勿斋，浙江临海人。宣德五年（1430）进士，为御史，出按四川，黜贪奖廉，昭雪死囚四十余人。历任广东右参政、福建右布政使。著作有《勿斋集》。［18］文末，林齐本、萧世延本有“成化二十一年乙巳闰四月，翰林检讨古冈病夫陈献章公甫书”二十五字。

简析

白沙先生《道学传序》，是成化二十一年闰四月为当时任广东左布政使的陈选把《宋史》当中的“道学传”四卷单独刊刻而撰作。在序文中，白沙先生认为，读书不在其数量杂多，而在其内容精纯。而在读书过程中，不能拘泥于文字，若拘泥于文字、徒诵其言而忘其味，则六经亦等同于糟粕，读书犹玩物丧志，应当反求诸心，像黄庭坚所说的那样，以我观书，随处得益，而不是以书博我，释卷茫然。

东圃诗序

题旨

此文是白沙先生应其弟子范规的请求，为范规的父亲东圃翁而撰作的诗以及诗序。

南海范规从予游[1]，尝闻规之父东圃翁朴茂[2]，于人无怨恶，早岁出入江湖，既倦而归，圃于西江之浒、花山之阴[3]，因寄号曰东圃。东圃方十亩，沼其中[4]，架草屋三间，傍植花卉、名木、蔬果。翁寄傲于兹，或荷丈人蓧，或抱汉阴瓮[5]，兴至便投竿弄水，击壤而歌[6]。四时之花，丹者擢，白者吐。或饮露而飡英[7]，或寻芳而索笑；科头箕踞柽阴竹影之下[8]，徜徉独酌；目诸孙上树取果实、嬉戏笑语以为适。醉则曲肱而卧，藉之以绿草，洒之以清风[9]。寤寐所为，不离乎山云水月，大抵皆可乐之事也。规别白沙去游曹溪洞[10]，不相见数年矣。一日复来，与规语，如闻陈子昂、李太白赋感遇诗[11]，一喜一愕，规亦奇矣哉！比归[12]，以东圃诗为请，且曰：“无以娱亲故也。”予乐闻东圃翁为人，而怜规之志，不可违也，赋排律十韵以赠之[13]。东圃名真，字则未闻也。诗曰：一老胥江卧[14]，濒江一圃开。林春烟淡泊，地暝月徘徊。尽日扃茅宇[15]，残年寄酒杯。山蹊人不到，庭竹凤飞来。静得丘园乐，清无市井埃[16]。云封朝几白，风入夜弦哀。细雨携鉏去，轻筇看药回[17]。江山吾晚暮，梨栗尔婴孩。天上群龙远，花前独鹤陪。谁为求仲侣，心迹总悠哉。

注释

［1］南海范规从予游：范规，字能用，广东南海人。白沙先生弟子，懂医术。［2］尝闻规之父东圃翁朴茂：东圃翁，范规父亲范真之号。朴茂，朴实厚道。［3］圃于西江之浒、花山之阴：西江，林齐本、萧世延本作"胥江"。西江，为珠江干流之一，在广东西部。黔、桂、郁三江在广西梧州合流之后，称为西江。浒，水边。阴，山的北面。［4］沼其中：沼，原指水池、水塘，此指挖水塘。［5］或荷丈人蓧，或抱汉阴瓮：荷，扛，用肩承物。蓧，音diào，古代耘田用的竹制工具。或荷丈人蓧，典出《论语·微子》："子路从而后，遇丈人，以杖荷蓧。"瓮，陶制的盛物器具。或抱汉阴瓮，典出《庄子·天地》："子贡南游于楚，反于晋，过汉阴，见一丈人方将为圃畦，凿隧而入井，抱瓮而出灌，搰搰然用力甚多而见功寡。"（搰，音kū。搰搰然，用力的样子。）这两句是说，范规之父东圃翁颇具道家隐士色彩。［6］击壤而歌：相传尧时，"有年五十击壤于路者，观者曰：'大哉！尧［之］德乎！'击壤者曰：'吾日出而作，日入而息，凿井而饮，耕田而食，尧何等力！'"（黄晖《论衡校释》，中华书局，1995年版，第二册，第388页）击壤而歌，后成为歌颂盛世太平的典故。此指东圃翁歌诗以自得其乐。［7］或饮露而飡英：飡，音cān，同"餐"。飡英，即餐英，指以花为食。或饮露而飡英，典出屈原《楚辞·离骚》："朝饮木兰之坠露兮，夕餐秋菊之落英。"［8］科头箕踞桎阴竹影之下：科头，结发而不戴冠。箕

踞，音jī jù，古人席地而坐，坐时若伸直两足，且以手据膝，坐状像箕，故曰箕踞。箕踞原属傲慢不敬之容，此指东圃翁不拘礼节之貌。柽，音chēng，木名，柽柳。 ［9］醉则曲肱而卧，藉之以绿草，洒之以清风：肱，音gōng，胳膊。曲肱而卧，弯着胳膊而睡。典出《论语·述而》："子曰：'饭疏食饮水，曲肱而枕之，乐亦在其中矣。不义而富且贵，于我如浮云。'"藉，音jiè，原指草垫。这里作动词，意为"以……垫着"。 ［10］规别白沙去游曹溪洞：曹溪，水名，在广东曲江东南双峰山下。唐凤仪中，邑人曹叔良舍宅建宝林寺，故名曹溪。曹溪洞，疑指曹溪禅寺。 ［11］与规语，如闻陈子昂、李太白赋感遇诗：陈子昂，字伯玉，唐梓州射洪（今属四川）人。唐代诗人，其诗作中以《感遇》诗三十八篇最为著名。李白，字太白，唐陇西成纪（今属甘肃）人，出生于安西都护府所属碎叶城（今属吉尔吉斯斯坦）。唐代诗人，有"诗仙"之称。其诗作中有《感遇》四首（《李太白全集》，第24卷）。 ［12］比归：比，及、等到。［13］赋排律十韵以赠之：排律，律诗之一体。凡五言、七言律诗在十句以上，除尾联不对仗、首联可不对仗外，其余各联必须对仗，这样的诗，称为排律。 ［14］一老胥江卧：胥江，即北江。北江，为珠江上源之一，由浈水与武水在韶关合流而成，南流至佛山三水与西江岔流汇合；又东经番禺（今广州南沙黄阁），与东江等汇合，然后向东南注入珠江入海口。 ［15］尽日扃茅宇：尽日，自朝至晚，犹言终日。扃，音jiōng，关闭。茅宇，茅屋。这句意为：整天关着茅屋的门（谓其不热衷于与人交往）。 ［16］静得丘园乐，清无市井埃：丘园，丘墟、园圃，指隐居之地。市井，市街，人们进行买卖之地。［17］细雨携鉏去，轻筇看药回：鉏，音chú，同"锄"，即锄头。筇，音qióng，竹名，可作拐杖。此指拐杖。

简析

白沙先生的《东圃诗序》，是为其门人范规的父亲东圃翁而作。在文中，白沙先生对东圃翁的颇具道家色彩的田园生活，作了十分细致的叙述，如“翁寄傲于兹，或荷丈人蓧，或抱汉阴瓮，兴至便投竿弄水，击壤而歌。四时之花，丹者摧，白者吐。或饮露而飡英，或寻芳而索笑；科头箕踞梧阴竹影之下，徜徉独酌；目诸孙上树取果实、嬉戏笑语以为适。醉则曲肱而卧，藉之以绿草，洒之以清风。寤寐所为，不离乎山云水月，大抵皆可乐之事也”一段，读之令人神往。白沙先生虽然是一位儒者，但是他深受道家尤其是庄子的影响，在他的诗文中频繁地引述或论及庄子。表面上，白沙先生所写的是东圃翁的田园生活，而实际上，其所表达的是自己对这种田园生活的向往。

记

韶州风采楼记

题旨

弘治十年（1497）春，韶州知府钱镛建风采楼以纪念北宋名臣余靖。此文是白沙先生为风采楼所写的碑记。

宋仁宗朝除四谏官，其一人忠襄余公也[1]。蔡君谟诗云："必有谋猷裨帝右，更教风采动朝端。"[2]弘治十年春，韶守钱君镛始作风采楼，与张文献风度楼相望[3]。忠襄之十八世孙英走白沙，谒文以表之[4]。夫自开辟达唐，自唐达宋至于今，不知其几千万年，吾瞻于前，泰山北斗，曲江公一人而已耳[5]；吾瞻于后，泰山北斗，公与菊坡公二人而已耳[6]。噫！士生于岭表[7]，历兹年代之久，而何其寥寥也[8]，则公之风采，在人争先睹之为快，如凤皇芝草不恒有于世也[9]，可知矣。如公之才，得行公之志，所谓"障百川而东之，回狂澜于既倒"[10]，公固有之。公有益于人国也，大矣。虽然，一谏官岂能尽公哉？颜渊问为邦，孔子斟酌四代礼乐告之[11]。颜渊，处士也[12]，何与斯理耶？居陋巷以致其诚，饮一瓢以求其志，不迁不贰以进于圣人[13]。用则行，舍则藏。夫子作《春秋》之旨，不明于后世矣[14]；后之求圣人者，颜子其的乎！[15]时乎显则显矣，时乎晦则晦矣[16]。语默出处惟时，岂苟哉？[17]英乎，勉诸！毋曰“忠襄可为也，圣人不可为也”。[18]

注释

［1］宋仁宗朝除四谏官，其一人忠襄余公也：宋仁宗，宋代皇帝赵祯的庙号。除，拜官授职。四谏官，指余靖、欧阳修、蔡襄、王素四人。忠襄余公，即余靖。余靖，字安道，号武溪，广东曲江人。宋仁宗天圣二年（1024）进士。景祐三年（1036），范仲淹被贬，余靖上疏反对，亦被贬逐，自此知名于世。官至尚书左丞知广州。谥忠襄。著作有《武溪集》。 ［2］蔡君谟诗云：“必有谋猷裨帝右，更教风采动朝端。”：蔡襄，字君谟，福建仙游人。工书法，尤长小楷、草书。天圣八年（1030）进士。累官至端明殿学士。谥忠惠。著作有《蔡忠惠集》。“必有谋猷裨帝右，更教风采动朝端”，见蔡襄《喜欧阳永叔、余安道、王仲仪除谏官》，文字略有出入。诗云：“御笔新除三谏官，士民千口尽相欢。昔时流落丹心在，自古忠贤得路难。好竭谋猷居帝右，直须风采动朝端。人生万事皆尘土，惟是功名永远看。” ［3］弘治十年春，韶守钱君镛始作风采楼，与张文献风度楼相望：钱镛，浙江仁和人，成化十四年（1478）进士。弘治七年（1494）任韶州知府，弘治十年建风采楼以纪念余靖。风采楼，在韶关城内，是一座碧瓦朱墙、具南方特色的建筑。楼上“风采楼”三字匾额，为白沙先生以茅龙笔书写。张文献，指张九龄。张九龄，字子寿，广东曲江人。唐中宗景龙元年（707）进士，授官校书郎。唐

玄宗开元二十一年（733），升中书侍郎。次年迁中书令。后为李林甫所忌，罢相家居。谥文献。著作有《曲江集》。风度楼，为纪念张九龄而建，在韶关城内，原建筑已经不存。据说，唐玄宗对张九龄颇为器重，后每用人，必曰："风度能若九龄否？"（郭棐《粤大记》上册，第424页）风度楼之名，当出自唐玄宗此言。［4］忠襄之十八世孙英走白沙，谒文以表之：忠襄，余靖谥号。英，指余靖十八世孙余英。余英，字号、履历不详。谒，音yè，请求。［5］吾瞻于前，泰山北斗，曲江公一人而已耳：泰山北斗，古代认为，泰山在五岳中最高，北斗在众星中最明，因常用以比喻众所崇仰之人。曲江公，指张九龄。［6］吾瞻于后，泰山北斗，公与菊坡公二人而已耳：菊坡公，指崔与之。崔与之，字正子，号菊坡，广东增城人。宋光宗绍熙四年（1193）进士，授浔州司法参军。历仕光宗、宁宗、理宗三朝，前后长达四十多年。宋理宗嘉熙三年（1239）六月，以观文殿大学士致仕；十二月卒，谥清献。著作有《崔清献公集》。［7］士生于岭表：岭表，指五岭以南之地，即岭南。［8］历兹年代之久，而何其寥寥也：兹，此。寥寥，稀少。［9］如凤皇芝草不恒有于世也：凤皇，林齐本、高简本、萧世延本、碧玉楼本作"凤凰"。凤凰，传说中的祥瑞之鸟。雄曰凤，雌曰凰。［10］所谓"障百川而东之，回狂澜于既倒"：语见韩愈《进学解》。［11］颜渊问为邦，孔子斟酌四代礼乐告之：颜回，字子渊，春秋时期鲁国人。孔子弟子。以德性见称，后世尊其为复圣。颜渊问为邦云云，语出《论语·卫灵公》："颜渊问为邦。子曰：'行夏之时，乘殷之辂，服周之冕，乐则《韶》《舞》。放郑声，远佞人。郑声淫，佞人殆。'"［12］处士也：处士，未仕或不仕的读书人。［13］居陋巷以致其诚，饮一瓢以求其志，不迁不贰以进于圣人：居陋巷、饮一瓢，典出《论语·雍也》："子曰：'贤哉，回也！一箪食，一瓢饮，在陋巷，人不堪其忧，回也不改其乐。贤哉，回也！’”不迁不贰，典出《论语·雍也》：“哀公问：‘弟子孰为好学？’孔子对曰：‘有颜回者好学，不迁怒，不贰过；不幸短命死矣！今也则亡，未闻好学者也。’”［14］夫子作《春秋》之旨，不明于后世矣：夫子，指孔子。《春秋》，编年体史书。孔子作《春秋》，较早的说法出自《孟子》。《孟子·滕文公下》云：“世衰道微，邪说暴行有作，臣弑其君者有之，子弑其父者有之。孔子惧，作《春秋》。《春秋》，天子之事也。是故孔子曰：‘知我者，其惟《春秋》乎！罪我者，其惟《春秋》乎！’”　［15］后之求圣人者，颜子其的乎：的，原指箭靶的中心，引申为标准。　［16］时乎显则显矣，时乎晦则晦矣：显，显扬。晦，不显扬。这两句意为：时机应当显扬则显扬，时机应当不显扬则不显扬。　［17］语默出处惟时，岂苟哉：苟，苟且，即太过随便（不讲原则）之意。这两句意为：是说还是不说、是出仕还是不仕，唯有看时机是否合适，哪里是可以苟且的呢？　［18］英乎，勉诸！毋曰“忠襄可为也，圣人不可为也”：勉，努力、尽力。诸，通“之”，指代人或事、物。勉诸，尽力去做。又：文末，林齐本、萧世延本有“弘治十年丁巳冬，陈某记”十字。

简析

弘治十年春，韶州知府钱镛建风采楼以纪念北宋名臣余靖。风采楼建成之后，派余靖十八世孙余英到新会，请白沙先生作《韶州风采楼记》以记其事。白沙先生在文中，一方面肯定了余靖作为谏官，大“有益于人国也”；另一方面，勉励余英不仅要像其祖先一样有益于国，还要像颜回一样学以成圣。诫勉余英，千万不要以为“忠襄可为也，圣人不可为也”。

新会县辅城记

题旨

此文是白沙先生为修建新会县辅城之事而写的碑记，乃为表彰其朋友陶鲁对新会县的贡献而作。

吾邑辅城周遭六七里，高若干尺，东南际水，西北凿城[1]，下为池，旁植刺竹，施蒺藜其中[2]，为营门以守。尝记往年西寇之来，凭陵高凉以东，破关袭城，势如建瓴[3]，至此则截然而止，如虹霓之收急雨。由是而吾民之丘陇以完[4]，室家以安，鸡犬以宁，仓箱以盈，燕有岁时，乐有宾客，至于今各得其所者，则谁之赐乎？始者，吾谓陶公曰："孔子曰：'言忠信，行笃敬，虽蛮貊之邦，行矣。'[5]以此而尽吾心，则庶政无不修，用人无不当，理财无不富，治兵无不强；不知乎此，而欲徒恃其末，盖后世以法劫制天下，区区之为也。公之功固大矣，而圣人之道非耶？"公曰："不然。行圣人之道有二术，内之曰心，外之曰权[6]。无其心，则权为挟私妄作矣；无其权，虽有其心，将安施哉？今夫用行伍之人，取其长不责其备，宥其过以图其功可也[7]。或者过于求实，一疵不贷[8]，而用舍乖张矣。今夫理财于扰攘之秋，非常赋克取之民，故椎牛洒酒、丰犒厚享[9]，非以醉饱为德，所以作士气也。顾小利而忘其大体者，则朝夕与小吏计牙筹、算赢余矣[10]。今夫治兵于阃外[11]，号令则大将主之，而吾每以偏师从事，况夫深山穷谷、民獠杂居、善恶同状、生杀在前而节制不一[12]，沮我者惟以杀无辜为言矣。此事之所以难行，而心之所以不孚于人也。”乌虖！兵，凶器也，岂得已哉？公从事于兹余二十年[13]，吾民之老者以死，少者以壮，事功在边隅[14]，日远日忘，盖不可以无纪而垂告于将来也。今西师戒严[15]，盗贼塞路，吾欲于知力之外而纲维乎是，则孰与语哉？

注释

[1] 吾邑辅城周遭六七里，高若干尺，东南际水，西北凿城：邑，原为侯国之称，此指县。吾邑，指新会县。辅城，指外城。周遭，四周、周围。际，接近。凿，打孔、穿通。凿城，似指有道路连通内城。　[2] 旁植刺竹，施蒺藜其中：刺竹，即竻（音lè）竹，多刺，人们用作藩篱。施，放置。蒺藜，原为一种植物的名字，这种植物生于沙地，布地蔓生，其果实表面突起如针。这里指铁蒺藜，一种武器。　[3] 尝记往年西寇之来，凭陵高凉以东，破关袭城，势如建瓴：西寇，指来自广西的盗寇。高凉，即高州。高州在隋唐时曾为高凉郡，故又称高凉。建瓴，高屋建瓴的略语，比喻居高临下、势不可遏。　[4] 由是而吾民之丘陇以完：丘陇，田园。完，保全。[5] 孔子曰：“言忠信，行笃敬，虽蛮貊之邦，行矣。”：语见《论语·卫灵公》。蛮，南蛮。貊，音mò，北狄。这几句意为：孔子说，“言语忠诚可信，行为笃实严肃，即使在南蛮北狄之地，也可以行得通”。　[6] 内之曰心，外之曰权：权，权变、变通。权常与经相对。古代称道之至当不变者为经，称反经合道者为权。　[7] 今夫用

行伍之人，取其长不责其备，宥其过以图其功可也：行伍，音háng wǔ，指军队。古代军队编制，五人为伍，二十五人谓行，故以行伍作为军队的代称。宥，音yòu，宽免、赦罪。 ［8］或者过于求实，一疵不贷：贷，宽免。 ［9］故椎牛洒酒、丰犒厚享：椎牛，杀牛。洒酒，喝酒。丰犒厚享，谓以丰美的酒食、优厚的财物赏赐将士。［10］顾小利而忘其大体者，则朝夕与小吏计牙筹、算赢余矣：牙筹，象牙制的、用于计数的筹码。赢余，即盈余，多余、充裕有余。这两句意为：如果只是顾小利而不识大体，那就成了整天与小吏计数多寡、核算盈亏了。 ［11］今夫治兵于阃外：阃外，指统兵在外。 ［12］况夫深山穷谷、民獠杂居、善恶同状、生杀在前而节制不一：獠，古代对南方部分少数民族的侮辱性称谓。 ［13］公从事于兹余二十年：余，原指剩余、多余，此指超过。二十年，林齐本、高简本作“三十年”。 ［14］事功在边隅：边隅，边远偏僻之地。［15］今西师戒严：具体所指何事，有待考证。

简析

白沙先生的《新会县辅城记》，乃为表彰陶鲁对新会县的贡献而作。其撰作具体时间不详。根据文中“公从事于兹余二十年，吾民之老者以死，少者以壮，事功在边隅，日远日忘，盖不可以无纪而垂告于将来也。今西师戒严，盗贼塞路，吾欲于知力之外而纲维乎是，则孰与语哉”之言，白沙先生作此文之时，陶鲁似已去世。陶鲁卒于弘治十一年（1498）八月十四日，而弘治十二年（1499）年底，白沙先生病危，弘治十三年（1500）二月初十，白沙先生辞世。是故，疑此文作于陶鲁去世之后、白沙先生病危之前，亦即弘治十一年至弘治十二年间。在文中，白沙先生通过自己与陶鲁的对话，论述了在现实生活中，尤其是在军事行动中，不仅要持守常道（经），也要在符合常道的基础上懂得变通（权）。否则，有可能一事无成。

云潭记

题旨

某年仲春，白沙先生与其门人周镐、周京兄弟游圭峰之山，观圣池之云。此文是白沙先生为应周镐、周京的请求，为怀念周氏之父亲云潭而作。

白沙之西山则圭峰也[1]。东北连数峰，最胜者为绿护屏[2]。屏之南有潭渊然，曰圣池[3]。下蟠蛟龙，龙嘘气成云，变化万状。里生周镐偕其季京来谒予白沙[4]。时维仲春，风日晴美，予与二子携酒饮于西山之麓，班荆而坐[5]，仰而四顾，有云起绿护屏，炫烂如丹青，郁纷若祥瑞[6]。予顾谓二子曰："是圣池之云也。伟哉观乎！"二子愀然正襟侍侧[7]，曰："是吾先子之志也。先子居龙溪，垂五十年，无他嗜好，惟喜为云潭之观，故先子之号曰云潭[8]。"予曰："嘻，有是哉！若先子，我旧，不幸早世，不及见若兄弟长也[9]。若岂尽闻之乎？居，吾语汝[10]。夫潭取其洁也，云取其变也。洁者，其本乎！变者，其用乎！"二子齐应曰："然。"予曰："未也。野马也，尘埃也，云也，是气也[11]；而云以苏枯泽物为功[12]。《易》曰‘密云不雨，自我西郊’是也[13]。水以动为体，而潭以静为用[14]。物之至者，妍亦妍，媸亦媸，因物赋形，潭何容心焉？[15]是之取尔。”二子喜相谓曰：“先生命我矣。”[16]于是，复进而告之曰：“天地间一气而已，屈信相感[17]，其变无穷。人自少而壮，自壮而老，其欢悲、得丧、出处、语默之变，亦若是而已，孰能久而不变哉？变之未形也，以为不变；既形也，而谓之变，非知变者也。夫变也者，日夜相代乎前，虽一息变也，况于冬夏乎？[18]生于一息，成于冬夏者也。夫气，上蒸为水，下注为潭[19]。气，水之未变者也。一为云，一为潭，变之不一而成形也，其必有将然而未形者乎！默而识之[20]，可与论《易》矣。”二子于是起而再拜，乞书为《云潭记》。

注释

［1］白沙之西山则圭峰也：圭峰，新会的一座山名。 ［2］东北连数峰，最胜者为绿护屏：胜，指事物之优越美好。绿护屏，又称昆仑顶，为圭峰山的一个山峰。 ［3］屏之南有潭渊然，曰圣池：圣池，又称白龙池，在新会绿护屏之南。 ［4］里生周镐偕其季京来谒予白沙：周镐，字文邦，新会麻园人。白沙先生弟子。据李承箕《周镐墓志》，周镐十九岁时从学于白沙先生。（参《李承箕集》，第269页）季，末、最小。此谓最小的弟弟。京，指周京。周京，字文都，周镐之弟，白沙先生弟子。成化十三年（1477）举人。事母、兄以孝闻。谒，拜见。 ［5］予与二子携酒饮于西山之麓，班荆而坐：麓，

山脚。荆，灌木名，如牡荆、紫荆等。班荆而坐，铺灌木枝叶席地而坐。［6］炫烂如丹青，郁纷若祥瑞：炫烂，指光耀而华美。郁纷，有文采而盛多。［7］二子愀然正襟侍侧：愀然，音qiǎo rán，神色严肃。［8］故先子之号曰云潭：先子，指已经过世的父亲。据李承箕《云潭居士周君二龄配陈氏合葬志》，周镐、周京的父亲周二龄，号云潭，卒于成化三年（1467），时年四十七岁。（参《李承箕集》，第267页）“云潭”后，林齐本、萧世延本有“云”字。［9］若先子，我旧，不幸早世，不及见若兄弟长也：若，你、你们。旧，故交。早世，早死。［10］居，吾语汝：居，坐下。汝，你、你们。［11］野马也，尘埃也，云也，是气也：野马，奔腾的游气。尘埃，飞扬的游尘。这几句由《庄子·逍遥游》“野马也，尘埃也，生物之以息相吹也”之言化出。其大意为：像野马奔腾的游气，漫天飞扬的游尘，布满天空的云彩，这些都是气而已。［12］而云以苏枯泽物为功：苏，使……得以再生、复生。泽，使……得到润泽、恩泽。［13］《易》曰“密云不雨，自我西郊”是也：“密云不雨，自我西郊”，《周易》“小畜卦”卦辞。意为：浓云密布而没有下雨，这云气可是从我西邑郊外升起的。［14］水以动为体，而潭以静为用：体，本质、本体。用，属性、现象。这两句意为：水以变动作为其本质，潭以静止作为其属性。［15］物之至者，妍亦妍，媸亦媸，因物赋形，潭何容心焉：妍，音yán，美好。媸，音chī，丑陋。赋，给予。［16］先生命我矣：命，教。［17］屈信相感：信，音shēn，通“伸”。屈信，即屈伸，屈曲与伸展。［18］夫变也者，日夜相代乎前，虽一息变也，况于冬夏乎：日夜相代乎前，语见《庄子·齐物论》。息，瞬息。这几句意为：所谓变化，是指日夜交相替于我们面前，即使一瞬间也有变化，何况是冬夏这么长的时间呢？［19］夫气，上蒸为水，下注为潭：“上蒸为水”，白沙文编作“上蒸为云”。《明儒学案》所引述此文，亦作“上蒸为云”。［黄宗羲《明儒学案（修订本）》上册，第93页］据后文“一为云，一为潭”之说，作“上蒸为云”，似于义为长。［20］默而识之：语见《论语·述而》。识，音zhì，记住。这句意为：默默地记在心里。

简析

《云潭记》记叙了白沙先生与其门人周镐、周京兄弟游览新会圭峰山之事。在圭峰山之麓，他们班荆而坐，观赏圣池之云，亦即周氏兄弟所说的云潭之云。在谈论云潭之云时，白沙先生对周氏兄弟说，云之特色在变，其实无物不变。“天地间一气而已，屈信相感，其变无穷。人自少而壮，自壮而老，其欢悲、得丧、出处、语默之变，亦若是而已，孰能久而不变哉？”若能理解无物不变的道理，就能理解《周易》了。因为《周易》的一个最重要观念，就是变易。

寻乐斋记

题旨

成化六年（1470），白沙先生的朋友与门人伍云修建寻乐斋。次年，伍云病逝。此文表面上所记为寻乐斋，其实是白沙先生为纪念伍云而作。

五年，伍光宇始构亭于南山之岩以坐[1]。明年，复于吾居

第之左[2]，结草屋三间，与亭往来。又明年，而光宇死矣。草屋之成，光宇斋戒沐浴，焚香更衣危坐[3]。厥明，请予[4]，问曰："云不自知其力之不足，妄意古圣贤人以为师。今年且迈矣[5]，不得其门而入，不知其所谓乐。寻常间自觉惟坐为乐耳[6]，每每读书，言愈多而心愈用，用不如不用之为愈也[7]。盖用则劳，劳则不乐，不乐则置之矣。夫书者，圣贤垂世立教之所寓也，奚宜废？[8]将其所以乐者非欤，愿先生之教之也。"予复之曰："大哉，吾子之问也！顾予何足以知之？虽然，有一说，愿吾子之思之也。周子、程子，大贤也，其授受之旨，曰'寻仲尼、颜子乐处，所乐何事'[9]。当是时也，弟子不问，师亦不言。其去仲尼、颜子之世千几百年[10]，今去周子、程子又几百年。呜呼！果孰从而求之？仲尼饮水曲肱，颜子箪瓢陋巷，不改其乐[11]。将求之曲肱饮水耶？求之陋巷耶？抑无事乎曲肱陋巷而有其乐耶？吾子其亦慎求之，毋惑于坐忘也[12]。圣贤垂世立教之所寓者，书也；用而不用者，心也。心不可用，书亦不可废，其为之有道乎！得其道则交助，失其道则交病，愿吾子之终思之也。仲尼、颜子之乐，此心也；周子、程子，此心也；吾子，亦此心也。得其心，乐不远矣。愿吾子之终思之也。"语已，光宇整步而出，怳然若有得者[13]。归，揭其榜曰"寻乐斋"云。[14]

注释

［1］五年，伍光宇始构亭于南山之岩以坐：五年，指成化五年（1469）。伍云，字光宇，新会南山人。白沙先生的朋友与门人。［2］复于吾居第之左：左，东面。古时常以东为左。［3］草屋之成，光宇斋戒沐浴，焚香更衣危坐：斋戒沐浴，古人在祭祀前，沐浴更衣，不饮酒、不吃荤，不与妻妾同房，整洁身心，以示虔诚。危，端正。危坐，端坐。［4］厥明，请予：天明，向我请教。［5］今年且迈矣：迈，老。［6］寻常间自觉惟坐为乐耳：坐，指静坐。［7］用不如不用之为愈也：愈，通“愉”，愉快。［8］夫书者，圣贤垂世立教之所寓也，奚宜废：垂世，留传后世。奚，如何、为何。［9］周子、程子，大贤也，其授受之旨，曰“寻仲尼、颜子乐处，所乐何事”：周子，指周敦颐。周敦颐，字茂叔，北宋道州营道（今湖南道县）人。原名敦实，避宋英宗旧讳改名敦颐。学者称其为濂溪先生。著名道学家，著作有《太极图说》《通书》等。程子，指程颢、程颐兄弟。程颢，字伯淳，世称明道先生，北宋洛阳人。程颐，字正叔，世称伊川先生，程颢之弟。程颢、程颐均为著名理学家，被后人尊称为程子。程颢、程颐《河南程氏遗书》记载云：“昔受学于周茂叔，每令寻颜子、仲尼乐处，所乐何事。”（《二程集》第一册，第16页）［10］其去仲尼、颜子之世千几百年：去，距离。［11］仲尼饮水曲肱，颜子箪瓢陋巷，不改其乐：仲尼饮水曲肱，语出《论语·述而》：“子曰：‘饭疏食饮水，曲肱而枕之，乐亦在其中矣。不义而富且贵，于我如浮云。’”颜子箪瓢陋巷，不改其乐，语出《论语·雍也》：“子曰：‘贤哉，回也！一箪食，一瓢饮，在陋巷，人不堪其忧，回也不改其乐。贤哉，回也！’”［12］毋惑于坐忘也：坐忘，是道家的一种修炼方法，主张通过修炼，达到物我两

忘、身心俱泯、澹泊无思虑的境界。语出《庄子·大宗师》："它日复见，曰：'回益矣。'曰：'何谓也？'曰：'回坐忘矣。'仲尼蹴（音cù）然曰：'何谓坐忘？'颜回曰：'堕肢体，黜聪明，离形去知，同于大通，此谓坐忘。'" [13] 光宇整步而出，恍然若有得者：恍然，林齐本、高简本作"充然"。 [14] 揭其榜曰"寻乐斋"云：揭，标识，这里指题写。榜，匾额。

简析

白沙先生《寻乐斋记》，乃为其朋友、门人伍云而撰作。此文未标明著作时间，然文中有"［成化］五年，伍光宇始构亭于南山之岩以坐。明年，复于吾居第之左，结草屋三间，与亭往来。又明年，而光宇死矣"之说。"又明年"，即成化七年（1471）。故此文应当作于成化七年。阮榕龄《编次陈白沙先生年谱》亦将此文系于成化七年。文章主要记述将伍云书斋命名为"寻乐斋"的缘由。书斋建成之后，伍云对白沙先生说，自己寻常间只是以静坐（坐忘）为乐，但又认为自己应当多读书籍（因为书籍是"圣贤垂世立教之所寓"），然而书籍是如此之多，读之则心劳而不乐。对于伍云的问题，白沙先生希望伍云"毋惑于坐忘也"，即不要沉迷于道家的静坐修炼，而应当调整自己读书的心态，应当知道"圣贤垂世立教之所寓者，书也；用而不用者，心也"。白沙先生认为，一个人是否能乐，关键在心，"仲尼、颜子之乐，此心也；周子、程子，此心也；吾子，亦此心也。得其心，乐不远矣"。

慈元庙记

题旨

新会厓山慈元庙之修建，动议于弘治四年（1491）冬十月，落成于弘治七年（1494）冬。此文是白沙先生为慈元庙之修建而作的碑记。

世道升降，人有任其责者，君臣是也。予少读《宋史》[1]，惜宋之君臣，当其盛时，无精一学问以诚其身、无先王政教以新天下，化本不立，时措莫知，虽有程明道兄弟，不见用于时[2]。迹其所为，高不过汉唐之间，仰视三代以前“师傅一尊而王业盛，畎亩既出而世道亨”之君臣，何如也？[3]南渡之后[4]，惜其君非拨乱反正之主，虽有其臣，任之弗专，邪议得以间之[5]。大志弱而易挠，大义隐而弗彰，量敌玩雠[6]，国计日非，往往坐失机会，卒不能成恢复之功；至于善恶不分、用舍倒置、刑赏失当，怨愤生祸。和议成而兵益衰，岁币多而民愈困[7]，如久病之人，气息奄奄。以及度宗之世[8]，则不复惜，为之掩卷出涕，不忍复观之矣。孔子曰：“人之生也直，罔之生也幸而免。”[9]刘文靖广之以诗曰：“王纲一紊国风沉，人道方乖鬼境侵。生理本直宜细玩，蓍龟万古在人心。”[10]噫！斯言也，判善恶于一言，决兴亡于万代，其天下国家治乱之符验欤！宋室播迁，慈元殿［草］创于邑之厓山[11]。宋亡之日，陆丞相负少帝赴水死矣[12]。元师退，张太傅复至厓山，遇慈元后，问帝所在，恸哭曰：“吾忍死万里间关至此，正为赵氏一块肉耳，今无望矣。”[13]投波而死，是可哀也[14]。厓山近有大忠庙，以祀文相国、陆丞相、张太傅[15]。弘治辛亥冬十月，今户部侍郎、前广东右布政华容刘公大夏行部至邑[16]，与予泛舟至厓门，吊慈元故址，始议立祠于大忠之上。邑著姓赵思仁请具土木[17]，公许之。予赞其决，曰：“祠成，当为公记之。”未几，公去为都御史修理黄河，委其事府通判顾君叔龙[18]。甲寅冬，祠成。是役也，一朝而集，制命不由于有司，所以立大闲、愧颓俗而辅名教，人心之所不容已也[19]。碑于祠中，使来者有所观感。弘治己未夏，予病小愈，尚未堪笔砚，以有督府邓先生之命[20]，念慈元落落，东山作祠之意久未闻于天下，力疾书之，愧其不能工也。[21]

注释

［1］予少读《宋史》：少，年轻时。《宋史》，记载宋代历史的断代史史书。由元代脱脱（或作托克托）等主持修纂，全书四百九十六卷。 ［2］无精一学问以诚其身、无先王政教以新天下，化本不立，时措莫知，虽有程明道兄弟，不见用于时：精一学问，指“惟精惟一”，语出《尚书·大禹谟》“人心惟危，道心惟微；惟精惟一，允执厥中”。（这四句意为：人心危险而难安，道心精微而难明；如果想要安人心而明道心，就必须精诚、必须一意，并信守中道。）程明道兄弟，指程颢、程颐。 ［3］仰视三代以前“师傅一

尊而王业盛，畎亩既出而世道亨”之君臣，何如也：三代，夏、商、周。“师傅一尊而王业盛，畎亩既出而世道亨”，出处有待考证。师傅，太师、太傅。畎亩，原指田地、田间。此指畎亩之人，亦即隐居田间之人。这两句意为：太师、太傅全都受到尊重，而且王者事业兴盛；畎亩之人愿意出仕，而且社会风气通达。［4］南渡之后：南渡，指宋高宗渡过长江，建都临安事。史称此后之赵宋政权为南宋。［5］虽有其臣，任之弗专，邪议得以间之：弗专，不专。间，音jiàn，离间。［6］量敌玩雠：量敌，指估量敌情。雠，音chóu，玩雠，指消极抗敌，犹言“玩寇”。这句大意似为：虽然能正确地估量敌情，但是消极抗敌。［7］岁币多而民愈困：此文碑刻尚存。“岁币”，原作“岁帑”，据碑刻改。萧世延本、碧玉楼本亦作“岁币”。岁币，指南宋时，与金人和议，每年交给金人的钱币、财物。《宋史·食货志》云：“季世金人乍和乍战，战则军需浩繁，和则岁币重大，国用常恐不足。”［8］以及度宗之世：度宗，南宋皇帝赵禥的庙号。［9］孔子曰：“人之生也直，罔之生也幸而免。”：孔子之言，见《论语·雍也》。罔，不直的人。［10］刘文靖广之以诗曰：“王纲一紊国风沉，人道方乖鬼境侵。生理本直宜细玩，蓍龟万古在人心。”：刘文靖，指刘因。刘因，字梦吉，号静修，河北容城人。元世祖诏征其为承德郎、右赞善大夫，未几即辞归，后拒绝应诏。谥文靖。著作有《静修先生文集》。刘文靖此诗，见《静修先生文集》卷五，题为“讲‘人之生也直’章”。［11］宋室播迁，慈元殿［草］创于邑之厓山：播迁，流离迁徙。“草”字原缺，据林齐本、萧世延本、白沙文编，以及碑刻补。厓山，也称厓门山，在新会。宋末为抗元的最后据点。［12］陆丞相负少帝赴水死矣：陆丞相，指陆秀夫。陆秀夫，字君实，一字宴翁，别号东江，楚州盐城（今江苏建湖一带）人。宝祐四年（1256）进士，官礼部侍郎。元军攻破临安，陆秀夫与张世杰等拥立端宗，继续抗元。端宗死，又拥立赵昺为帝，任左丞相。祥兴二年（1279），宋军战败于厓山，陆秀夫负少帝赵昺沉海而死，宋亡。［13］张太傅复至厓山，遇慈元后，问帝所在，恸哭曰："吾忍死万里间关至此，正为赵氏一块肉耳，今无望矣。"：张太傅，指张世杰。张世杰，涿州范阳（今北京及河北一带）人。由小校累官至黄州武定诸军都统制。元军大举南侵，进兵闽广，张世杰驻军厓山，为元将张弘范所破，陆秀夫负少帝沉海殉国。张世杰希望找到赵氏后人，别图恢复。但在向海上撤退时，遇到风浪，舟覆溺死。慈元后，即杨太后。间关，谓道路崎岖难行，辗转而至。［14］投波而死，是可哀也：投波，投水、投海。［15］厓山近有大忠庙，以祀文相国、陆丞相、张太傅：文相国，指文天祥。文天祥，字宋瑞，一字履善，江西吉水人。宝祐四年进士第一。官至江西安抚使。元兵至，受命出使与元军谈判，被扣留，后脱险返回真州。端宗即位于福州，文天祥拜右丞相，封信国公。募兵抗战，力图恢复，兵败被俘，不久英勇就义。［16］今户部侍郎、前广东右布政华容刘公大夏行部至邑：刘大夏，字时雍，号东山，湖南华容人。天顺八年（1464）进士，官职方司郎中。历任广东右布政使、户部侍郎、兵部尚书等职。谥忠宣。行部，指巡视部属，考察刑政。［17］邑著姓赵思仁请具土木：赵思仁，字寿卿，号厓山，新会三江人。（其祖建安郡王必迎，勤王厓山。）白沙先生之门人。思仁乐善好施。［18］委其事府通判顾君叔龙：顾叔龙，字文时，号勉庵，福建莆田人。任官广州府通判、肇庆府同知。［19］是役也，一朝而集，制命不由于有司，所以立大闲、愧颓俗而辅名教，人心之所不容已也：大闲，重要的规范。颓俗，败坏的风俗。名教，古代以儒家教化为主的礼教。此处白沙先生言慈元庙之建造十分顺利，其实情并非如此。白沙先生《与张廷实主事（四八）》云："慈元后为国死海上，是时宋室已亡，极是俊伟明白。二百余年，未有发扬其事者。顷者，东山刘先生至厓山，慨然欲表其义，又不欲干诸有司，乃有里后进赵寿卿愿出二百千立庙，议选乡民吴璋董其役，可谓义举。近者，按治临县，仰取管役士民。吴璋本县误作犯人取之，遂致惊疑，不即赴官，累及其母妇知旧皆被拘系。又取赵寿卿家人收监。彼工匠等何知，遂各奔散，不受雇值。事势如此，不几于垂成而败乎？璋乃寿卿表兄，寿卿少孤，璋极力扶持之，最所亲信。今须得察院下一明文委之，其赵寿卿亦略加奖谕，使人心无疑，事乃可济。幸留意。石翁书与廷实。”（《陈献章全集》上册，第239—240页）可见在慈元庙的建造过程中，颇多波折。［20］以有督府邓先生之命：督府邓先生，指邓廷瓒。邓廷瓒，字宗器，巴陵（今湖南岳阳）人。景泰五年（1454）进士，授淳安知县，有惠政。弘治初，累迁至右副都御史，巡抚贵州。寻提督两广军务、兼巡抚。谥襄敏。［21］念慈元落落，东山作祠之意久未闻于天下，力疾书之，愧其不能工也：落落，零落。东山，刘大夏之号。“愧其不能工也”后，林齐本、萧世延本、白沙文编，以及碑刻有“南海病夫陈献章识”八字。

简析

根据白沙先生《慈元庙记》，慈元庙之修建，一则是为了纪念宋慈元皇太后，即杨太后，再则是希望能“立大闲、愧颓俗而辅名教”。其修建动议于弘治四年冬十月，落成于弘治七年冬。在慈元庙之建造过程中，并不像记文中所说那样顺利，而是颇多波折。《慈元庙记》一文之撰作，其初稿当撰作于弘治八、九年间；其定稿、书丹则在弘治十二年夏，距离白沙先生逝世不到一年。（相关考证，参黎业明《陈献章年谱》，第351—352页。）在文中，白沙先生认为，宋代的衰亡有多方面原因：一是，宋之君臣，“当其盛时，无精一学问以诚其身、无先王政教以新天下”；二是，“南渡之后，惜其君非拨乱反正之主，虽有其臣，任之弗专，邪议得以间之”；三是，“善恶不分、用舍倒置、刑赏失当，怨愤生祸”。白沙先生对宋朝灭亡的悲痛之情溢于言表。《慈元庙记》书丹之后，白沙先生作《力疾书慈元庙碑记》诗以纪之，诗云：“北窗一榻羲皇前，青灯碧玉眠三年。慈元落落吾所怜，两崖山高青阁天。厓门之水常涓涓，一碑今为东山传。虚言不扶名教颠，久病江湖落日前，呜呼此意谁与言？”（《陈献章全集》中册，第444页）

白沙先生墨迹《慈元庙记》（陈白沙纪念馆编《慈元庙碑》，第49页）

论

无后论

题旨

白沙先生此文之撰作，系根据《孟子·梁惠王上》“仲尼曰：‘始作俑者，其无后乎！’”一语立论。

君子一心，足以开万世；小人百惑，足以丧邦家[1]。何者？心存与不存也。夫此心存则一，一则诚；不存则惑，惑则伪。所以开万世、丧邦家者不在多，诚伪之间而足耳。夫天地之大，万物之富，何以为之也？一诚所为也。盖有此诚斯有此物，则有此物必有此诚，则诚在人何所？具于一心耳。心之所有者此诚，而为天地者此诚也。天地之大，此诚且可为，而君子存之，则何万世之不足开哉？作俑之人，既惑而丧其诚矣。夫既无其诚，而何以有后邪？[2]

注释

[1] 小人百惑，足以丧邦家：邦，诸侯之国。家，卿大夫之采地。 [2] 作俑之人，既惑而丧其诚矣。夫既无其诚，而何以有后

邪：俑，古代用来殉葬的木偶或陶偶。作俑、无后，语出《孟子·梁惠王上》“仲尼曰：‘始作俑者，其无后乎！’”朱熹注云：“俑，从葬木偶人也。古之葬者，束草为人以为从卫，谓之刍灵，略似人形而已。中古易之以俑，则有面目机发，而大似人矣。故孔子恶其不仁，而言其必无后也。”

简析

白沙先生撰作此文的时间与起因不详。从题目《无后论》及文末“作俑之人，既惑而丧其诚矣。夫既无其诚，而何以有后邪”之言看，白沙先生此文乃根据《孟子·梁惠王上》“仲尼曰：‘始作俑者，其无后乎！’”一语立论。与朱熹《孟子集注》所谓“故孔子恶其不仁，而言其必无后也”的观点不同，白沙先生所强调的是心、是心之诚伪，以为“作俑之人，既惑而丧其诚矣。夫既无其诚，而何以有后邪”。

仁术论

题旨

白沙先生此文之撰作，系根据《孟子·梁惠王上》孟子“无伤也，是乃仁术也。见牛未见羊也。君子之于禽兽也，见其生，不忍见其死；闻其声，不忍食其肉。是以君子远庖厨也”一段文字立论。

天道至无心，比其著于两间者[1]，千怪万状，不复有可及，至巧矣，然皆一元之所为[2]；圣道至无意，比其形于功业者，神妙莫测，不复有可加，亦至巧矣，然皆一心之所致。心乎，其此一元之所舍乎！[3]昔周公扶王室者也，桓文亦扶王室也[4]。然周公身致太平、延被后世，桓文战争不息、祸藏于身者，桓文用意、周公用心也。是则至拙莫如意，而至巧者莫踰于心矣。孟氏学圣人也。齐王不忍见一牛之死，不有孟氏，不知其巧也[5]。盖齐王之心，即圣人之心，圣人知是心之不可害，故设礼以预养之，以为见其生而遂见其死、闻其声而遂食其肉，则害是心莫甚焉，故远庖厨也[6]。夫庖厨之礼至重，不可废；此心之仁至大，不可戕[7]。君子因是心制是礼，则二者两全矣，巧莫过焉。齐王之心一发契乎礼，齐王非熟乎礼也，心之巧同也。圣人诛民害而迸之［四裔］[8]，四裔之民奚罪焉？亦曰戮之则伤仁，存之［则］遗害[9]，故圣人之仁有权焉，使之远御魑魅[10]，则害去而恶亦不得施矣。夫人情之欲在于生，圣人即与之生；人情之恶在于死，圣人不与之死。恶，众人所恶也[11]，圣人即迸除裔夷，恶难施也。圣人以投恶，圣人一举而迭中。圣人未尝巧也，此心之仁自巧也，而圣人用之。故天下有意于巧者，皆不得厕其间矣[12]。周公一《金縢》大发寤时主[13]，以后世事观，至巧矣。周公岂有意耶？亦任心耳。

注释

［1］天道至无心，比其著于两间者：两间，指天地。　［2］然

皆一元之所为：一元，指宇宙初形成时的混沌状态，犹言一元之气。　［3］心乎，其此一元之所舍乎：舍，居处、旅舍。亦可指所舍宿主人。此指主人。这两句意似为：心，大概就是这一元之气之主吧。　［4］昔周公扶王室者也，桓文亦扶王室也：周公，姓姬名旦，周文王之子。周公扶王室，指周公辅助武王伐纣，建立周王朝。武王死，成王年幼，周公摄政。桓文，指齐桓公、晋文公。齐桓公，名小白，春秋五霸之一。任管仲为相，尊周室、攘夷狄，九合诸侯，一匡天下，终其身为盟主。晋文公，名重耳，亦春秋五霸之一。用狐偃、赵衰、贾佗、先轸等为辅，尊周室，平王子带之乱，纳周襄王。　［5］齐王不忍见一牛之死，不有孟氏，不知其巧也：齐王，指齐宣王。孟氏，指孟子。齐王不忍见一牛之死云云，语出《孟子·梁惠王上》："［齐宣王］曰：'若寡人者，可以保民乎哉？'［孟子］曰：'可。'曰：'何由知吾可也？'曰：'臣闻之胡龁（音hé）曰："王坐于堂上，有牵牛而过堂下者，王见之，曰：'牛何之？'对曰：'将以衅钟。'王曰：'舍之！吾不忍其觳觫（音hú sù），若无罪而就死地。'对曰：'然则废衅钟与？'曰：'何可废也？以羊易之！'"不识有诸？'曰：'有之。'曰：'是心足以王矣。百姓皆以王为爱也，臣固知王之不忍也。'"　［6］以为见其生而遂见其死、闻其声而遂食其肉，则害是心莫甚焉，故远庖厨也：语出《孟子·梁惠王上》"王笑曰：'是诚何心哉？我非爱其财，而易之以羊也。宜乎百姓之谓我爱也！'曰：'无伤也，是乃仁术也。见牛未见羊也。君子之于禽兽也，见其生，不忍见其死；闻其声，不忍食其肉。是以君子远庖厨也。'"　［7］戕：音qiāng，残害。［8］圣人诛民害而迸之［四裔］：迸，通"屏"，排斥。"四裔"二字原缺，据白沙文编补。四裔，四方极远的地方。迸之四裔，语本《春秋左传·文公十八年》"流四凶族，浑敦、穷奇、梼杌（音

táo wù）、饕餮，投诸四裔，以御魑魅（音chī mèi）”。　［9］亦曰戮之则伤仁，存之［则］遗害：戮，杀害。存之则遗害之“则”字原缺，据白沙文编、王安舜本补。　［10］故圣人之仁有权焉，使之远御魑魅：权，权变、变通。御，原作“寓”，据白沙文编、王安舜本改。御，抵御、抵挡。魑魅，迷信传说中的山神、鬼怪。［11］恶，众人所恶也：前“恶”字，音è，恶行。后“恶”字，音wù，讨厌、厌恶。　［12］皆不得厕其间矣：厕，插足、置身。［13］周公一《金縢》大发寤时主：金縢，音jīn téng，《尚书》篇名。周武王病，周公祷于三王，愿以身代。史官纳其祝策于金縢匮中。其后周公因管叔流言，避居东都。成王开匮得其祝文，乃知周公之忠勤，执书而哭泣，遂迎接周公返回成周。因其匮缄（音jiān）之以金，故称“金縢”。发寤，警醒。

简析

与《无后论》一样，白沙先生撰作此文的时间与起因亦不详。从题目《仁术论》及文中“齐王不忍见一牛之死，不有孟氏，不知其巧也”、君子“见其生而遂见其死、闻其声而遂食其肉，则害是心莫甚焉，故远庖厨也”之言看，白沙先生此文乃根据《孟子·梁惠王上》“齐桓、晋文之事”章之“［孟子］曰：‘无伤也，是乃仁术也。见牛未见羊也。君子之于禽兽也，见其生，不忍见其死；闻其声，不忍食其肉。是以君子远庖厨也’”一段文字立论。在此文当中，白沙先生依然强调心之重要，有仁人之心，才能有仁人之术。

说

素馨说

题旨

素馨，虽说是花卉之佳者，但对人来说并不是不可或缺的事物。此文是白沙先生为素馨而作的一篇说明文字。

草木之精气下发于上为英华，率谓之花。然水陆所产，妍媸高下美恶不等[1]，盖万不齐焉，而人于其中择而爱之，凡欲其有益于事，非爱之而溺焉者也。产于此邦曰素馨者[2]，香清而体白，郁郁盈盈[3]，可掬可佩，贯四时而不凋，供一赏而有余，亦花之佳者也。好事者致于予，予既爱之，遂益究其用。取花之蓓蕾者，与茗之佳者杂而贮之；又于月露之下，掇其最芬馥者置陶瓶中经宿，而俟茗饮之入焉[4]。然则，是花之用，于人虽不若麻缕之与菽粟然[5]，盖亦不为无用也。人之资于麻缕，为其可以温也；资于菽粟，为其可以饱也[6]。得之则生，弗得则死。今是花也，吾取焉，姑以其能郁郁盈盈少裨于茗耳，虽不汲汲可也[7]。不汲汲，由用之可已也[8]。使是花之于人，如麻缕之与菽粟然，又安可已哉？可已而已，不可已而不已。“引而伸之，触类而长之”[9]，于道其庶几乎！治国其庶几乎！

注释

［1］妍媸高下美恶不等：美恶，好与坏。 ［2］产于此邦曰素馨者：此邦，此地。素馨，属木樨科，常绿直立亚灌木。春季开花，花白色，花香芳冽。其花可供观赏，亦作提取芳香油的原料。我国广东、云南等地有栽培。 ［3］郁郁盈盈：郁郁，香气散发。盈盈，清澈美好。 ［4］而俟茗饮之入焉：“而”，林齐本、高简本、萧世延本作“以”。俟，等待。茗，茶。 ［5］于人虽不若麻缕之与菽粟然：麻缕，麻线，此指衣物。菽，豆。粟，黍、稷、粱、秫的总称，或专指小米。菽粟，此泛指食物。 ［6］为其可以饱也：“为”，原作“谓”，据林齐本、高简本、萧世延本改。 ［7］姑以其能郁郁盈盈少裨于茗耳，虽不汲汲可也：裨，裨益。汲汲，急切的样子。 ［8］不汲汲，由用之可已也：已，止、弃。 ［9］引而伸之，触类而长之：语见《周易·系辞上》。大意为：对此加以引申推广，并通过接触相应的事物以增长见识（即触类旁通）。

简析

素馨，作为花卉当中的一种，“香清而体白，郁郁盈盈，可掬可佩，贯四时而不凋，供一赏而有余”，可谓花之佳者。而且，素馨花之蓓蕾，可与茗之佳者杂而贮之，饮之沁人肺腑，并非没有用处。然而，素馨不像麻缕与菽粟（衣食）那样，能使人温饱。所以其对于人，也就不是那么迫切需要的东西，而是可有可无、可已不已的东西。白沙先生所看重的，正是素馨这种可有可无、可已不已的特点。《孟子·公孙丑上》云，“可以仕则仕，可以止则止，可以久则久，可以速则速，孔子也”，这就是说，可有可无、可已不已，乃是儒家对待仕途的态度。白沙先生在此文之末云，“使是花之于人，如麻缕之与菽粟然，又安可已哉？可已而已，不可已而不已。‘引而伸之，触类而长之’，于道其庶几乎！治国其庶几乎！”显然，白沙先生是借对素馨的叙述，来表达自己对于仕途的态度。

大头虾说

题旨

“大头虾”，是岭南地区对由奢侈浪费、不能节俭而导致贫穷的人之讥讽说法。白沙先生此文借解释“大头虾”的来由，进一步说明导致贫穷的原因其实是多种多样的。

客问：“乡讥不能俭以取贫者[1]，曰‘大头虾’；父兄忧子弟之奢靡而戒之[2]，亦曰‘大头虾’，何谓也？”予告之曰：“虾有挺须瞪目，首大于身，集数百尾烹之而未能供一啜之羹者[3]，名曰‘大头虾’。甘美不足，丰乎外馁乎中[4]，如人之不务实者然，乡人借是以明讥戒，义取此欤！言虽鄙俗，明理甚当。然予观今之取贫者，亦非一端。或原于博塞，或起于斗讼[5]，或荒于沉湎，或夺于异好[6]，与‘大头虾’皆足以致贫。然考其用心与其行事之善恶而科其罪之轻重，‘大头虾’

宜从末减[7]。讥取贫者反舍彼摘此[8]，何耶？恒人之情，刑之则惧，不近刑则忽[9]。博塞斗讼，禁在法典。沉湎异好，则人之性，有嗜不嗜者，不可一概论也。‘大头虾’之患，在于轻财而忘分，才子弟类有之。盖其才高意广[10]，耻居人下而雅不胜俗；专事已胜，则自畋猎驰骋、宾客支酬、舆马服食之用，侈为美观以取快于目前，而不知穷之在是也[11]。如是致贫亦十四五，孔子所谓‘难乎有恒’者是也[12]。以为不近刑而忽之，故讥其不能自反以进于礼义教诲之道也[13]。孳孳于贫富之消长，锱铢较之，而病其不能者曰‘大头虾’[14]，此田野细民过于为吝而以绳人之骄[15]，非大人之治人也。夫人之生，阴阳具焉。阳有余而阴不足，有余生骄，不足生吝。受气之始，偏则为害。有生之后，习气乘之，骄益骄、吝益吝。骄固可罪，吝亦可鄙，骄与吝一也。不骄不吝，庶矣乎！”

注释

[1] 乡讥不能俭以取贫者：乡，乡人。讥，讥笑、讥讽。取贫，导致贫穷。 [2] 父兄忧子弟之奢靡而戒之：奢靡，奢侈浪费。戒，警戒。 [3] 首大于身，集数百尾烹之而未能供一啜之羹者：首，头。啜，尝、饮。一啜，喝一口。 [4] 丰乎外馁乎中：馁，空虚、不足。 [5] 或原于博塞，或起于斗讼：博塞，指古代六博与格五等博戏。六博，共十二棋，六黑六白，两人相博，每人六棋，故名。格五，《簺法》云：“簺（音sài）白乘五，至五格不得行，故云格五。”据翟灏《通俗编》解释，乃“以黑白棋子各五，共行中道，一

移一步，遇敌则跳越，以先抵达敌境为胜”。博塞，原为博戏、游戏。据文中“博塞斗讼，禁在法典”之说，此所谓博塞，应指赌博。斗讼，与人诉讼。［6］或荒于沉湎，或夺于异好：荒，荒废。沉湎，沉溺于喝酒。夺，改变、妨碍；压倒。此指沉迷。异好，奇异的癖好。这两句意为：或荒废于沉溺美酒，或沉迷于奇怪的癖好。［7］然考其用心与其行事之善恶而科其罪之轻重，“大头虾”宜从末减：科，判处。末减，从轻论罪、减等处刑。［8］讥取贫者反舍彼摘此：舍，舍弃。摘，选取。［9］恒人之情，刑之则惧，不近刑则忽：恒人，平常人。忽，忽视、忽略。［10］才高意广：才思高远而又抱负很大。［11］专事己胜，则自畋猎驰骋、宾客支酬、舆马服食之用，侈为美观以取快于目前，而不知穷之在是也：己胜，自己胜过别人。专事己胜，犹言专门与人攀比。畋猎驰骋，指打猎。宾客支酬，指宴客。舆马服食，指玩好。侈，奢侈、浪费。这几句意为：专门与人攀比，使自己能胜过别人，则畋猎驰骋、宴请宾客、舆马服食之类的费用，多浪费于为了一时的好看以取得眼前的快乐，而不知其穷困的原因就在于这些事情。［12］孔子所谓“难乎有恒”者是也：“难乎有恒”，意为难以有恒常的操守。语出《论语·述而》：“子曰：‘圣人，吾不得而见之矣！得见君子者，斯可矣。’子曰：‘善人，吾不得而见之矣！得见有恒者，斯可矣。亡而为有，虚而为盈，约而为泰，难乎有恒矣！’”［13］故讥其不能自反以进于礼义教诲之道也：自反，反躬自问、反求诸己。［14］孳孳于贫富之消长，锱铢较之，而病其不能者曰“大头虾”：孳孳，勤勉不懈，同“孜孜”。锱铢，比喻轻微、细小。锱，六铢为一锱；铢，二十四分之一两为一铢。病，担忧。［15］此田野细民过于为吝而以绳人之骄：吝，吝啬。绳，纠正。骄，骄奢。

简析

现存《大头虾说》墨迹有两幅，其一落款为“右《大头虾说》。时成化二十三年丁未春三月廿又六日，古冈病夫陈献章公甫书于白沙”；其二落款为“右《大头虾说》。弘治戊申秋八月望，石翁力疾书于白沙之碧玉楼”。根据落款，白沙先生此文应作于成化二十三年（1487）三月底或稍前。在文中，白沙先生一方面认为，乡民之讥讽由于不能节俭而导致贫穷的人为“大头虾”，父老兄长担忧子弟奢侈浪费而戒示他们为“大头虾”，其言虽鄙俗，而明理则甚当；另一方面又认为，在社会上导致贫穷的原因不止一种，“或原于博塞，或起于斗讼，或荒于沉湎，或夺于异好”，这些因素都会导致贫穷，而且是更重要的因素。其实，所谓“大头虾”的毛病，只不过在于轻财而忘分。因此“讥取贫者反舍彼摘此”，是不合适的。过于节俭就是吝啬，过于浪费就是骄奢。骄固可罪，吝亦可鄙。其实，骄与吝均不可取。在白沙先生看来，最好的境界是，“不骄不吝，庶矣乎”。

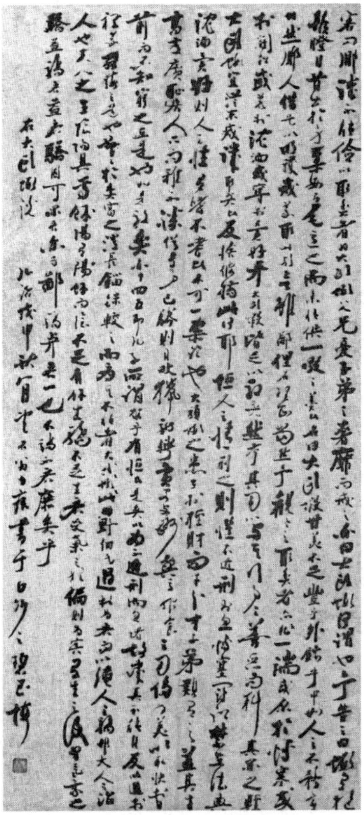

白沙先生墨迹《大头虾说》（陈福树《陈白沙的书法艺术》，第59页）

禽兽说

题旨

白沙先生这篇短文，是对孟子关于“人之所以异于禽兽者几希，庶民去之，君子存之”观点的具体阐说。

人具七尺之躯，除了此心此理，便无可贵，浑是一包脓血裹一大块骨头[1]。饥能食，渴能饮；能着衣服，能行淫欲；贫贱而思富贵，富贵而贪权势；忿而争，忧而悲；穷则滥，乐则淫[2]。凡百所为，一信气血[3]，老死而后已，则命之曰“禽兽”可也。[4]

注释

[1] 浑是一包脓血裹一大块骨头：浑，完全。脓血，疑指血肉。（脓，疑为脓肌之略。）这句大意似为：完全是一包血肉裹着一大块骨头。 [2] 穷则滥，乐则淫：滥，越轨、无所不为。淫，过度、过甚。这两句意为：贫穷的时候则无所不为，安乐的时候则行为过度。 [3] 凡百所为，一信气血：凡百，概括之词，指一切、所有。信，听任。气血，犹言血气，指一时冲动而生的勇气。 [4] 则命之曰“禽兽”可也：命，名、称。

简析

孟子说过，“人之所以异于禽兽者几希，庶民去之，君子存之”。（《孟子·离娄下》。其大意是：人与禽兽的不同只有一丁点，一般人都抛弃了它，君子则始终都保存着它。）在孟子看来，人与禽兽之间的不同，仅仅在于人有道德情感、是非判断能力，能区分善恶，除此之外，与禽兽并没有什么不同。白沙先生所谓“人具七尺之躯，除了此心此理，便无可贵”云云，实际上是对孟子这个观点的发挥。

题跋

书莲塘书屋册后

题旨

此文是白沙先生为娄谦出示的《莲塘书屋图》所写的题跋，作于成化十九年（1483）其逗留于北京期间。

成化十九年春正月，予访予友庄定山于江浦[1]，提学南畿侍御上饶娄克让来会予白马庵[2]，三人相与论学、赋诗，浃辰而别[3]。侍御之兄克贞先生，与予同事吴聘君[4]。予来京师，见克贞之子进士性及其高第门人中书蒋世钦，因与还往[5]。居无何，侍御官满来朝。予卧病庆寿寺，之数人者无日不在坐[6]。师友蝉联，臭味相似，亦一时之胜会也[7]。侍御示予《莲塘书屋图》，山云水石，竹树阴翳，恍然若莲塘之在目，蔼然弦诵之声盈耳也[8]。予玩而乐之，谓侍御曰："地由人胜[9]，不胜谁传？周茂叔濯缨于濂溪而世濂溪[10]，程叔子著书于龙门而世龙门[11]，朱晦翁讲道于考亭而世考亭[12]，今娄氏居莲塘宜世莲塘。使莲塘之名有闻于天下后世者，娄氏也；使娄氏有闻于天下后世者，娄氏自为之，非莲塘也。莲塘之遇，不其幸欤！濂溪以茂叔胜，龙门以叔子胜，考亭以晦翁胜，莲塘以娄氏胜，古人今人无不同也。抑不知娄氏之所修而执之者[13]，同于古人否欤？恶乎同乎？同其心不同其迹可也，同其归不同其入可也[14]。入者，门也；归者，其本也。周诚而程敬，考亭先致知，先儒恒言也[15]。三者之学，于圣人之道孰为迩[16]？孰知之无远迩欤？周子《太极图说》'圣人定之以中正仁义而主静'。'问者曰："圣可学欤？"曰："可。""孰为要？"曰："一为要。一者，无欲也。"'[17]《遗书》云：'不专一则不能直遂，不翕聚则不能发散'；'见静坐而叹其善学，曰："性静者，可以为学。"'[18]二程之得于周子也，朱子不言，有象山也[19]。"此予之狂言也，娄氏何居焉？予以景泰甲戌游小陂[20]，与克贞先后至，凡克贞之所修而执之者，予不能悉也[21]。书予说于《莲塘图》，侍御质诸克贞先生以为何如[22]。

注释

［1］成化十九年春正月，予访予友庄定山于江浦：庄定山，指庄昶。庄昶，字孔旸，号木斋，又号卧林居士，江浦（今属江苏南京）人。成化二年（1466）进士，授翰林检讨。因疏谏内廷张灯忤旨，贬谪桂阳判官，随后改任南京行人司副。丁忧家居。卜居定山二十余年，学者称其为定山先生。弘治间起为南京吏部验封司郎中，罢归。谥文节。著作有《庄定山集》。成化十九年正月，白沙先生应诏上京途中，到江浦拜访庄昶。［2］提学南畿侍御上饶娄克让来会予白马庵：南畿，南京。娄克让，即娄谦。娄谦，字克让，江西上饶人。成

化二年进士，提督学政，以躬行实践为教，士类风动。官至四川布政使。白马庵，在江浦。［3］浃辰而别：浃辰，十二天。［4］侍御之兄克贞先生，与予同事吴聘君：克贞先生，即娄谅。娄谅，字克贞，号一斋，江西上饶人。少有志圣学，闻吴与弼在临川，往从学。其学以收放心为居敬之门，以“何思何虑”“勿忘勿助”为居敬之旨。景泰年间乡试中举，官成都训导，不久告归。事，师事。吴聘君，即吴与弼。吴与弼，字子傅，号康斋，崇仁人。年十九，见《伊洛渊源录》，慨然向慕，遂罢举子业，躬耕读书。天顺元年（1457）征至京师，留两月而归。著作有《康斋文集》。白沙先生与娄谅、胡居仁等，均为吴与弼门人。［5］予来京师，见克贞之子进士性及其高第门人中书蒋世钦，因与还往：娄性，字原善，号野亭，江西上饶人。娄谅之长子。成化十七年（1481）进士。弘治七年（1494）五月，时任南京兵部郎中的娄性被诬削籍，两年后其事得白起复，随即挂冠归田。其余情况不详。蒋世钦，字号、生平、履历不详。据白沙先生诗文，他是娄谅门人，曾经担任中书，后出任韶州知府，并卒于任上。［6］予卧病庆寿寺，之数人者无日不在坐：庆寿寺，又称大兴隆寺，在长安西街。之，此。在坐，即在座。［7］师友蝉联，臭味相似，亦一时之胜会也：蝉联，连续不断。师友蝉联，指师友之间来往不断。臭味，原指气味。因同类之物气味相同，故多用以比喻同类的人或物。臭味相似，指观念、兴趣相似。胜会，犹言盛会。这几句意为：师友之间来往不断，彼此观念、兴趣相似，也算是一时少有的盛会。［8］侍御示予《莲塘书屋图》，山云水石，竹树阴翳，恍然若莲塘之在目，蔼然弦诵之声盈耳也：示，给……看。阴翳，音 yīn yì，枝叶繁茂，同“荫翳”。弦诵，弦歌与诵读。［9］地由人胜：胜，优越美好。［10］周茂叔濯缨于濂溪而世濂溪：周茂叔，即周敦颐。濯缨，洗涤冠缨。濂溪，周敦颐家居所在地，在湖南道县。

世，其意似指世世代代都看重。［11］程叔子著书于龙门而世龙门：程叔子，指程颐。龙门，即龙门山，程颐晚年隐居著书之地，在河南洛阳。［12］考亭：考亭，在福建建阳，朱熹晚年徙居考亭，在此聚徒讲学论道。［13］抑不知娄氏之所修而执之者：抑，助词，无义。修，修习。执，执持。［14］同其心不同其迹可也，同其归不同其入可也：迹，行迹、形迹。归，归宿。［15］周诚而程敬，考亭先致知，先儒恒言也：周诚，意为周敦颐主张诚最重要。周敦颐《通书》第一、二篇论诚，说“诚者，圣人之本”，又说“诚，五常之本，百行之源也”。程敬，意为程颐认为敬最重要。程颐主张“涵养须用敬，进学在致知”。考亭先致知，意为朱熹认为格物致知最重要，应以格物致知为先。［16］迩：近。［17］周子《太极图说》“圣人定之以中正仁义而主静”。“问者曰：‘圣可学欤？’曰：‘可。’‘孰为要？’曰：‘一为要。一者，无欲也。’”：《太极图说》，周敦颐的一篇重要哲学著作，主要论述其宇宙论思想。“圣人定之以中正仁义而主静”，出自周敦颐《太极图说》。“问者曰：‘圣可学欤？’曰：‘可。’‘孰为要？’曰：‘一为要。一者，无欲也’”，出自周敦颐《通书·圣学》。［18］《遗书》云：“不专一则不能直遂，不翕聚则不能发散”；“见静坐而叹其善学，曰：‘性静者，可以为学。’”：《遗书》，即《河南程氏遗书》，内容为程颢、程颐的语录。“不专一则不能直遂，不翕聚则不能发散”，程颢语录，见《河南程氏遗书》第十一卷。“见静坐而叹其善学，曰：‘性静者，可以为学’”，此为白沙先生将程颐（伊川）、程颢（明道）之言混而为一。“伊川每见人静坐，便叹其善学”，见《河南程氏外书》第十二卷；“性静者，可以为学”，为明道之言，见《河南程氏外书》第一卷。（《二程集》第二册，第432、351页）［19］二程之得于周子也，朱子不言，有象山也：象山，指陆九渊。陆九渊，字子静，江西金溪人。乾道八年（1172）进士。官至知荆门军。后还乡，居贵溪之象山讲学，学者称其为象山先生。其学术主张“心即理”，为南宋心学之宗师。著作有《象山先生全集》。［20］予以景泰甲戌游小陂：景泰甲戌，即景泰五年（1454）。游，游学。小陂，地名，在江西崇仁，吴与弼当时家居讲学之地。［21］予不能悉也：悉，知晓、知道。［22］侍御质诸克贞先生以为何如：质，就正、请评定。

简析

白沙先生《书莲塘书屋册后》，作于其在成化十九年三月底抵达北京之后。在文章当中，白沙先生通过“周茂叔濯缨于濂溪而世濂溪，程叔子著书于龙门而世龙门，朱晦翁讲道于考亭而世考亭”，说明地由人胜，而不是人由地胜，以此鼓励娄氏家族。其实，白沙先生是借地由人胜，而非人由地胜，来发挥孔子“人能弘道，非道弘人”的思想。至于如何弘道，白沙先生主张，“同其心不同其迹可也，同其归不同其人可也”，用《周易·系辞下》的话说就是，“天下同归而殊途，一致而百虑”。

书漫笔后[1]

题旨

此文是白沙先生为自己所写的《漫笔，示李世卿、湛民泽》而作的跋语，强调闻道比文章、功业、气节更为重要。

文章、功业、气节，果皆自吾涵养中来，三者皆实学也[2]。惟大本不立[3]，徒以三者自名，所务者小，所丧者大。虽有闻于世，亦其才之过人耳，其志不足称也[4]。学者能辩乎此，使心常在内[5]，到见理明后，自然成就得大。《论语》曰“朝闻道，夕死可矣”[6]，孔子岂欺我哉？

注释

［1］书漫笔后之“漫笔”，指白沙先生弘治九年（1496）秋七月十四日所作《漫笔，示李世卿、湛民泽》。其文略云：“昨夕楼上闻雨声澎湃，睡不能着枕，因检会乡里平时还往人，十亡七八。中间年及七十者才一二，余皆六十而下、四十蚤晚死者恒多。乌虖（音hū）！人所得光阴能几？生不知爱惜，漫浪虚掷，卒之与物无异。造物所赋于人，岂徒具形骸喘息天地间，与虫蚁并活而已耶？浮屠氏虽异学，亦必以到彼岸为标准。学者以圣人为师，其道何如？彼文章、功业、气节，世未尝乏人，在人立志大小。岁月固不待人也。”（《陈献章全集》上册，第109页） ［2］三者皆实学也：实学，实在的学问。 ［3］惟大本不立：大本，根本的学问，此指闻道。 ［4］虽有闻于世，亦其才之过人耳，其志不足称也：闻，声闻。过，超过。称，称赞。这几句意为：即使在文章、功业、气节方面有声望于社会，也只是他的才华胜过别人而已，他的志趣并不值得称道。 ［5］使心常在内：使本心能常常保持而不放佚。 ［6］《论语》曰“朝闻道，夕死可矣”：这是孔子之言，语见《论语·里仁》。其意为：孔子说：“早上得闻大道，即使晚上就死去，也都可以。”

简析

白沙先生题为“漫笔”的诗文有多篇，此“书漫笔后”乃为《漫笔，示李世卿、湛民泽》而作。在《漫笔，示李世卿、湛民泽》中，白沙先生认为“学者以圣人为师，其道何如？彼文章、功业、气节，世未尝乏人，在人立志大小”，强调闻道比文章、功业、气节更重要。在《书漫笔后》，白沙先生再次强调了同样的观点。他以为，文章、功业、气节都是实在的学问，对于人生来说都是十分重要的，但是，孔子说“朝闻道，夕死可矣”，可见闻道比生命都重要，更何况是文章、功业、气节。如果能闻道，在文章、功业、气节方面，自然能够有大成就。

书自题大塘书屋诗后

题旨

此文是白沙先生应蒋世钦请求，为《题大塘书屋》诗所写的跋语，作于成化十九年（1483）其逗留于北京期间。

予既书娄克让《莲塘书屋图》后[1]，蒋世钦继之以大塘书屋之请，予赋五言近体一章[2]，既以答世钦，世钦少之，予乃究言诗中之旨。首言大塘书屋乃中书蒋世钦所建[3]。颔联言为学当求诸心，必得所谓虚明静一者为之主，徐取古人紧要文字读之，庶能有所契合，不为影响依附以陷于徇外自欺之弊，此心学法门也[4]。颈联言大塘之景，以学之所得，《易》所谓“复其见天地之心乎”[5]，此理洞如，然非涵养至极、胸次澄彻，则必不能有见于一动一静之间[6]；纵百揣度，衹益口耳[7]，所谓“何思何虑”“同归殊涂”“百虑一致”，亦必不能深信而自得也[8]。末联借方士之丹，以喻吾道之丹[9]，卒归之龙门者，明其传出于程子而人未之知也。拙见如此，未知是否。然予于世钦，不可谓无意矣。所病者，辞采不足以动人耳[10]，世钦胡为而少之？予以世钦厌夫为文字章句之学者，勇于求道，不耻下问于予，予是以重言之。谓予俯仰于时，姑喋喋以塞夫人之意，非予所以处世钦也[11]。

注释

[1] 予既书娄克让《莲塘书屋图》后：其文即《书莲塘书屋册后》。 [2] 蒋世钦继之以大塘书屋之请，予赋五言近体一章：近体，即近体诗，指唐代兴起的格律诗，别于古体诗而言。近体诗，包括绝句、律诗，其平仄、对仗等有一定的格律。白沙先生此所谓五言近体一章，乃指五言律诗一首。白沙先生为蒋世钦所作的五言律诗《题大塘书屋》，不见载于其诗文集，估计已经失传。 [3] 首言大塘书屋乃中书蒋世钦所建：首，指律诗的开头一联，即第一、二句。[4] 颔联言为学当求诸心，必得所谓虚明静一者为之主，徐取古人紧要文字读之，庶能有所契合，不为影响依附以陷于徇外自欺之弊，此心学法门也：颔联，五言、七言律诗有起、承、转、合。起为破题，承为颔联，转为颈联，合为结句。颔联为律诗的第三、四句，即第二联。虚明静一，语出周敦颐《通书·圣学》：“‘圣可学乎？’

曰：‘可。’曰：‘有要乎？’曰：‘有。’‘请闻焉。’曰：‘一为要。一者无欲也，无欲则静虚、动直，静虚则明，明则通；动直则公，公则溥。明通公溥，庶矣乎！’”徇外，向外寻求、曲从外物。心学，明代思想家以为，以心为本体的圣人之学即心学。例如，除白沙先生这里的说法外，王阳明《象山文集序》中说：“圣人之学，心学也。尧、舜、禹之相授受曰：‘人心惟危，道心惟微；惟精惟一，允执厥中。’此心学之源也。”现在一般将心学理解为宋明理学的一个流派，主张心即理，以心为本体，代表人物有陆九渊、陈献章、湛若水、王阳明等。与宋明理学的另一个流派，即主张性即理、以理为本体的程朱理学相区别。法门，佛教用语，指修行者入道的门径。这几句意为：诗的第三、四句，说的是为学应当反求诸心，一定要做到以虚静、明通、无欲的心为主宰，然后逐渐拿古代圣贤的重要著作来阅读，大概就能使得心与理有所契合，不会被外在的事物影响依附（拖累）以致有陷入向外寻求、自欺欺人的弊病，这是心学的不二法门。 ［5］颈联言大塘之景，以学之所得，《易》所谓“复其见天地之心乎”：颈联，为律诗的第五、六句，即第三联。“复其见天地之心乎”，语见《周易·复卦·彖传》，彖，音tuàn，意为：复，大概体现着天地的用心吧？ ［6］此理洞如，然非涵养至极、胸次澄彻，则必不能有见于一动一静之间：洞如，明白透彻，犹言洞然。胸次，胸怀、胸间。澄彻，通明透亮。 ［7］纵百揣度，祇益口耳：祇：音zhǐ，只。纵然百般揣摩臆度，也只是增益口耳见闻之知。 ［8］所谓“何思何虑”“同归殊涂”“百虑一致”，亦必不能深信而自得也：“何思何虑”“同归殊涂”“百虑一致”，其语出《周易·系辞下》“子曰：‘天下何思何虑？天下同归而殊途，一致而百虑，天下何思何虑？’”自得，自有所得。深信而自得，似语本《孟子·离娄下》：“孟子曰：‘君子深造之以道，欲其自得之也。自得之，则居之安；居之安，则资之深；资之深，则取之左右逢其原。故君子欲其自得之也。’” ［9］末联借方士之丹，以喻吾道之丹：末联，为律诗的第七、八句，即第四联。方士之丹，道教方术之士所炼之丹，分外丹与内丹。一般认为，道教以烹炼金石为外丹（金丹），以龙虎胎息吐故纳新为内丹。白沙先生这里所指，当为内丹。 ［10］所病者，辞采不足以动人耳：病，担心、担忧。辞采，文思、才藻。［11］谓予俯仰于时，姑喋喋以塞夫人之意，非予所以处世钦也：俯仰，周旋、应付。喋喋，多言。塞，敷衍。处，对待。这几句意为：若说我是周旋于社会，姑且喋喋不休，来敷衍别人的好意，这可不是我用来对待世钦的做法。

简析

与《书莲塘书屋册后》一样，白沙先生的《书自题大塘书屋诗后》，也是作于其在成化十九年三月底抵达北京之后。在文章当中，白沙先生借解释其为蒋世钦所作的五言律诗《题大塘书屋》，提出“为学当求诸心，必得所谓虚明静一者为之主，徐取古人紧要文字读之，庶能有所契合，不为影响依附以陷于徇外自欺之弊，此心学法门也”的重要主张。白沙先生的这个主张，与其在《道学传序》所说的“学者苟不但求之书而求诸吾心，察于动静有无之机，致养其在我者而勿以闻见乱之，去耳目支离之用，全虚圆不测之神，一开卷尽得之矣。非得之书也，得自我者也”，是一致的。

题吴瑞卿采芳园记后[1]

题旨

此文是白沙先生为李承箕所作《采芳园记》所写的跋语，作于弘治十一年（1498）冬至日。

岁云暮矣，冬雨凄凄[2]。牛僵马危，商旅不归。号寒啼饥，穷民怨咨[3]。采芳何为？将以遗所思[4]。所思在远道，天寒日短，谁为致之？[5]不如待时。时维仲春，阳道既亨，万物得时[6]。和风披披，人情熙熙[7]。博采众芳，泛泛轻航[8]。驾言出游，不泥一邦[9]。云龙风虎，其传自古[10]。而德之所被，人将化之。如是壑之水，汩汩洋洋，不亦深乎[11]！瑞卿，天下未有不本于自然，而徒以其智收显名于当年、精光射来世者也[12]。《易》曰“天地变化草木蕃”，时也[13]。随时屈信，与道翱翔，固吾儒事也[14]。吾志其行乎！猗欤休哉！[15]

注释

[1] 李承箕《采芳园记》云：“顺德大良吴瑞卿兆麟，居邑之北门，有园百亩，草木生植之品，无乎不具，皆可供四时朝夕之用，盖不徒付之一怡颜而已也。问名于石翁，曰‘采芳’。……委我于物，委物于我，斯可矣。顾安得吏庄生、役于陵仲子，终日抱瓮，别其区类以灌溉之，使生植皆得其天，而君将与神奇腐朽者变化于无穷耶？

瑞卿曰：诺。”（《李承箕集》，第216—217页）。白沙先生《题吴瑞卿采芳园记后》，乃题李承箕为吴兆麟所作《采芳园记》之后。湛若水在其《白沙子古诗教解》当中，将白沙先生《题吴瑞卿采芳园记后》“岁云暮矣”至“不亦深乎”一节文字，改题为“题吴兆麟采芳卷”，且谓“此诗因吴兆麟《采芳卷》而作”，恐非。［2］岁云暮矣，冬雨凄凄：岁暮，一年将尽之时。凄凄，寒冷、寒凉。岁云暮矣，典出《古诗十九首》：“凛凛岁云暮。”（沈德潜选《古诗源》，中华书局，1984年，第91页）冬雨凄凄，典出《诗经·郑风·风雨》：“风雨凄凄。”［3］号寒啼饥，穷民怨咨：怨咨，嗟叹、怨恨。［4］采芳何为？将以遗所思：遗，音wèi，送给、赠与。所思，所思念的人。这两句意为：采摘这些花卉芳草干什么？我打算将其用来送给思念的人。典出屈原《九歌·山鬼》“被石兰兮带杜衡，折芳馨兮遗所思”。［5］谁为致之：致，传达、送达。［6］时维仲春，阳道既亨，万物得时：仲春，农历二月。阳道，此指天道。这两句意为：且等到仲春二月，天道已经亨通，万物正合时宜。［7］和风披披，人情熙熙：披披，飘动的样子。熙熙，欢乐的样子。［8］博采众芳，泛泛轻航：博采，多多采摘。众芳，各种花卉芳草。泛泛，漂浮不定的样子。［9］驾言出游，不泥一邦：驾言，乘车。言，助词，无实义。驾言出游，语见《诗经·邶风·泉水》：“驾言出游，以写我忧。”不泥，不拘泥，不限于。这两句意为：乘车出游，遍历各地而不局限于一处。［10］云龙风虎，其传自古：云龙风虎，即云从龙、风从虎，典出《周易·乾·文言》：“九五曰‘飞龙在天，利见大人’何谓也？子曰：‘同声相应，同气相求；水流湿，火就燥；云从龙，风从虎。圣人作而万物睹，本乎天者亲上，本乎地者亲下，则各从其类也。’”［11］而德之所被，人将化之。如是壑之水，汩汩洋洋，不亦深乎：被，及。是壑，林齐本、高简本、萧世延本、碧玉楼本作

“赴壑”。汩汩，音gǔ gǔ，水急流貌。洋洋，盛大貌。这几句意为：而其德之所及，人将化而向善，犹如这壑中之水，奔流而下，声势浩大，不能自已，其影响不也很深吗？ [12]瑞卿，天下未有不本于自然，而徒以其智收显名于当年、精光射来世者也：瑞卿，即吴兆麟。吴兆麟，字瑞卿，广东顺德人。白沙先生之友。徒，徒然。智，智力、智谋。精光，声威。这几句意为：瑞卿，天下没有不根本于自然，而只是凭智力就能收显赫之名于当代、有远扬之声于来世的啊！[13]《易》曰“天地变化草木蕃”，时也：天地变化草木蕃，语见《周易·坤·文言》，意为：天地运转变化，草木生长繁盛。时，得时、合时。 [14]随时屈信，与道翱翔，固吾儒事也：信，音shēn，通“伸”。屈信，即屈伸。翱翔，飞翔、遨游。与道翱翔，犹言与道同行、与道同在。这几句意为：随时屈伸，与道同在，本来就是我们儒者应该做的事情。 [15]吾志其行乎！猗欤休哉：猗欤，叹美辞。休，美善、喜庆。这两句大意为：我们的志向大概会得以实施吧，这实在太让人高兴了！又：“猗欤休哉”后，林齐本、萧世延本有“瑞卿。戊午岁冬至日，石翁题”十一字。

简析

白沙先生《题吴瑞卿采芳园记后》，作于弘治十一年戊午冬至日，乃题李承箕为吴兆麟所作《采芳园记》之后。李承箕在弘治八年（1495）冬到新会，至弘治十年（1497）二月返嘉鱼，逗留时间达一年又四个月。这是李承箕第三次到新会拜访白沙先生。李承箕为吴兆麟所作《采芳园记》，乃作于其第三次到新会拜访白沙先生期间，具体时间不详，疑为其弘治十年二月离开新会返回嘉鱼、途经顺德时所作。白沙先生文中，谓岁寒雨冻、牛僵马危，商旅不行、穷民饥寒，此时欲采芳以寄赠所思（所思者，李承箕也），可惜所思在远道，又无人可致。既然如此，则不如等待其时。明年仲春，当天道既亨、万物得时之际，驾轻航以出游，登衡山以远眺（李承箕离开新会时，白沙先生与其相约同游衡山），其时博采群芳以赠所思，亦未为晚。白沙先生见李承箕文而思其人，其对于弟子李承箕的思念之情，溢于言表。然而，白沙先生所期待的衡山之游，因疾病，没能成行。

杂著

诫子弟

题旨

白沙先生的《诫子弟》，系有感而发，可能是为其次子陈景易而作。

人家成立则难，倾覆则易[1]。孟子曰："君子创业垂统，为可继也。若夫成功，则天也。"[2]人家子弟才不才，父兄教之可固必耶[3]？虽然，有不可委之命，在人宜自尽[4]。里中有以弹丝为业者[5]。琴瑟，雅乐也[6]。彼以之教人而获利，既可鄙矣，传于其子，托琴而衣食[7]。由是琴益微而家益困，展转岁月，几不能生[8]。里人贱之，耻与为伍，遂亡士夫之名[9]。此岂尝为元恶大憝而丧其家乎[10]？才不足也。既无高爵厚业以取重于时，其所挟者率时所不售者也[11]，而又自贱焉，奈之何其能立也？大抵能立于一世，必有取重于一世之术。彼之所取者，在我咸无之[12]；及不能立，诿曰"命也"，果不在我乎[13]？人家子弟，不才者多，才者少，此昔人所以叹成立之难也。汝曹勉之[14]。

注释

［1］倾覆则易：倾覆，颠覆、破坏。此指家道衰落。　［2］孟子曰："君子创业垂统，为可继也。若夫成功，则天也。"：孟子语，见《孟子·梁惠王下》。垂统，把基业传给后世子孙。多指王位或皇位的承袭。意为，孟子说："君子创立功业，传给子孙，是为了能把它一代一代承继下去。至于是否能够成功，则要看天命"。［3］人家子弟才不才，父兄教之可固必耶：才，有才能。固必，语出《论语·子罕》："毋必毋固。"本指固执坚持，不可变通。后引申为一定，必然。这两句意为：人家子弟有才能还是没有才能，是父老兄长教导就一定可以做到的吗？　［4］虽然，有不可委之命，在人宜自尽：委，推卸。自尽，自己竭尽心力。这几句意为：即使这样，还是有些事情不能推卸给天命，人们自己应当尽心尽力。　［5］里中有以弹丝为业者：里，民户居住之处，又为古代居民组织单位。《周礼·地官司徒·遂人》云："五家为邻，五邻为里。"此处泛指邻里。弹丝，弹奏弦乐器。　［6］琴瑟，雅乐也：雅乐，正乐、典雅的音乐。这两句意为：琴和瑟演奏的音乐，都是典雅的音乐。　［7］托琴而衣食：托，依托。这句意为：依靠弹琴来谋求衣食温饱。　［8］展转岁月，几不能生：展转，转移、转移不定。这两句意为：随着岁月流转、年龄增加，以致于几乎不能生存。　［9］里人贱之，耻与为伍，遂亡士夫之名：里人，犹言邻里之人。伍，同伙的人。遂，于是。亡，丧失。士夫，读书人。　［10］此岂尝为元恶大憝而丧其家乎：元，大。憝，音duì，恶。元恶、大憝，都是指大恶。语见《尚书·康诰》："王曰：'封，元恶大憝，矧惟不孝、不友。'"　［11］既无高爵厚业以取重于时，其所挟者率时所不售者也：爵，爵位。挟，依仗、恃以自重。率，一般。售，流行。这两句意为：他既没有很高

的爵位、雄厚的家业来得到社会的尊重，而所恃以自重的又都是当时所不流行的东西。［12］在我咸无之：咸，皆、都。［13］及不能立，诿曰“命也”，果不在我乎：诿，推诿、推托。在，由于、在于。这几句意为：到了不能成立，就推诿说“这是天命”，果真不是由于自己吗？［14］汝曹勉之：汝曹，汝辈、你们。多用于长辈称后辈。勉，努力。

简析

白沙先生的《诫子弟》，乃是有所为而作。李承箕《陈奉时传》云：“陈景阳，字奉时，白沙先生仲子。为邑庠生廪饩（音xì）者十余年，不得志于有司者四举矣。奉时作科举文字示人，人称羡之，则眼平而色怡；知其性气者，每见其文，但一过目，不复出一语相诘。腰背戌削，不饮酒，颇好度曲。事继母顺，母亦偏爱之，故其妇子亦被宠于姑，顺之应也。增城湛民泽曰：‘弘治己未，先生谓雨曰：“景阳今其悔乎？骎（音qīn）骎乎反正矣。”无几时，奉时暴病卒。’吁，可怪哉！‘鸟之将死，其鸣也哀；人之将死，其言也善’，说者以为曾子之谦词，非也；其易箦（音zé）之意，非欤？奉时寿四十五，年不可为折矣。人顾吾所寿于

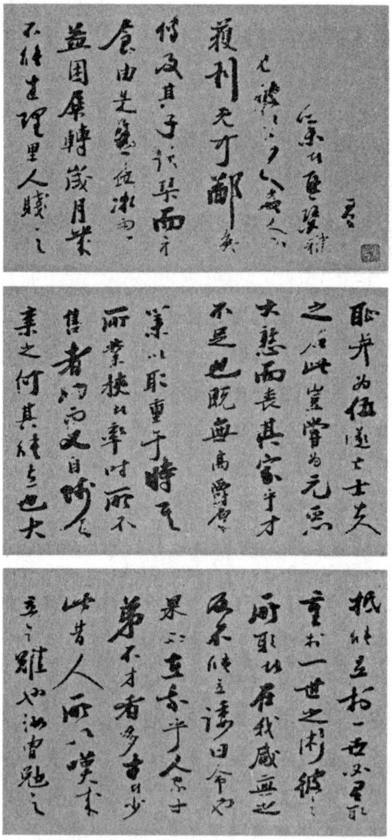

白沙先生墨迹《诫子弟》（有残缺。陈福树《陈白沙书法解读》，第29页）

今与后者何如，岂曰年哉？奉时少年时，不自顾惜，倾意柔曼，造戏具、招歌儿，游衍其间。先生怅然曰：'李泰伯自为墓，必取阴阳家所谓绝冗者，殆为是哉！'予闻先生出斯语，大惊焉。既而，奉时亦欲勉强所当为与所不当为，扫宿轨、剪狂奔之志，收之桑榆，赍志沉沉云。"（《李承箕集》，第179页。案：此文中，陈景阳即陈景昜，字仲平，号奉时。李承箕谓陈景昜字奉时，恐非是。）当中提及白沙先生次子陈景昜颇好度曲，"少年时，不自顾惜，倾意柔曼，造戏具、招歌儿，游衍其间"，白沙先生此文，恐为其次子陈景昜而作。

示学者帖

题旨

白沙先生的《示学者帖》，应属于有感而发。至于其所感何事，已经不得而知，然而，当中提出的处事原则是极具启发意义的。

诸君或闻外人执异论非毁之言，请勿相闻[1]。若事不得已，言之亦须隐其姓名可也[2]。人气禀习尚不同[3]，好恶亦随而异。是其是，非其非。使其见得是处，决不至以是为非而毁他人。此得失恒在毁人者之身[4]，而不在所毁之人，言之何益？且安知己之所执以为是者，非出于气禀习尚之偏，亦如彼之所执以议我者乎？苟未能如颜子之无我[5]，未免是已而非人，则其失均矣。况自古不能无毁，盛德者犹不免焉[6]。今区区以不完之行，而冒过情之誉，毁固其所也[7]。此宜笃于自修以求无毁之实，不必以为异而欲闻之也[8]。昔吕蒙正拜副相，一朝士指之曰："此子亦参政乎？"[9]同列欲询其名，遽止之[10]，曰："知当终身不忘，不如勿闻。"贤者所存，固异于人也。诸君亦宜念之[11]。

注释

[1] 诸君或闻外人执异论非毁之言，请勿相闻：或，有人。异论，不同看法。非毁，诋毁。相闻，互通信息。这两句意为：诸君中如果有人听到外人对我持有不同看法、批评诋毁的言论，请不要将其相告。 [2] 言之亦须隐其姓名可也：隐，隐去、隐藏。 [3] 人气禀习尚不同：气禀，原作"气品"，据林齐本、高简本、萧世延本、碧玉楼本改。气禀，指人生来对气的禀受。王充《论衡·命义》云："人禀气而生，含气而长，得贵则贵，得贱则贱。"习尚，习惯、风尚。 [4] 此得失恒在毁人者之身：恒，常。 [5] 苟未能如颜子之无我：颜子，颜渊。无我，忘我。 [6] 况自古不能无毁，盛德者犹不免焉：盛德者，有大德的人。 [7] 今区区以不完之行，而冒过情之誉，毁固其所也：区区，自称的谦词。不完之行，不完美的操行。过情，超过实情。这几句意为：如今我凭不完美的操行，而拥有超过实情的声誉，受毁谤本来就可谓是得其所。 [8] 此宜笃于自修以求无毁之实，不必以为异而欲闻之也：笃，笃志。异，异论。 [9] 昔吕蒙正拜副相，一朝士指之曰："此子亦参政乎？"：吕蒙正，字圣功，宋代河南人。太平兴国二年（977）进士第一。太宗、真

宗时，三任宰相。主张对辽妥协。谥文穆。拜，授官。参政，官名，即参知政事，为宰相之副。［10］同列欲询其名，遽止之：同列，同在朝班，即同事。遽，音jù，急速、急忙。止，阻止。［11］诸君亦宜念之：念，熟念、牢记。“诸君亦宜念之”后，林齐本、萧世延本有“辛卯四月十九日示”八字。

简析

白沙先生《示学者帖》作于成化七年（1471）四月，应属于有感而发。至于所感何事，由于文献不足，我们无法得知。在此文中，白沙先生希望自己的弟子，如果听到外人的对自己持有不同看法、批评诋毁的言论，请不要相告；如果实在不得已需要相告，也必须将其人之姓名隐去，像吕蒙正那样。白沙先生认为，批评诋毁乃他人之事，“自古不能无毁，盛德者犹不免焉”，然而公道自在人心，何况自己凭不完美的操行，而拥有超过实情的声誉，受毁谤是难免的。对于他人的批评诋毁，不必介意，“是其是，非其非”（以其是为是，以其非为非）可也。

赞

忍字赞

题旨

此文是白沙先生对“忍”这种品德的赞颂，作于弘治十年（1497）夏五月。

七情之发，惟怒为遽[1]。众逆之加，惟忍为是[2]。绝情实难，处逆非易[3]。当怒火炎，以忍水制[4]。忍之又忍，愈忍愈厉[5]。过一百忍，为张公艺[6]。不乱大谋，其乃有济[7]。如其不忍，倾败立至。[8]

注释

[1] 七情之发，惟怒为遽：七情，指喜、怒、哀、惧、爱、恶、欲。语出《礼记·礼运》：“何谓人情？喜、怒、哀、惧、爱、恶、欲，七者弗学而能。”遽，畏惧，此指可畏。这两句意为：喜、怒、哀、惧、爱、恶、欲七情发作，唯有发怒是最可怕的。 [2] 众逆之加，惟忍为是：逆，不顺、不顺心。是，对、正确。这两句意为：各种不顺心的事情到来，这时最容易发怒，唯有忍耐是最正确的。

［3］绝情实难，处逆非易：要断绝七情实在困难，要对付不顺心的事情并不容易。　［4］当怒火炎，以忍水制：炎，焚烧、燃烧。制，制止、控制。这两句意为：当怒火发作的时候，就用忍耐来加以控制。　［5］忍之又忍，愈忍愈厉："厉"，原作"励"，据萧世延本改。此文墨迹尚存，墨迹亦作"厉"。（陈福树《陈白沙的书法艺术》，第92页）厉，原指磨刀石，此指坚厉、坚强。　［6］过一百忍，为张公艺：张公艺，唐代郓州寿张（今属山东）人。九代同居。多次受到旌表。唐高宗麟德年间，高宗有事泰山，路过郓州，亲幸其宅，问其如何能做到九代同居，张公艺在纸书写一百余"忍"字，呈上高宗。高宗为之流涕，赐以缣帛。（参《旧唐书》第188卷）　［7］不乱大谋，其乃有济：不乱大谋，不要（因为对小事情不能容忍）坏了大事情。《论语·卫灵公》云："子曰：'巧言乱德。小不忍，则乱大谋。'"其乃有济，语见《尚书·君陈》："必有忍，其乃有济。"济，成功、成就。［8］如其不忍，倾败立至：如果不能够忍耐，倾覆、失败立刻就会来到。文末，墨迹有落款云"弘治丁巳夏五月，石翁书"。（陈福树《陈白沙的书法艺术》，第92页）

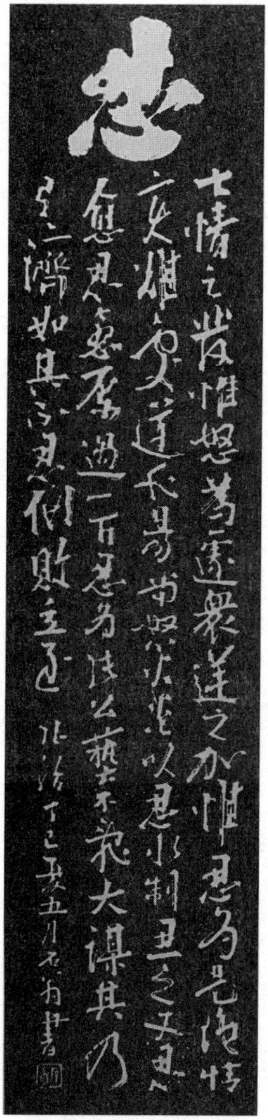

白沙先生墨迹《忍字赞》（陈福树《陈白沙的书法艺术》，第92页）

简析

白沙先生《忍字赞》，书于弘治十年五月，当是其晚年作品。白沙先生认为，在七情当中，以“怒”最为可怕；而对付怒的办法，以“忍”最为有用。越是能忍，其意志越坚强、坚厉。忍是可以做到的，张公艺就是榜样。文中白沙先生既引述孔子“小不忍，则乱大谋”，又引述《尚书》“必有忍，其乃有济”，从正反两面说明忍的重要性，说明忍的必要性。

墓志铭

处士容君墓志铭

题旨

容珪兄弟多人均为白沙先生弟子。此文是白沙先生应容珪的请求，为其父亲容恪所写的墓志铭。

东良处士既殁之二十八年，为今成化之十一年，岁值乙未[1]，其子珪始以其墓乞铭于白沙陈先生[2]，辞之曰："铭以昭德考行[3]，予生也晚，不及见乡先进，而今谈者亦不闻乡先进某有某事某异也，恶乎铭？"珪以状进[4]，予阅状，喟曰："是何足以惊动世俗、徼誉于乡党闾里耶？[5]盖世所恒称道者，其事必有异乎其众，骤而语之，可喜可愕，故相与乐道而传之也。处士才不为世用，施于其家者，亦曰'为子不得罪于父，为弟不得罪于兄，为父兄不虐弃其子弟'云尔。处士之不见称于时，宜也。虽然，常道如菽粟布帛，时而措之[6]，如冬裘夏葛[7]，不离人伦日用之间。故道率其常者，无显显之形也[8]。惟夫事变生于不测，智者尽谋，勇者尽力，捐躯握节，死生以之[9]，夫然后见其异也，而岂人之所愿哉？处士韬光里闾，正终衽席[10]，则其见诸铭者，殆亦不过是而已。兹其常也。”处士姓容氏，名某，字某[11]。娶阮氏，生四男一女。处士之生，以永乐庚寅二月十九日，卒时年三十九。珪率其弟珽、璿、玑以某年月日葬处士于三冈社马鞍山，木已拱云[12]。铭曰：伏其龙蛇，逍遥云霞。纲纪孝友，以裕乃家[13]。干我铭者，其在兹耶[14]！

注释

[1] 东良处士既殁之二十八年，为今成化之十一年，岁值乙未：处士，未仕或不仕的读书人。殁，音mò，死亡。为今成化之十一年，原作“为今之成化十一年”，据林齐本、萧世延本改。此文碑刻尚存。碑刻亦作“为今成化之十一年”。（陈福树《陈白沙的书法艺术》，第45页）岁值乙未，成化十一年（1475）之干支纪年为乙未年。 [2] 其子珪始以其墓乞铭于白沙陈先生：珪，即容珪。容珪，字彦礼，号到轩，新会荷塘人。白沙先生弟子。 [3] 铭以昭德考行：铭，墓志铭。昭德考行，表彰其品德，稽考其行事。 [4] 珪以状进：状，指行状。行状，文体名称，指记述逝者生平行事的文章。 [5] 喟曰：“是何足以惊动世俗、徼誉于乡党闾里耶？”：喟，音kuì，喟叹。徼誉，音yāo yù，求得声誉。同“邀誉”。 [6] 虽然，常道如菽粟布帛，时而措之：措，措办、置办。这几句意为：即使这样，常道犹如菽粟（粮食）、布帛（衣物），要按时置办，不可或缺。 [7] 如冬裘夏葛：裘，皮衣。葛，葛衣。意为：犹如冬天穿皮衣，夏天穿葛衣。 [8] 故道率其常者，无显显之形也：率，循、遵循。显显，盛明的样子。这两句意为：所以道只是遵

循着其平常的样子，并没有特别明显的表现。［9］捐躯握节，死生以之：捐躯，为国家、为正义而死。握节，持守符节，谓不辱君命。死生以之，语见《春秋左传·昭公四年》："子产曰：'苟利社稷，死生以之。'"以，由。这两句意为：能为国捐躯、不辱君命，无论死生也都由它，都不必计较。［10］处士韬光里閰，正终衽席：韬光，藏匿光彩、藏才不露。里閰，碧玉楼本作"閰里"。正终，寿终而死。衽席，卧席。引申为寝处之地。这两句意为：容处士藏才于乡里而不露，得寿终而死于正寝。［11］处士姓容氏，名某，字某："名某，字某"，碑刻作"名恪，字允敬"。（陈福树《陈白沙的书法艺术》，第45页）［12］珪率其弟斑、璿、玑以某年月日葬处士于三冈社马鞍山，木已拱云：斑，即容斑。容斑，字彦昭，号两峰。璿，即容璿。容璿，字彦潜，号清轩。玑，即容玑。容玑，字彦贞，号半溪。三人均为容珪之弟，白沙先生门人。某年月日，碑刻作"景泰甲戌十一月□□"。（陈福树《陈白沙的书法艺术》，第45页）拱，两手围抱。木已拱，墓木已有两手围抱那么粗，谓死去已经相当长时间。［13］纲纪孝友，以裕乃家：裕，使……丰足。乃，你。［14］干我铭者，其在兹耶：干，求。这两句意为：求我撰作墓志铭，原因大概就在此吧！又：此文之末，碑刻有落款云"成化十八年夏五月，同邑陈献章公甫撰文并书"。（陈福树《陈白沙的书法艺术》，第45页）

简析

根据《处士容君墓志铭》碑刻落款，白沙先生此文撰作于成化十八年（1482）。自古以来，为别人作墓志铭者，其文多溢美之词。白沙先生在文中，对于容处士没有溢美之词，只是说容处士为人不过"为子不得罪于父，为弟不得罪于兄，为父兄不虐弃其子弟"，其所作所为都是极为平常的事情，如此而已。正因为容处士之所作所作，都是极为平常的事情，这才显出他的重要、不凡。犹如菽粟布帛，虽然极为平常，但是与人生死相关，不可一日或缺。容处士正是在平凡当中体现其不凡。白沙先生此文，不落窠臼，极为新奇。

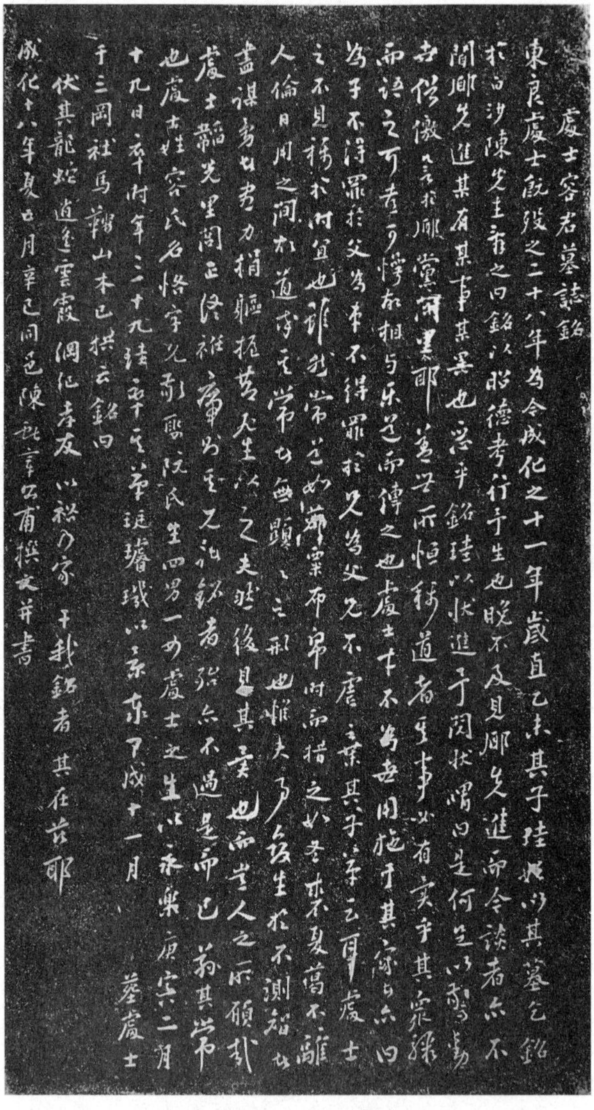

白沙先生墨迹《处士容君墓志铭》（陈福树《陈白沙的书法艺术》，第45页）

何廷矩母周氏墓志铭

题旨

何廷矩原为白沙先生弟子，后背叛师门。此文是白沙先生应何廷矩的请求，为其母亲周氏所写的墓志铭，作于成化八年（1472）冬。

成化八年壬辰四月日，番禺何廷矩之母卒[1]，卜以其年冬十二月某甲子，葬邑之永泰乡石马山，袝其亲之兆[2]。廷矩先事告伯兄廷桂，以状走白沙来请铭[3]。廷矩在诸生中齿长而贤，首率诸生事予[4]。予惧与廷矩比。诸生咸进曰："是生廷矩者也，非是母不生是子，征贤母也[5]。子宜以其贤铭。"予乃阅状。母姓周氏，讳某[6]，番禺人，福建都司都事君讳普敬之女、泽庵何先生讳渊之妻。性孝敏勤恕，始辞襁褓[7]，得一果必以献诸母。事针缕刀尺，巧不俟教，绝人[8]；临事恪而有法，劳不厌也[9]。博爱而善喻，人不待矫而至也[10]。年若干，归何为冢妇，爱舅姑如爱父母，奉宾客如奉祭祀[11]。虽居流离，未尝困戚为灭裂[12]。平居，处于娣姒得娣姒，处于媵侍得媵侍[13]，处于族亲，无贵贱、内外、尊卑、贤否，咸宜。故视其疾者无不忧，哭其死者无不哀也。自泽庵没，专家政，至是若干年而终，春秋七十。二子皆已出，二女皆已有归[14]。始，新喻胡公以按察佥事提调学校岭南，廷矩为郡学生员，以文行

见器重[15]。及秋将试，廷矩一旦谢去，公弗能止。亲旧欲其仕进，群来哗廷矩[16]，廷矩闭门拒之。有让其母，谢曰："儿削行为君子耳，吾何尤？"[17]廷矩倍益厉，若负重进进，不敢为少懈，母之训使然也[18]。呜呼！贤哉！铭曰：昔有尹母，和靖实贤[19]。今有廷矩，岂无母焉？卓彼两母[20]，辉光后先。我铭其墓，以永于传[21]。

注释

[1]番禺何廷矩之母卒：何廷矩，又名何时矩，字时振，生卒年不详，广东番禺人。原为白沙先生弟子，后背叛师门。著作有《礼意大全》三卷、《存羊录》十卷，其存佚情况待考。 [2]卜以其年冬十二月某甲子，葬邑之永泰乡石马山，祔其亲之兆：卜，选择。祔，音fù，合葬。亲，亲人，这里指父亲。兆，界域，这里指墓地。[3]廷矩先事告伯兄廷桂，以状走白沙来请铭：廷桂，即何廷桂。何廷桂，字号、生平不详，何廷矩之长兄。据白沙先生《赠何廷桂罢馆归》（《陈献章全集》中册，第466页），其人曾为私塾先生。[4]廷矩在诸生中齿长而贤，首率诸生事予：齿长，年龄最大。事，侍奉，此指师事。 [5]非是母不生是子，征贤母也：征，证明、证验。这两句意为：如果不是这样的母亲，就不会生出这样的儿子，这证明她是贤惠的母亲。 [6]母姓周氏，讳某：讳，于人死后书其名，名前称"讳"以示尊敬。 [7]性孝敏勤恕，始辞襁褓：性孝敏勤恕，指品性孝顺、聪敏、勤快、宽恕。辞，告别、离开。襁褓，背负小儿的背带和布兜。始辞襁褓，刚刚不用别人背负，形容其年小。[8]事针缕刀尺，巧不俟教，绝人：针缕，即针线。刀尺，剪刀和

尺子。针缕刀尺，借指缝纫。俟，待。绝，超绝。这几句意为：做针线活，其精巧不用等待别人教导，就远远超过别人。“绝人”，四库全书本作“接人”。若作“接人”，相关语句之句读应作“事针缕刀尺，巧不俟教；接人临事，恪而有法，劳不厌也”。 ［9］临事恪而有法，劳不厌也：恪，恭敬。厌，厌倦、抛弃。这几句意为：做事恭敏而有法度，虽然劳累也不放弃。 ［10］博爱而善喻，人不待矫而至也：喻，晓喻，开导。矫，纠正。这两句大意为：其为人有爱心而又善于开导人，以致别人不用等待其纠正就能做到最好。 ［11］年若干，归何为冢妇，爱舅姑如爱父母，奉宾客如奉祭祀：归，出嫁。冢，长（音zhǎng）。冢妇，嫡长子的妻子。舅姑，丈夫的父母。这几句意为：年龄若干岁，嫁给何家长子为媳妇，她敬爱丈夫的父母如同敬爱自己的父母，侍奉宾客如同侍奉祭祀一样尊敬。 ［12］虽居流离，未尝困戚为灭裂：流离，流转离散。困，林齐本、高简本、萧世延本、碧玉楼本作“窘”。困戚，窘迫忧伤。灭裂，草率、粗略。这两句意为：即使处于流离失所的时候，也未曾因为窘迫忧伤而草率应付。 ［13］平居，处于娣姒得娣姒，处于媵侍得媵侍：娣姒，音dì sì，即妯娌。兄弟之妻互称，年长的为姒，年幼的为娣。媵侍，音yìng shì，妾与婢。 ［14］二女皆已有归：两个女儿都已经出嫁。［15］始，新喻胡公以按察佥事提调学校岭南，廷矩为郡学生员，以文行见器重：新喻，即新余。胡公，指胡荣。胡荣，字希仁，江西新余人，景泰五年（1454）进士，授户科给事中。成化七年（1471），任广东按察司佥事提学。仕终浙江参政。“生员”后，林齐本、萧世延本有“首”字。文行，文章德行。 ［16］亲旧欲其仕进，群来哗廷矩：哗，吵嚷、喧哗。这里指劝说。 ［17］有让其母，谢曰：“儿削行为君子耳，吾何尤？”：让，以辞相责。谢，推辞、拒绝。削行，隐匿行迹。尤，责怪。这几句意为：有人来劝说其母亲，其母亲拒绝说："我儿子隐匿行迹不求仕进是要成为君子，我又怎么可以责怪他呢？" ［18］廷矩倍益厉，若负重进进，不敢为少懈，母之训使然也：厉，坚厉、坚强。进进，尽力向前。 ［19］昔有尹母，和靖实贤：尹母，尹焞之母。和靖，即尹焞。尹焞，字彦明，宋代洛阳人，程颐弟子。宋钦宗靖康年间，赐号和靖居士。《宋史·尹焞传》云，尹焞"少师事程颐，尝应举，发策有诛元祐诸臣议，焞曰：'噫，尚可以干禄乎哉！'不对而出。告颐曰：'焞不复应进士举矣。'颐曰："子有母在。" 焞归告其母陈，母曰：'吾知汝以善养，不知汝以禄养。'颐闻之，曰：'贤哉母也！'焞于是终身不就举。"［《宋史·尹焞传》的这段记载，白沙先生在《与罗一峰（五）》中亦有引述。参《陈献章全集》上册，第211页］ ［20］卓彼两母：卓，特异。 ［21］以永于传：永，长久、永久。

简析

根据阮榕龄《编次陈白沙先生年谱》，白沙先生《何廷矩母周氏墓志铭》作于成化八年十二月。当时，何廷矩还是白沙先生的得意弟子。在墓文中，白沙先生虽然对于何廷矩之母周氏的事迹有所描述，但主要是通过强调何廷矩的与众不同，说明周氏的与众不同。甚至将何廷矩之母周氏与宋代尹焞之母陈氏、何廷矩与尹焞相提并论，说是"昔有尹母，和靖实贤。今有廷矩，岂无母焉？卓彼两母，辉光后先"，可谓评价极高。所可惜者，后来何廷矩背叛师门，反过来攻击白沙先生。（对于何廷矩与白沙先生之交往情况，参黎业明《何廷矩与陈献章之关系述略》，《明儒思想与文献论集》第11—22页）

传

罗伦传

题旨

罗伦是白沙先生之友。在罗伦逝世将近十五年时，白沙先生为其撰作传记，以示表彰与怀念。

吾平生有故人曰罗伦，字彝正，江西永丰人，宋罗开礼之后也[1]。性慷慨乐善，不疑人欺，遇事无所回避，有不可，辄面斥之[2]。举成化丙戌进士，策对大廷，顷刻万言[3]，中引程正公语："人主一日之间，接贤士大夫之时多，亲宦官宫妾之时少。"[4]执政欲截其下句，伦不从[5]，直声震于时。奏名第一，为翰林修撰。会内阁大学士李贤遭丧，朝廷留之，台谏皆不敢论说[6]。伦诣其私第[7]，告以不可，李公始以其言为然。既数日，复上疏历陈古今起复之非是，且曰："如其不然，必准富弼故事终丧、刘珙故事言事。"[8]反复数千言，一本于天理人心之不可已者。孔子曰"勿欺也，而犯之"[9]，伦以犯颜切谏为大，救时行道为急，其负荷之重，未尝一日忘天下，故发愤如是。疏奏，遂落职提举泉州市舶司[10]。伦虽见逐，而士论益荣之，由是天下之士争自刮磨，向之不言以养忠厚者为之一变，而终伦之世，台省未闻有起复者矣[11]。虽以此为人所知，然亦以此取嫉于人。明年召还，复修撰，改南京。寻以疾辞归。开门授徒，日以注经为业[12]。垂十年[13]，卒于退居之金牛山。世之知伦者，不过以其滂沛之文、奇伟之节、果敢之气而已，至其心之所欲为而力之所未逮，未必尽知也。尝欲仿古置义田以赡族人。或助之堂食之钱，谢而弗受；或衣之衣，行遇乞人死于途，辄解以覆之。客晨至，留具饭，其妻语其子曰："瓶粟罄矣[14]。"之旁舍干之[15]，比举火，日已近午，亦旷然不以为意。提举泉州时，官例应得折薪钱[16]，其人欺以乏告，即放遣之不复问。予尝遣人访之山中，结茅以居，取给于陇亩，往来共樵牧，若无意于世者[17]。时或作为文章以发其感慨之意，而人亦莫知之也[18]。论曰：伦之必为君子而不为小人，较然矣[19]。如伦之才，少贬以徇人，虽欲穷晦其身，宁可得也[20]？以其所学进说于上，世目之为狂，何足怪也？孟子称豪杰之士"虽无文王犹兴"[21]，若伦者，今所谓豪杰，非欤？无导于前而所立卓然，人莫能夺之。又曰：伦才大不及志，其青天白日足称云。[22]

注释

［1］吾平生有故人曰罗伦，字彝正，江西永丰人，宋罗开礼之后也：故人，旧友、朋友。罗伦，字应魁，改字彝正，江西永丰人。

成化二年（1466）廷对第一，授修撰。会李贤夺情，疏奏，落职泉州市舶司。次年召还，复修撰，改南京。寻引疾归隐金牛山。学者称其为一峰先生。著作有《一峰诗文集》。罗开礼，字正甫，号水心，江西永丰人。曾任袁州儒学教授、永丰知县兼招抚使等。晚年起兵抗元，被捕后绝食八日，卒于狱中。　[2] 辄面斥之：辄，即时。　[3] 举成化丙戌进士，策对大廷，顷刻万言：丙戌，即成化二年。策对大廷，指殿试对策。　[4] 中引程正公语："人主一日之间，接贤士大夫之时多，亲宦官宫妾之时少。"：程正公，指程颐。程颐，字正叔。所引程颐语，见其《论经筵第一札子》，略云："伏以皇帝陛下春秋之富，虽睿圣之资得于天禀，而辅养之道不可不至。所谓辅养之道，非谓告诏以言、过而后谏也，在涵养熏陶而已。大率一日之中，亲贤士大夫之时多，亲寺人宫女之时少，则自然气质变化，德器成就"。（《宋史·程颐传》有引述。）　[5] 执政欲截其下句，伦不从：执政，主管某一事务的人。此处当指考试官。截，截去、删除。　[6] 会内阁大学士李贤遭丧，朝廷留之，台谏皆不敢论说：会，适逢、恰巧。李贤，字原德，河南邓州人。宣德八年（1433）进士。景泰初，由文选郎中超擢吏部侍郎。英宗复位，命兼翰林学士，入直文渊阁，进尚书。宪宗即位，进少保、华盖殿大学士。谥文达。台谏，指监察御史，负责纠劾官员。（在明代，一般称御史为台谏，给事中为给谏。）论说，议论，这里指纠劾。　[7] 伦诣其私第：诣，往、到。　[8] 既数日，复上疏历陈古今起复之非是，且曰："如其不然，必准富弼故事终丧、刘珙故事言事。"：起复，古时官吏有丧事，服未满而复起用，称为起复，亦称夺情。富弼，字彦国，宋代洛阳人。宋仁宗时，与韩琦同在中书省主政，力拒契丹（辽）的割地要求。神宗时，因反对王安石变法被罢相。后告老回洛阳。谥文忠。故事，先例、旧日的典章制度。刘珙，字共父，福建崇安（今武夷山）

人。官资政殿大学士。工书法。谥忠肃。［9］孔子曰“勿欺也，而犯之”：语见《论语·宪问》“子路问事君。子曰：‘勿欺也，而犯之。’”犯，触犯、冒犯。其意为：子路（向孔子）请教如何侍奉君王。孔子说：“你不能欺骗他，但是可以对他犯颜直谏。”［10］疏奏，遂落职提举泉州市舶司：落职，贬职。市舶司，官署名，始设于唐代，主要负责对外贸易的管理、法令、征税等事务。明时设有宁波、泉州、广州市舶司。嘉靖中，因倭寇之祸起于市舶，因此裁撤宁波、泉州二市舶司，仅保留广州市舶司。［11］由是天下之士争自刮磨，向之不言以养忠厚者为之一变，而终伦之世，台省未闻有起复者矣：刮磨，原指磨琢器物，使有光辉。此指人自新。向，旧时、往昔。台省，原指尚书治事之地，此借指尚书等高官。这几句意为：从此，天下之士争相自新，往昔以不论劾别人为涵养忠厚的人也为之一变，在罗伦生前，尚书等高官中再没有听说有守丧时间未满而复起用的人了。［12］开门授徒，日以注经为业：“开门”，原作“闭门”；“注经”，原作“著经”，据林齐本、高简本、萧世延本改。［13］垂十年：垂，将近、将及。［14］瓶粟罄矣：罄，器中空。引申为尽、完。［15］之旁舍干之：之，往。旁舍，附近的房舍，此指邻居。干，求取。这句意为：到邻居家去借粮食。［16］官例应得折薪钱：官例，官府惯例。折薪钱，以柴薪补贴名义取得的额外钱财。［17］取给于陇亩，往来共樵牧，若无意于世者：取给，取其物以供需用。陇亩，即垄亩，耕地、田野。樵，樵夫，打柴的人。牧，牧人，放牧的人。宋王安石《谢公墩》诗云：“问樵樵不知，问牧牧不言。”这几句意为：罗伦耕种田地来养家，与他交往的都是樵夫、牧人，像是一个不再关心世事的人。［18］时或作为文章以发其感慨之意，而人亦莫知之也：“莫知之”，林齐本、萧世延本作“莫之知”。［19］较然矣：较然，显明的样子。［20］如伦之才，少贬以徇人，虽欲穷晦其身，宁可得也：徇，顺从。这几句大意似为：像罗伦这样的才德，不要说稍为贬谪其官职来使他顺从于人，就算是想要使他穷困倒霉来让他顺从于人，难道就可以做得到吗？［21］孟子称豪杰之士“虽无文王犹兴”：文王，周文王。兴，感动奋发。语出《孟子·尽心上》：“孟子曰：‘待文王而后兴者，凡民也。若夫豪杰之士，虽无文王犹兴。’”［22］其青天白日足称云：青天白日，比喻清明、明白。这句意为：其清廉正直是值得称道的。又：“其青天白日足称云”后，林齐本、萧世延本有“弘治癸丑春三月既望，古冈病夫陈某撰”十六字。

简析

此文是白沙先生为其友人罗伦所撰传记，作于弘治六年（1493）三月，距离罗伦逝世将近十五年［罗伦卒于成化十四年（1478）九月］。在传记中，白沙先生主要叙述罗伦在殿试策论中拒绝删除所引述程颐之言，罗伦上疏反对李贤夺情起复被贬谪，罗伦贫而乐道（虽至无米招待来客，“亦旷然不以为意”）。《孟子·滕文公下》云：“居天下之广居，立天下之正位，行天下之大道；得志与民由之，不得志独行其道；富贵不能淫，贫贱不能移，威武不能屈；此之谓大丈夫。”白沙先生在《罗伦传》中所描绘的，就是罗伦作为大丈夫的形象。

书信

与邓督府[1]

题旨

邓廷瓒是白沙先生的朋友。现存白沙先生与邓廷瓒书信有两封，这里所选的是其中一封。

翰林院检讨古冈病夫陈某再拜复书督府都宪邓大人先生执事[2]：某不得望见于执事五十年矣。南海野人徒抱迂拙[3]，不可为世用。执事鸿猷盛烈，声闻四达，皎如日星之照临[4]。甚贺甚贺。兹者伏蒙手书，锡之名香、岁历[5]。别奉钧帖[6]，令本县月给白米一石、拨人夫二名，不敢当不敢当。执事所称逋野诚隐逸士[7]，如今日之赐，使逋等受之，宜也；其不受，未见其让之过也[8]。某何敢自列于古之名流哉？某无寸善可以及人。有田二顷，耕之足以自养，而又受赐于当道以自列于古之名流，其怠于自修亦甚矣[9]！引领苍梧，衰病无由自致[10]。拙作一首，纪述仁政，传示岭海，以彰盛德。余二小诗，以撰《慈元记》望西涯阁老，以请祀典望督府，共成东山之美，此野人之志也[11]。伏乞钧裁[12]。

注释

[1]邓督府：指邓廷瓒。当时提督两广军务兼巡抚。 [2]翰林院检讨古冈病夫陈某再拜复书督府都宪邓大人先生执事：古冈，指新会。新会古称冈州。“再拜”前，林齐本、萧世延本有“谨”字。执事，原指供役使的人，后在书信中常用作对对方的敬称，表示不敢直指其人。 [3]南海野人徒抱迂拙：南海野人，白沙先生自称。迂拙，迂阔笨拙。 [4]执事鸿猷盛烈，声闻四达，皎如日星之照临：鸿，大。猷，谋划。鸿猷，深于谋略。盛，盛大。烈，功业。盛烈，有大功业。声闻，名声。这几句意为：您深于谋略，功业盛大，声名远扬，皎然有如日月星辰的照耀。 [5]兹者伏蒙手书，锡之名香、岁历：伏，谦敬之辞。蒙，受，得到。手书，亲笔书信。锡，与、赐给。 [6]别奉钧帖：钧，敬辞。在书札及口语中，对尊者多用此辞，如钧安、钧启等。帖，用简短言辞书写的官方文书。 [7]执事所称逋野诚隐逸士：逋野，指林逋、魏野。林逋，字君复，宋代钱塘（今属浙江）人。隐居西湖孤山。工行书，喜为诗。终生不娶，以种梅养鹤自娱，因有梅妻鹤子之称。谥和靖先生。魏野，字仲先，号草堂居士。原为蜀地人，后迁居陕州（今河南三门峡市陕州区）。终身不仕，躬耕作诗，自得其乐。“隐逸士”，原作“隐逸事”，据林齐本、高简本、萧世延本、碧玉楼本改。 [8]未见其让之过也：让，谦让。 [9]而又受赐于当道以自列于古之名流，其怠于自修亦甚矣：当道，当权的人。自修，自我修养。 [10]引领苍梧，衰病无由自致：引领，伸颈远望。比喻盼望殷切。苍梧，县名，在广西。明代时为广西梧州府府治所在地，亦为两广总督府官署所在地。因此，苍梧亦可指梧州。此指邓廷瓒官署所驻之地梧州。致，到达。 [11]以撰《慈元记》望西涯阁老，以请祀典望督府，共成东山之

美，此野人之志也：西涯阁老，指李东阳。督府，指邓廷瓒。东山，指刘大夏。志，心志、愿望。 [12]伏乞钧裁：裁，裁断。

简析

根据阮榕龄《编次陈白沙先生年谱》，此信写于弘治九年（1496）。白沙先生此信的主要内容，是拒绝接受邓督府（即邓廷瓒）指令新会县“月给白米一石、拨人夫二名”。白沙先生有时也接受官员以个人名义所给予的帮助，但不愿意接受以官府名义所给予的财物。与此信同时，白沙先生还有《答邓督府》诗，诗云：“不见如今五十年，贤关风韵想依然。衰龄我有无穷朽，督府公通第一笺。愿托经纶均岭海，莫辞将相作神仙。孤山鹤啄孤山月，不要诸司费俸钱。（原注：督府檄有司月支米石、人夫，辞之。）”（《陈献章全集》中册，第658页）

与朱都宪[1]

题旨

白沙先生写给朱英的书信有三封，这里全部选注。书信写于成化十二年（1476）、十三年（1477）。对朱英，白沙先生以晚辈甚至门人自称。

一

顷者，获拜执事于苍梧[2]。十余年间，执事之心不忘乎仆，与仆愿见执事之诚，交慰并沃于一堂之上、一日之间[3]，至矣尽矣。执事负一世之豪才际百年之嘉会，故能受知于当宁，进位都宪，奉玺书、督三军以经营于一方，谁不瞻仰、谁不归戴[4]？仆一介书生，生长东南，闻见寡陋，徒负虚名，无补于世，乃蒙追忆十余年相与尺牍往来之雅而赐见焉，幸甚幸甚！仆之齿非少，然以方于执事则为后进[5]。执事，先生长者也。长者有问，不辞让而对，非礼也[6]；隐而不告，非礼也。仆之始至，执事问以出处，仆未敢率尔[7]。执事又益之以荐进之说，且令回自决之。仆于是乎若负芒刺，避席而不敢言，惭也；退而思之，又大惭也。明日，具以情告[8]，且言其不可。当是时也，执事亦见仆之颜色乎[9]？始者，仆欲往见执事于苍梧，凡三复计之而后果行，诚以执事之贤固所愿识。然自念二三十年所守进退之节，一旦由此而变，亦不能不少踧踖也[10]，况谕之以荐进之说耶？仆窃以为执事好崇奖人之善[11]，偶见一士少异乎人，亟以此言宠之，使勉乎善云耳。不然，则将悼其穷且老，踽踽焉无所与同，恤恤焉无所与归，故问而遣之[12]，使自为禄仕之计焉耳。不然，执事之明足以照物，岂不知仆之驽钝、不可驱策而思进之万里之途也？执事又以韩退之之事见勖[13]。退之虽贤，不及孟子。孟子不肯枉尺直寻，退之以书干宰执[14]，仆固不得舍孟而学韩也。仆之归白沙几一月矣，乡之逢掖士无日不来

问询[15]。仆告以所接盛德之光，莫不鼓舞兴起。信乎！“德之流行，速于置邮而传命也”[16]。惟是进退出处之念，尚日往来于心，诚惧执事所以待仆者如此，而人之知仆者浅也。此意已托丘侍御达之左右，不审亮之否乎[17]？未能默默，伏此布闻，且以代面谢，惟少垂鉴焉。[18]

注释

［1］朱都宪：即朱英。朱英，字时杰，号诚庵，湖南桂阳人。正统十年（1445）进士，授御史。成化十一年（1475）冬，担任钦差总督两广军务兼理巡抚右都御史。谥恭简。　［2］顷者，获拜执事于苍梧：顷，最近、近来。拜，拜访。苍梧，明时为广西梧州府治所在地，亦为两广总督署治所在地。　［3］十余年间，执事之心不忘乎仆，与仆愿见执事之诚，交慰并沃于一堂之上、一日之间：交慰并沃，大意为同时出现。这几句大意为：十多年来，您心中对我的不能忘怀，与我乐意拜见您的诚意，如今同时出现在一堂之上、一日之间。　［4］执事负一世之豪才、际百年之嘉会，故能受知于当宁，进位都宪，奉玺书、督三军以经营于一方，谁不瞻仰、谁不归戴：际，适遇其时。嘉会，国运昌盛的际会。当宁，指皇帝。古代宫殿的门、屏之间曰宁，天子在此接受诸侯的朝见，后因此称皇帝为当宁。玺，印章。秦汉之后，唯皇帝所用印章称玺。玺书，用皇帝玉玺封记的文书。瞻仰，瞻望、仰视。归戴，向往、推崇。　［5］然以方于执事则为后进：方，比较。　［6］长者有问，不辞让而对，非礼也：对，应答、回答。“长者有问，不辞让而对，非礼也”，语见《礼记·曲礼》。　［7］执事问以出处，仆

未敢率尔：出处，此谓或出仕或不出仕。率尔，轻遽的样子。此指轻率地回答。［8］具以情告：情，实情。［9］执事亦见仆之颜色乎：颜色，脸色、面容。［10］亦不能不少踧踖也：踧踖，音cù jí，恭敬而不安的样子。［11］仆窃以为执事好崇奖人之善：崇奖，推重、奖励。［12］则将悼其穷且老，踽踽焉无所与同，恤恤焉无所与归，故问而遣之：悼，伤感。踽踽，音jǔ jǔ，孤独的样子。恤恤，忧心的样子。遣，使离去、送走。［13］执事又以韩退之之事见勖：韩退之，即韩愈。勖，音xù，勉励。［14］孟子不肯枉尺直寻，退之以书干宰执：寻，八尺。孟子不肯枉尺直寻，典出《孟子·滕文公下》："陈代曰：'不见诸侯，宜若小然。今一见之，大则以王，小则以霸。且《志》曰"枉尺而直寻"，宜若可为也。'孟子曰：'昔齐景公田，招虞人以旌，不至，将杀之。"志士不忘在沟壑，勇士不忘丧其元"，孔子奚取焉？取非其招不往也。如不待其招而往，何哉？且夫枉尺而直寻者，以利言也。如以利，则枉寻直尺而利，亦可为与？……如枉道而从彼，何也？且子过矣！枉己者，未有能直人者也。'"退之以书干宰执，指韩愈在唐德宗贞元十一年（795）《上宰相书》求仕事。书凡三上，不报。（韩愈《上宰相书》，马其昶《韩昌黎文集校注》，第153—163页）［15］乡之逢掖士无日不来问询：逢掖，宽袖之衣，古代儒者所服。后作士人之代称。［16］"德之流行，速于置邮而传命也"：置邮，驿站。以马传递为置，以人传递为邮。"德之流行，速于置邮而传命也"，语见《孟子·公孙丑上》："孔子曰：'德之流行，速于置邮而传命。'"其意为：孔子说，德政的流行，比驿站传递政令还要迅速。［17］此意已托丘侍御达之左右，不审亮之否乎：丘侍御，名字、乡贯待考。左右，对人不直称其名，只称他的左右，表示尊敬。不审，不知。亮，同"谅"，谅解。［18］未能默默，伏此布闻，且以代面谢，惟少垂鉴焉：默默，不言。“伏”，林齐本、萧世延本作“复”。垂鉴，犹言俯察。又：“惟少垂鉴焉”后，林齐本、萧世延本有“某再拜”三字。

简析

白沙先生《与朱都宪（一）》，乃作于成化十二年秋到梧州拜访朱英、返回新会之后一个月内。阮榕龄《编次陈白沙先生年谱》将此信系于成化十七年（1481），恐非（相关考证，参黎业明《陈献章年谱》，第106—108页）。从书信内容看，在白沙先生到梧州拜访期间，朱英建议白沙先生出仕。朱英希望白沙先生或是参加会试，或由官府推荐，以便进入仕途，甚至以韩退之（韩愈）上书宰相求仕之事来鼓励白沙先生。对于朱英的建议，白沙先生表示拒绝；对于朱英以韩退之上书宰相求仕之事来鼓励自己，白沙先生以为，“退之虽贤，不及孟子。孟子不肯枉尺直寻，退之以书干宰执，仆固不得舍孟而学韩也”。

二

陈某顿首启[1]：伏蒙今月十八日遣使降临衡茅，惠以羊、酒、粟、楮诸仪[2]。君子之赐，光动闾里，顾愚何人，可以当此？恭惟执事位高而望重、德博而民化，而恒患乎善之不彰、士罔攸劝[3]，故能尊重名教，秩秩其仪，以兴起山林之遗逸[4]。大哉，执事之心！仆虽驽钝，敢不夙夜祗奉[5]？然仆窃观来谕之言，大意欲劝仆出仕耳。非直劝之，且加责焉。是故出于爱仆之诚，而仆之心亦有未蒙照察者[6]。何则？掇科登仕[7]，固仆之素志；抱病违时，非仆之得已。仆自染疾来，六七年间，每

遇疾作，遍身自汗若雨，或连数月不止[8]，既止复作，畏劳怯冷[9]，沉绵反复，元气寖耗，力加防慎，庶几保全；而母氏年益高[10]，百疾交苦，是以未能出门耳。假令仆疾愈可以出矣，而忘亲之老，岂人之情也哉？在亲为亲，在君为君，无所往而不然矣。夫天下之理，至于中而止矣[11]。中无定体，随时处宜，极吾心之安焉耳，若昔之李密是也[12]。密被征时，密之心盖自揆安于事刘，则止为中而行非中也[13]。今若概以圣贤出处之常责密以必仕，恐非密之心。密之心，天理之时中也。仆今自处，亦欲无愧于密耳，执事信以为何如哉？愿终教之，仆不敢固执也。承录示诸公子文稿[14]，笔势滔滔有气焰，当是一才子，可畏可畏。若导其志使不差，开其学使有益，又在教者何如耳。使回，谨此申覆。辰下哭一侄妇，故言无文采，伏乞台照[15]。

注释

［1］陈某顿首启：顿首，周礼九拜之一，头叩地而拜。后用于书信的开头或结尾。启，陈述、告诉。［2］伏蒙今月十八日遣使降临衡茅，惠以羊、酒、粟、楮诸仪：衡茅，衡门茅屋，指陋室。惠，赐、赠。楮，音chǔ，纸的代称。［3］而恒患乎善之不彰、士罔攸劝：罔，无。攸，音yōu，所。这两句意为：而常常担忧善行得不到彰显，士人得不到勉励。［4］秩秩其仪，以兴起山林之遗逸：秩秩，有顺序的样子。遗逸，指隐士。［5］仆虽驽钝，敢不夙夜祇奉：驽钝，低能、愚钝。夙夜，早晚、朝夕。祇，恭敬。祇奉，敬奉。［6］然仆窃观来谕之言，大意欲劝仆出仕耳。非直劝之，且

加责焉。是故出于爱仆之诚，而仆之心亦有未蒙照察者：窃，私下。劝，劝说。是，这。故，本来、固然。照察，察识、理解。 ［7］掇科登仕：掇科，考中科举。（由于白沙先生此前已经考中举人，这里指考中进士。） ［8］或连数月不止："连"，高简本、何熊祥本作"遭"。 ［9］畏劳怯冷：怯，害怕。 ［10］而母氏年益高：母氏，母亲。 ［11］至于中而止矣：中，不偏不倚，无过不及；中正。 ［12］中无定体，随时处宜，极吾心之安焉耳，若昔之李密是也：中无定体，中没有固定的形态。极，至、尽。李密，字令伯，晋代犍为武阳（今四川彭山）人。少孤，母改嫁，由祖母刘氏抚养长大。晋武帝泰始初，征召为太子洗马，因须要侍奉祖母，上《陈情表》，辞官不就。 ［13］密被征时，密之心盖自揆安于事刘，则止为中而行非中也：征，征召。揆，测度、估量。止，指不出仕。行，指出仕。 ［14］承录示诸公子文稿：诸公子，指朱英的儿子守孚、守颐、守谦、守蒙、守贲。 ［15］伏乞台照：台，旧时书信中通用为对人尊称之辞。照，察看、明鉴。

简析

白沙先生《与朱都宪（二）》，作于成化十三年上半年，具体月日不详。阮榕龄《编次陈白沙先生年谱》将此信系于成化十七年，恐非（相关考证，参黎业明《陈献章年谱》，第112—113页）。当时，朱英派人到新会，劝白沙先生出仕。据白沙先生信中"掇科登仕，固仆之素志"之言，可知朱英希望白沙先生能参加成化十四年（1478）的会试。但是，白沙先生以身病、母老，尤其是母老为由，加以拒绝。白沙先生在信中说，"仆自染疾来，六七年间，每遇疾作，遍身自汗若雨，或连数月不止，既止复作，畏劳怯冷，沉绵反复，元气寖耗，力加防慎，庶几保全；而母氏年益高，百疾交苦，是以未能出门耳。假令仆疾愈可以出矣，而忘亲之老，岂人之情也哉？在亲为亲，在君为君，无所往而不然矣”，并引晋李密因侍奉祖母刘氏而拒绝应征之事为据。白沙先生希望，自己“今自处，亦欲无愧于密耳”。

三

陈某启：伏承此月二十四日都宪老大人命使降临衡茅，谕令某“即日起程赴京，春闱在迩，不许推延”[1]。闻命悚惶，为慰为惧。伏念某质本庸愚，赖蒙圣朝作养，于兹三十余年，虽无用世之才，窃有忠君之志[2]。其未仕也，岂果于自为而忘世哉？诚欲吾身亲见之，岂不知时之可为哉？执事知之久而爱之深，既重之以手书，复勤之以口喻[3]。执事于后进，拳拳接引如此，某虽驽疲，岂无飞动之意哉[4]？直以受气不丰，病与年长[5]。去年秋，自汗才息，因得进谒执事于苍梧[6]。比归，途间冒风，旧病寻发[7]。至今年七月初，寒热交攻，自汗犹剧。而必欲驱此疾羸之躯，行于风波之途，万一不虞[8]，虽悔何益？伏愿执事垂日月之明，扩天地之量，假之岁月，俾得调治[9]。疾愈之日[10]，自行起程赴部，不敢推延以负尊命。干冒威严，某不胜战越之至[11]。

注释

[1] 谕令某“即日起程赴京，春闱在迩，不许推延”：谕，告

晓。一般用于上对下。令，命令。闱，指考场。春闱，会试。明清时期，会试均在春季举行，故称春闱。［2］伏念某质本庸愚，赖蒙圣朝作养，于兹三十余年，虽无用世之才，窃有忠君之志：质，资质。庸愚，平庸、愚钝。兹，此。窃，私下。［3］既重之以手书，复勤之以口喻：重，尊重。勤，厚待。这两句意为：既以亲笔书信表示对我的重视，又以口头告谕表示对我的厚待。［4］某虽驽疲，岂无飞动之意哉：驽疲，低能、困顿。飞动，飞黄腾达。这两句意为：我虽然平庸而困顿，难道就没有飞黄腾达的意愿吗？［5］直以受气不丰，病与年长：直，只是、不过。以，因为。受气，禀受的先天之气。年，年岁。［6］因得进谒执事于苍梧：谒，拜见、拜访。进谒，同“晋谒”，进见、拜见。［7］比归，途间冒风，旧病寻发：比，及、等到。冒，经受。寻，不久。这几句意为：等到返程时，途中经受风寒，旧病不久就复发。［8］不虞：没有意料到的事。犹言“不测”。［9］俾得调治：俾，使。［10］疾愈之日：“疾愈”前，碧玉楼本有“俟”字。［11］干冒威严，某不胜战越之至：干冒，触犯、冒犯。战越，因惶恐而战栗。这两句意为：由于触犯您的威严，我感到恐惧战栗之极。

简析

白沙先生《与朱都宪（三）》，作于成化十三年下半年，具体月日不详。阮榕龄《编次陈白沙先生年谱》将此信系于成化十八年（1482），恐非（相关考证，参黎业明《陈献章年谱》，第113—114页）。据信中“伏承此月二十四日都宪老大人命使降临衡茅，谕令某‘即日起程赴京，春闱在迩，不许推延’”之说，朱英当时派人到新会，劝说白沙先生参加成化十四年会试。白沙先生再次以自己身体有病为由拒绝。

复彭方伯[1]

题旨

白沙先生写给彭韶的这封书信，作于成化十五年（1479）秋末。当时彭韶为广东左布政使，上疏推荐白沙先生出仕。

古冈陈某熏沐顿首复书大方伯彭大人先生执事[2]：新凉，惟台履吉庆[3]。去冬，林别驾过白沙[4]，得执事手书，后又得所寄绝句诗，具悉雅爱。继又闻诸人，执事以贱名污荐尺，天官以执事之言为重，亟赐允行[5]。近者，蒙遣守令降临衡宇，书币炜煌，先后叠至[6]。太守执斝，宣喻于庭曰："是大方伯彭公使某归陈白沙征币也。"[7]闻命兢惶，罔知攸措[8]。执事，当世之豪杰也。吾党以执事为模范，斯文以执事为司命，庙堂以执事为柱石[9]。执事一嚬笑、一举措，天下将视以为轻重取舍。甚哉，执事之动不可轻也！仆本麋鹿之性者也[10]。虽少读书，全无抱负。中岁闭门，惟近药饵。好事相传，类多失实[11]。执事徒信人言，以为可用。斯名一出，士类扬之，闾里荣之，仆不知何以得此于执事。意者，方今之俗，廉耻未兴，将以兴之欤？奔竞未抑，将以抑之欤？不然，执事眼高一世[12]，必不以天下之望负天下之人也。夫天下，非诚不动，非才不治。诚之至者，其动也速；才之周者[13]，其治也广。才与诚合，然后事可成也。孔子曰："如有用我者，期月而已可也，三年有成。”[14]圣人过化存神之妙，不可一二窥测[15]。天下不动不治，动以治之，圣人与学者一尔，未有不须诚以动、不须才以治者也。如仆者，忠信不修，章句为陋[16]，才既不足以集事，诚又不足以动物，徒以虚名玷污荐尺。进则无益于事，徒丧所守，以上累执事之明；止则人将以我为固守一节、非通于道者，亦非所以立大中而奉明训也[17]。二者之虑，往来乎胸中，几日而后决之。子使漆雕开仕，对曰："吾斯之未能信。"开以夫子为的者也，夫子不能使之仕[18]。何则？人之知己不如己之自知。苟未信也，师不能强于弟子。仆自知甚明，惟谨素履，罔俾玷缺，庶几丘园之义尚足以少裨明时[19]，使奔竞者愧而恬退者劝，亦仆所以报执事之万一也[20]。若曰"可以仕焉"，仆不知其可也。矧今自汗又作[21]，俯仰或过，衣裳尽湿，此亦郡守所目击。设任之劳事，何以堪之？伏惟执事察仆之志、矜仆之愚而弗强焉[22]，幸甚幸甚！

注释

[1] 彭方伯：指彭韶。彭韶当时任广东左布政使。方伯，一方诸侯之长。明清时称布政使，皆曰方伯。 [2] 古冈陈某熏沐顿首复书大方伯彭大人先生执事：熏沐，即薰沐，以香草薰身与沐浴，表示敬礼。 [3] 新凉，惟台履吉庆：新凉，当指秋末。履，动履、起居。这两句大意为：现在是秋末，天气开始转凉，想来您的动履、起居都吉庆安好吧。 [4] 林别驾过白沙：林别驾，名字、乡贯、履历

待考。别驾，官名。在明代，指各府通判。 [5] 继又闻诸人，执事以贱名污荐尺，天官以执事之言为重，亟赐允行：污，玷污。荐尺，荐举人才的公牍，即荐剡（音yǎn）。以贱名污荐尺，把我卑贱的名字写入您的推举人才的奏疏中。这是白沙的谦虚说法。天官，这里指吏部长官。这几句意为：随后，又听别人说，您把我的名字写入您的推举人才的奏疏中。吏部十分重视您的建议，很快就颁下文书让我启程。 [6] 书币炜煌，先后叠至：书币，原指记载聘问他国所需的财物数。此指征聘的书函与礼物。炜煌，光彩夺目。这两句意为：征聘的书函与礼物光彩夺目，先后陆续送来。 [7] 太守执斝，宣喻于庭曰："是大方伯彭公使某归陈白沙征币也。"：太守，官名，明清时指知府。斝，音jiǎ，古代铜制酒器。庭，厅堂。归，通"馈"，馈赠。这几句意为：太守举起酒杯，在厅堂中宣告："这是大方伯彭公派我来送给陈白沙先生的征聘礼物。" [8] 闻命兢惶，罔知攸措：兢，音jīng，戒慎。惶，惶恐。这两句意为：我听到您的命令，感到戒惧惶恐，不知所措。 [9] 吾党以执事为模范，斯文以执事为司命，庙堂以执事为柱石：党，同伙的、志同道合的人。吾党，我们。斯文，指儒者或文人、读书人。司命，星名，文昌六星之第四星，比喻掌管文脉命运者。庙堂，宗庙、明堂。这里指朝廷。古代帝王遇大事，告于宗庙、议于明堂，故以庙堂指朝廷。柱石，担当国家重任的人，谓其能如柱支梁、如石承柱。这几句意为：我们都以您作为模范，士人都以您作为司命，朝廷都以您作为柱石。 [10] 仆本麋鹿之性者也：麋鹿，兽名，俗称四不像。麋鹿之性者，犹言乡野之人。 [11] 类多失实：类，大抵、大都。类多，大多。 [12] 执事眼高一世：眼，见识。眼高一世，指见识高远、与众不同。 [13] 才之周者：周，周全。 [14] 孔子曰："如有用我者，期月而已可也，三年有成。"：孔子语见《论语·子路》（"如"字《论语·子路》

为“苟”）。期，音jī。期月，一整年。［15］圣人过化存神之妙，不可一二窥测：过化存神，典出《孟子·尽心上》“夫君子所过者化，所存者神”。（大意为：君子具有盛德，其所经过之处，人人受到感化；所存留之地，事事神妙莫测。）一二，一一、逐一。［16］如仆者，忠信不修，章句为陋：章句，分析古书的章节句读。这里指训诂之类的章句之学，目的在于深究一章一句之义。这几句意为：像我这样的人，忠信之道没有修养，章句之学极为浅陋。［17］进则无益于事，徒丧所守，以上累执事之明；止则人将以我为固守一节、非通于道者，亦非所以立大中而奉明训也：进，出仕。止，不出仕。大中，即大中之道，指无过不及、恰如其分之道。明训，对别人教诲、训言的敬称。这几句意为：出仕，则又无益于事，徒然失去我历来所持守的原则，而连累您的贤明；不出仕，别人又将以为我固执小节、不通达道理，这都不是用来确立大中之道、遵从您的教诲的办法。［18］开以夫子为的者也，夫子不能使之仕：的，原指箭靶的中心，引申为标准、楷模。这两句意为：漆雕开是以孔子为楷模的，但是孔子却不能叫他去作官。［19］仆自知甚明，惟谨素履，罔俾玷缺，庶几丘园之义尚足以少裨明时：素，平素，素来。玷缺，指人的品德有缺点，犹如玉之有斑点。丘园，丘墟、园圃，指隐居之地。明时，政治清明的时代。古时多用以称颂当朝。这几句意为：我对自己的情况相当的了解，惟有谨慎地持守素来的行为，不要使其带上缺点，大概这退隐的行为对于当下的时代还有稍微的裨益。［20］使奔竞者愧而恬退者劝，亦仆所以报执事之万一也：高简本、何熊祥本无“使”字。“也”字原缺，据林齐本、高简本、萧世延本补。劝，勉励、鼓励。［21］矧今自汗又作：矧，音shěn，况且、何况。［22］伏惟执事察仆之志、矜仆之愚而弗强焉：矜，怜悯。这两句意为：希望您能理解我的志向，怜悯我的愚笨，而不要勉强我。

简析

成化十五年，彭韶上《荐举陈献章疏》，略云："广东等处承宣布政使司左布政使臣彭韶等谨奏，为荐举事。臣等窃闻，名德之贤，成就甚难，储之朝廷，关系实重。是以古昔圣帝明王，咨访搜求，罔间遗逸，小或致之，大或起之；动则赖以成显著之事功，静则因以系士心之向慕。声望风采，蔚为国华，《大学》所谓'惟善以为宝'是也。切见广州府新会县依亲监生陈献章，心术正大，识见高明，涵养有素，德性坚定，立志愿学于古人，荣辱不足以介意，诚高世之儒也。往者，成化五年，应试春闱，偶失甲第，给假回还，杜门养志，沉潜圣贤之书，实窥体要；洞达事物之理，有见精微。才虽未试，行则可保。今年五十余矣，读书践履，愈觉纯熟，孝义著闻，人皆感动。臣等自度，才德不及献章远甚，犹且叨食厚禄，顾于醇儒，反未见用，非惟臣等之心诚切不安，亦恐国家不及收用，坐失惟善之宝也。伏见天顺年间，英宗皇帝闻抚州民人吴与弼文行高古，特加礼聘，处以官僚，奈缘老病，辞不供职，是以未见作用之效。今献章年力盛强，大非与弼之比，伏乞圣明以礼征召，量处以在京儒官职事，则必有以补助圣德、风动士类矣。臣等职居藩司，所有属县人材不敢不举，为此具本，顺差舍人武敬亲赍具奏闻。"（彭韶《彭惠安集》，《景印文渊阁四库全书》第1247册，第5—6页）在得到朝廷回复批准之后，彭韶立刻派人到新会，要求白沙先生应荐赴京。白沙先生复信表示拒绝。白沙先生的《复彭方伯》，当作于成化十五年秋末。阮榕龄《编次陈白沙先生年谱》将此信系于成化十七年（1481），似非（相关考证，参黎业明《陈献章年谱》，第129—130页）。

复张东白内翰[1]

题旨

张元祯是白沙先生之友。白沙先生此信主要讨论学术问题，大概作于成化十一年（1475）。

承谕“义理须到融液处，操存须到洒落处”[2]。仆僻处海隅，相与丽泽者某辈数人耳[3]。抱愚守迷，无足以副内翰期待之重[4]。然尝一思之：夫学，有由积累而至者，有不由积累而至者；有可以言传者，有不可以言传者。夫道，至无而动，至近而神，故藏而后发，形而斯存[5]。大抵由积累而至者，可以言传也；不由积累而至者，不可以言传也。知者能知至无于至近，则无动而非神。藏而后发，明其几矣[6]；形而斯存，道在我矣。是故善求道者求之易，不善求道者求之难[7]。义理之融液，未易言也；操存之洒落，未易言也。夫动，已形者也，形斯实矣；其未形者，虚而已。虚，其本也，致虚之所以立本也[8]。戒慎恐惧，所以闲之而非以为害也[9]。然而世之学者，不得其说而以用心失之者，多矣。斯理也，宋儒言之备矣。吾尝恶其太严也，使着于见闻者不睹其真，而徒与我哓哓也[10]。是故道也者，自我得之、自我言之可也。不然，辞愈多而道愈窒，徒以乱人也，君子奚取焉？仆于义理之原，窥见髣髴[11]，及操存处，大略如此，不知是否。疾病之余，言不逮意，惟高明推而尽之[12]。还示一字，仆之幸也。比者，娄克贞教谕亦有书来[13]。仆既未接其人，不可遽有往复。内翰傥以愚言为有益，择其中一二，可者示之，否则置之。陈布衣竟不及面而卒[14]，当此衰否之极[15]，又失此人，可叹可叹。良晤无由，伏惟顺时以道自重[16]。不宣。

注释

[1]张东白内翰：张东白，即张元祯。内翰，唐宋称翰林为内翰。由于张元祯曾任翰林院编修，故白沙先生称其官职为内翰。[2]承谕"义理须到融液处，操存须到洒落处"：融液，融会贯通。洒落，潇洒脱俗。　[3]仆僻处海隅，相与丽泽者某辈数人耳：海隅，海角、沿海地区。丽泽，借喻朋友之间讲习切磋。　[4]抱愚守迷，无足以副内翰期待之重：副，相称、符合。　[5]夫道，至无而动，至近而神，故藏而后发，形而斯存：无，无形。动，触动、感应。近，浅近。神，神妙。藏，闭藏、收藏。发，运用、使用。形，显露、表现。这几句大意似为：道是没有任何形体的，但对万物有重要的影响；道是十分浅近平常的，但又是十分神妙不测的。所以它闭藏深远而后能发用无穷，有所显露才能体现其存在。　[6]藏而后发，明其几矣：几，征兆、迹兆。　[7]是故善求道者求之易，不善求道者求之难：语本《孟子·离娄上》，"孟子曰：'道在迩，而求诸远；事在易，而求诸难'"。这两句意为：所以善于求道的人从容易的方面入手探求，不善于求道的人则从困难的方面入手寻求。　[8]虚，其本也，致虚之所以立本也：虚，虚静、虚灵。这几句意为：虚静，就是它的根本。达到虚静，就是为了确立它的根本。

［9］戒慎恐惧，所以闲之而非以为害也：闲，捍卫之，指义理。这两句意为：戒慎恐惧，是用来保护义理的，而不是用来伤害义理的。［10］使着于见闻者不睹其真，而徒与我哓哓也：着，执着。哓哓，音xiāo xiāo，争辩声。［11］窥见髣髴：髣髴，同“仿佛”。［12］惟高明推而尽之：高明，对人的敬称。［13］比者，娄克贞教谕亦有书来：比，近来、近日。娄克贞，即娄谅。［14］陈布衣竟不及面而卒：陈布衣，指陈真晟。陈真晟，字晦德，又字剩夫，镇海卫（今属福建）人。其为人自拔于流俗，务为圣贤践履之学。天顺间，诣阙上《程朱正学纂要》，不报。晚年居福建漳州，自号漳南布衣。成化九年（1473）八月十七日卒，年六十四。著作有《布衣陈先生存稿》。［15］当此衰否之极：衰，衰败。否，音pǐ，闭塞不通。这句意为：正值这衰微败落、闭塞不通到极点的时候。［16］良晤无由，伏惟顺时以道自重：晤，见面。无由，没有因由、没有缘由。顺时，顺从时令或时运。这两句意为：很想与你见面，而又没有合适的缘由，希望你顺应时令、为道而自我保重。

简析

白沙先生《复张东白内翰》未标明撰作时间。然白沙先生成化十一年九月一日《与林郡博（二〇）》有“此复去廷祥书，罗殿元疑为禅学作辨，其源盖始于廷祥书也”之说。（《陈献章全集》上册，第290—291页）疑此信作于成化十一年上半年，并且由陈秉常等往访罗伦时带交。（相关考证，参黎业明《陈献章年谱》，第90—91页）阮榕龄《编次陈白沙先生年谱》亦将此信系于成化十一年。在信中，白沙先生认为，“夫学，有由积累而至者，有不由积累而至者；有可以言传者，有不可以言传者”，而“由积累而至者，可以言传也；不由积累而至者，不可以言传也”。道，不可以言传，只可以心悟。

与贺克恭黄门[1]

题旨

贺钦为白沙先生弟子。现在留存的白沙先生写给贺钦的书信有十封，这里所选注的是第二封。

为学须从静中坐养出个端倪来，方有商量处[2]。林缉熙此纸，是他向来经历过一个功案如此，是最不可不知[3]。录上克恭黄门。岁首已托钟镆转寄[4]，未知达否。今再录去。若未有入处，但只依此下工，不至相误，未可便靠书策也。前纸所录往来书问二首，又《记梦》一首，后有林缉熙、秉之跋尾，通奉去[5]。病中不能作书，然所欲言者，大略不过此而已。亮之[6]。

注释

[1] 贺克恭黄门：贺克恭，即贺钦。贺钦，字克恭，号医闾，浙江定海人，以戍籍隶辽东广宁卫。成化二年（1466）进士，授户科给事中。因亢旱上疏极谏，不久告病归。白沙先生弟子。著作有《医闾先生集》。黄门，官署名。汉代设有黄门官，给事于黄门之内。贺钦曾任户科给事中，故白沙先生称其官职为“黄门”。 [2] 为学须从静中坐养出个端倪来，方有商量处：端倪，原指端绪、头绪、开端。

据白沙先生《与林郡博（一二）》“德孚兄近专向里寻索，若念念为之不置，可识端绪。上蔡云：‘要见真心。’所谓端绪，真心是也”之言，及《与林郡博（二二）》“夫养善端于静坐而求义理于书册，则书册有时而可废，善端不可不涵养也，其理一耳”之说（《陈献章全集》上册，第287、292页），端倪即“善端”“端绪”，亦即“真心”。然而，陈荣捷先生对白沙的“端倪”则有这样的解释：“端者始也，以时间言；倪者畔也，以空间言。端倪实指整个宇宙。（静中养出个端倪），即谓静中可以养出生生活泼的宇宙之意。”（陈荣捷《王阳明与禅》，第71页）陈先生之说，似非。 ［3］林缉熙此纸，是他向来经历过一个功案如此，是最不可不知：林缉熙，即林光。林光，字缉熙，号南川，晚年更号南翁，广东东莞人。成化二十年（1484）参加会试。结果仅得中副榜。谒选，除授浙江嘉兴府平湖县儒学教谕。先后担任浙江严州府儒学教授、国子监博士、襄王府左长史。享年八十一岁。著作有《南川冰蘖全集》。林光是白沙先生的重要弟子，据说其地位在湛若水之上。林缉熙此纸，指白沙先生叫林光代写的给贺钦的一封书信。白沙先生《与林郡博（十七）》云：“秉笔欲作一书寄克恭，论为学次第，罢之，不耐寻思，竟不能就。缉熙其代余言。大意只令他静坐，寻见端绪，却说上良知良能一节，使之自信，以去驳杂支离之病，如近日之论可也。千万勿吝。”（《陈献章全集》上册，第289页）林光代白沙先生写给贺钦的信，恐已经失传。详情有待进一步考证。功案，大意似为作工夫的记录。 ［4］岁首已托钟锳转寄：岁首，一年的第一个月。钟锳，字号、乡贯、履历不详。 ［5］前纸所录往来书问二首，又《记梦》一首，后有林缉熙、秉之跋尾，通奉去：《记梦》，白沙先生文，有两篇，此指第一篇。（《陈献章全集》上册，第64页）秉之，即林琰。林琰，字秉之，广东东莞人。白沙先生之弟子、林光之堂弟。林缉熙、秉之跋尾，指林光、林琰为《记梦》所作的跋，恐已经失传。 [6]亮之：萧世延本、白沙文编作“幸亮之”。亮，谅解。

简析

白沙先生《与贺克恭黄门（二）》，疑作于成化八年（1472）。（相关考证，参黎业明《陈献章年谱》，第78—79页）在信中，白沙先生明确提出“为学须从静中坐养出个端倪来，方有商量处”的主张。所谓端倪，就是“善端”“端绪”，亦即“真心”。这不是可以依靠言语传授的，必须通过自己的修养来获得，其中最重要的修养方法是静坐。静坐，作为白沙先生的为学之方、教人之法，乃使人身心得到调适，达到心境之虚明，以“养出个端倪来”，以“见吾此心之体隐然呈露”，最终使此心与此理有“凑泊吻合处”［参《复赵提学佥宪（一）》，《陈献章全集》上册，第195—196页］，进而臻至“心理合一”境界。

与葛侍御

题旨

白沙先生写给葛萱的这封书信，其目的是拒绝受命撰写平定后山盗寇记功碑文。这封书信大概作于弘治四年（1491），当时葛萱为广东巡按御史。

古冈病夫陈某顿首奉书侍御葛大人先生执事[1]：顷者，廉

宪陶公惠书称执事之命，以平后山碑文委仆为之，既辞以不能矣[2]。恐执事者不察仆之心而以为慢，别简托于东山刘先生白之[3]。今者，赵知县自省还[4]，过白沙，复申前命。窃计区区之私，非但执事与当道诸公，虽东山亦未之悉也。仆请略言之：仆每读《宋史》至曹彬克金陵一事，未尝不对卷敛衽而叹赵太祖之仁与曹武惠之不伐也[5]。盖自出师以至凯旋，士众畏服，无敢轻肆[6]，克城之日，兵不血刃。凡所得一十九州、三军、一百八十县[7]，可谓有功矣，武惠视之若无有也。捷至，群臣称贺，太祖泣曰："宇县分割，民受其祸。攻城之际，必有横罹锋刃者，实可哀也。"[8]命出米一万赈恤之。当是时，君不知以得地为喜，将不知以克敌为功，一念好生之仁洋溢上下，自秦汉以来，未及见也。史臣称武惠位兼将相，不以等威自异，遇大夫士于途，必引车避之，不名下士[9]。噫！何以谦之至也！《易》曰"劳谦，君子有终，吉"[10]，武惠有之。今后山之役，信有功于民矣，诸公岂自与耶？此贼近之省城，民遭其毒者几年于兹，前此有司固有任其咎者矣[11]。夫以今日平盗之功，补前御侮之不及，正相乘除[12]，在于仁人君子之心，视民如伤[13]，岂容有彼此先后之间哉？夫上之治民，当休戚同之[14]。夫久病者不以得一日之安而弃补羸之剂[15]，病饥者不以得一饭之饱而忘终岁之忧。执事试求之百姓忧乐之情而忘其在己，必能以赵太祖之所存者处民，以曹武惠之所存者处功，则光明者益光明矣[16]。以仆观于一时，开诚布公未有如执事，舍己

从人未有如执事，乐善忘势未有如执事。以执事之才应天下之务，何所不可？仆所望于执事者，非直以曹武惠辈人为法[17]，姑举其一事之近似者为执事言之耳，惟亮之裁之[18]。

注释

［1］古冈病夫陈某顿首奉书侍御葛大人先生执事：侍御葛大人先生执事，指葛萱。葛萱，江苏高邮人。弘治年间，任广东巡按御史。［2］顷者，廉宪陶公惠书称执事之命，以平后山碑文委仆为之，既辞以不能矣：顷，近来、近日。廉宪陶公，指陶鲁。后山，地名。据白沙先生信中所谓后山贼"近之省城"，则后山乃省城附近之地名。具体属于今日何地，有待考证。然而，陈宪猷注释《羊城古钞》卷五"名宦·陶鲁"条之"又讨后山、泷水及浔、梧、荔浦、府江、田州诸盗，悉歼之"句，谓"后山：山名。在今广东普宁"。（仇巨川纂、陈宪猷校注《羊城古钞》，第424页）《羊城古钞》所谓"后山"，与白沙先生此信中所谓"后山"，当为同一地。陈宪猷先生注释所言，恐非。委，付托。辞，推辞。［3］恐执事者不察仆之心而以为慢，别简托于东山刘先生白之：慢，傲慢。简，书简、书信。东山刘先生，指刘大夏。白，禀告、陈述。［4］赵知县自省还：赵知县，即赵莹。赵莹，字号、乡贯、生卒年月不详。弘治二年（1489）任新会知县，后因贪赃去职。［5］仆每读《宋史》至曹彬克金陵一事，未尝不对卷敛衽而叹赵太祖之仁与曹武惠之不伐也：曹彬，字国华，宋真定灵寿（今属河北）人。历仕后汉、后周、北宋。宋太祖伐金陵，曹彬率领行营之师，攻破金陵，生俘后主李煜，不妄焚杀。官至枢密使、忠武军节度使。谥武惠。克，攻克、攻破。金陵，地名，

今南京。敛衽，音liǎn rèn，提起衣襟夹于带间，表示敬意。赵太祖，即赵匡胤。伐，夸耀自己的功劳、才能。 ［6］盖自出师以至凯旋，士众畏服，无敢轻肆：出师，出兵。轻肆，轻佻、放肆。 ［7］凡所得一十九州、三军、一百八十县：三军，林齐本、高简本作“三兵”；四库全书本作“三府”。 ［8］捷至，群臣称贺，太祖泣曰：“宇县分割，民受其祸。攻城之际，必有横罹锋刃者，实可哀也。”：捷，捷报。宇县，犹言天下。宇，宇宙。县，赤县。宇县，天下的别称。横，音hèng，意外、突然。罹，音lí，遭遇。 ［9］不以等威自异，遇大夫士于途，必引车避之，不名下士：等威，与身份相称的威仪。不名下士，不以名来称呼地位较低的人，表示对他们的尊重。在古代，以名来称呼人，属于不敬；为表示对人的尊敬，多以字、号来称呼。 ［10］《易》曰“劳谦，君子有终，吉”：语见《周易》“谦”卦九三爻辞。这几句意为：《周易》说，“辛劳而又谦虚，君子能保持至终，所以吉祥”。 ［11］民遭其毒者几年于兹，前此有司固有任其咎者矣：毒，荼毒。有司，官吏。古代设官分职，事各有专司，故称有司。咎，罪过。 ［12］补前御侮之不及，正相乘除：御侮，原作“御武”，据林齐本、萧世延本、白沙文编改。御侮，扞御侵侮。乘除，抵消。意谓一乘一除，仍为原数。 ［13］在于仁人君子之心，视民如伤：视民如伤，语出《孟子·离娄下》“文王视民如伤，望道而未之见”。［意为：周文王看待百姓好像他们受了伤害一样（加以怜爱），探求真理则似不曾得见。］ ［14］当休戚同之：休戚，喜乐与忧虑。 ［15］夫久病者不以得一日之安而弃补羸之剂：羸，音léi，瘦弱、疲病。剂，方剂、方药。 ［16］必能以赵太祖之所存者处民，以曹武惠之所存者处功，则光明者益光明矣：处，对待。光明，胸怀坦荡、没有私心。 ［17］仆所望于执事者，非直以曹武惠辈人为法：望，寄望。直，仅仅。法，法度、模式、标准。［18］惟亮之裁之：裁，裁断、裁夺。

简析

白沙先生《与葛侍御》未标明撰作时间，阮榕龄《编次陈白沙先生年谱》将此信系于弘治四年。当时，葛萱托陶鲁请白沙先生撰写平定后山盗寇记功碑文，白沙先生请刘大夏向葛萱转告自己不愿撰写，然葛萱又让新会知县赵莹，重申前命，故白沙先生写此信拒绝撰写平定后山盗寇记功碑文。在信中，白沙先生希望葛萱等能像宋代曹彬那样，有功而不自夸，“视之若无有”；像曹彬那样，位尊而不骄傲，“位兼将相，不以等威自异，遇大夫士于途，必引车避之，不名下士”。其实，白沙先生之所以拒绝撰写平定后山盗寇记功碑文，是因为他对地方官员处理后山盗寇不力而又希望居功的做法十分不满。信中“今后山之役，信有功于民矣，诸公岂自与耶？此贼近之省城，民遭其毒者几年于兹，前此有司固有任其咎者矣。夫以今日平盗之功，补前御侮之不及，正相乘除”之言，可谓将这种不满表露无遗。

复江右藩宪诸公

题旨

成化十七年（1481）七月底，江西按察使陈炜等委派李士达、刘希孟来江门，敦请白沙先生到白鹿洞书院主持教事。李士达、刘希孟在八月回江西时，白沙先生写信给陈炜等，以示谢绝。

七月二十四日，仆方困暑闭斋独卧，而李、刘二生适至[1]。书币交陈，辉映茅宇[2]。仆再拜读书，识其所以来之意，不敢当不敢当。匡庐五老，名山也；白鹿，名书院也[3]。诸公，皆世伟人也[4]；修名山、复名书院之旧，希世伟事也。仆生于海滨，今五十有四年矣，未始闻天下有如是之事。悠然得趣于山水之中，超然用意于簿书之外，旁求儒师俾式多士，将以培植化原、辅相皇极以无负于斯世斯民也[5]。於乎[6]，盛哉！昔朱文公之留意于斯也，一赋一诗足以见之，其与诸公之心，盖异世同符也[7]。诸公读文公之书、慕文公之道，亦罔不惟文公是师也。自文公殁至今垂四百载[8]，仕于江右者多矣，其间有能一动其心于白鹿之兴废者，谁欤？［修而复之、既去复顾，如吾乡翟公、李公者，谁欤？[9]］文公固有待于诸公也。诸公诚念之，不宜谋及鄙人[10]。鄙人非不欲斯道之明也，学焉而不得其术，其识昏以谬，其志弱以小，其气乏馁，其行怠肆，其文落莫而不章[11]。岁月侵寻，老将至矣[12]。其于圣贤之道非直不能至而已，其所求于其心、措于其躬者，亦若存而若亡，虽欲自信自止而不可得，况以导人哉？百钧之任，以与乌获而不与童子，虑弗称乎力也[13]。故夫天下之事，虑而作者患恒少，不虑而作者患恒多。千里之足不蹶于远途，万斛之舟不虞于大水[14]，其才足以胜之，非不虑而作者也。使之不以其诚，任之而过其分，与自欺而误人者，其失均耳。诸公独不虑至此乎？天下有任大责重而禄位不与者，苟能胜之，则至大至通、无方无体[15]，故能“为天地立心，为生民立极，为往圣继绝学，为万世开太平”[16]，所谓“建诸天地而不悖，质诸鬼神而无疑，百世以俟圣人而不惑”[17]，此其分内也。宇宙无穷，谁当负荷？伏惟诸公念之虑之，勿迁惑于众口，期匹休于先贤，收回束帛，更聘真儒[18]，俾诸士子有所效法，以无负于今日之意也。幸甚幸甚。

注释

[1] 而李、刘二生适至：李、刘二生，即李士达、刘希孟。适，恰好。 [2] 辉映茅宇：茅宇，茅屋。 [3] 匡庐五老，名山也；白鹿，名书院也：匡庐五老，指庐山五老峰。白鹿，指白鹿洞书院，在五老峰下。 [4] 皆世伟人也：皆，碧玉楼本作“希”。 [5] 悠然得趣于山水之中，超然用意于簿书之外，旁求儒师俾式多士，将以培植化原、辅相皇极以无负于斯世斯民也：簿书，官署文书。俾，使。式，榜样；这里作动词，指作……榜样，引申为教导。多士，原指士子众多，此指士子、读书人。培植，林齐本、高简本、萧世延本作“培殖”。化原，教化之本源。（参关步勋选注《陈白沙诗文选》，第190页）皇极，帝皇、王室。 [6] 於乎：作为感叹词。 [7] 一赋一诗足以见之，其与诸公之心，盖异世同符也：一赋，指朱熹《白鹿洞赋》；一诗，朱熹所作诗中，有多首涉及白鹿洞书院。此所谓一诗，疑指朱熹《白鹿洞书院》诗。（朱熹《白鹿洞赋》《白鹿洞书院》，参《朱子全书》第20册，第220—221、483页）异世同符，意为虽然时代不同，而愿望相同。语出朱熹《白鹿洞赋》：“谅昔人之乐此，羌异世而同符。” [8] 自文公殁至今垂四百载：白沙先生此所谓“自文公殁至今垂四百载”，非是。经考证，朱熹生

于宋高宗建炎四年（1130），卒于宋宁宗庆元六年（1200）。白沙先生此文作于明成化十七年。自宋宁宗庆元六年至明成化十七年，仅二百八十余年。因此“自文公殁至今垂四百载”，应作“自文公殁至今垂三百载”。［9］修而复之、既去复顾，如吾乡翟公、李公者，谁欤：此十八字原缺，据林齐本、萧世延本、白沙文编补。翟公，指翟溥福，广东东莞人；李公，指李龄，广东潮阳人。（参《赠李刘二生使还江右诗序》注）［10］诸公诚念之，不宜谋及鄙人：诚，如果、假如。鄙人，自谦之辞。［11］其识昏以谬，其志弱以小，其气乏馁，其行怠肆，其文落莫而不章：识，学识、见识。乏，原作“之”，据林齐本、高简本、萧世延本、碧玉楼本改。乏馁，缺乏、不足。怠肆，怠惰而又放纵。落莫，原指冷落寂寞，此指文字枯涩。章，有文采。其文落莫而不章，意为文字枯涩而没有文采。［12］岁月侵寻，老将至矣：侵寻，渐进，谓范围逐渐扩大。［13］百钧之任，以与乌获而不与童子，虑弗称乎力也：钧，古代重量单位。三十斤为一钧，四钧为一石。百钧，形容很重。乌获，战国时期秦国的大力士。称，音chèn，相称。［14］千里之足不蹶于远途，万斛之舟不虞于大水：蹶，颠仆、挫败。斛，音hú，容量单位。古代以十斗为一斛，南宋末改为以五斗为一斛。虞，忧虑。这两句意为：千里之足不会被远途所挫败，万斛之舟不用为大水而担忧。［15］苟能胜之，则至大至通、无方无体：苟，假如。至大至通，意为最为广大，最为通达。无方无体，意为不拘泥于一方，不定乎一体。语出《周易·系辞上》：“范围天地之化而不过，曲成万物而不遗，通乎昼夜之道而知，故神无方而易无体。”［16］故能“为天地立心，为生民立极，为往圣继绝学，为万世开太平”：此为张载语录，各版本文字略有差异。《张子语录》作“为天地立志，为生民立道，为去圣继绝学，为万世开太平”（《张载集》，第320页）；

《近思录》作“为天地立心，为生民立道，为去圣继绝学，为万世开太平”（叶采《近思录集解》，中华书局，2017年，第88页）。极，中、中正的准则，在此与道同义。继绝学，继承已经中断的学问。这里指继承儒家圣人孔子的道统。（宋明理学家认为，孔子的学问在孟子之后就中断了，直到北宋周敦颐、张载、二程才重新承接起来。例如，朱熹《大学章句序》说，孔子的学问，其“三千之徒，盖莫不闻其说，而曾氏之传独得其宗，于是作为传义，以发其意。及孟子没而其传泯焉，则其书虽存，而知者鲜矣……于是河南程氏两夫子出，而有以接乎孟氏之传”。王阳明《别湛甘泉序》说，“颜子没而圣人之学亡。曾子唯‘一贯’之旨，传之孟轲终，又二千余年而周、程续”。）［17］所谓“建诸天地而不悖，质诸鬼神而无疑，百世以俟圣人而不惑”：语见《中庸》。意为：立于天地之间，而不会与天地之理违背；在鬼神面前质证，也不会被怀疑；百世之后，圣人复起，也不会对这种学说表示困惑。［18］伏惟诸公念之虑之，勿迁惑于众口，期匹休于先贤，收回束帛，更聘真儒：迁，改变、变易。惑，迷惑。匹，匹配。休，美善。“束帛”，林齐本、高简本、萧世延本、白沙文编作“束币”。束帛，古代聘问的礼物。这几句意为：希望诸公认真考虑，不要被众人之口所改变、所迷惑，期望能与先贤的美善相匹配，收回聘问的礼物，另外聘请真正的儒师。

简析

白沙先生《复江右藩宪诸公》，作于成化十七年八月。在信中，他对陈炜等修复白鹿洞书院的行为表示赞赏。但是，白沙先生拒绝接受陈炜等的聘请，到白鹿洞书院去主持教事。白沙先生称其不接受聘请的理由是，“学焉而不得其术，其识昏以谬，其志弱以小，其气乏馁，其行怠肆，其文落莫而不章”。其实，白沙先生拒绝接受聘请的真正原因，是他的思想观念与朱子的思想观念有较大的差异，而白鹿洞书院经朱子重修之后，就成了传播程朱理学的一个重要场所。

复赵提学佥宪[1]

题旨

白沙先生写给赵瑶（音bǎo）的书信有三封，这里全部加以选注。白沙先生写信时，赵瑶任广东提学佥事。

一

来教摘诸圣贤垂世之言与仆之事参而辨之[2]，大抵爱我深而告我尽也。仆用是知执事之心，一峰明白不欺之心也[3]。一峰死，仆哭之恸[4]，以为自今而后不复有如一峰者，今乃有执事，幸甚幸甚！执事为说，本之经训，与仆所以为学、所以语人者同归而殊途[5]。但仆前简失之太略，执事见之太明，故疑仆之意异于执事，而实不异也。执事谓“浙人以胡先生不教人习四礼为疑”[6]，仆因谓“礼文虽不可不讲，然非所急”，正指四礼言耳，非统论礼也[7]。礼无所不统，有不可须臾离者，“克己复礼”是也[8]。若横渠以礼教人，盖亦由是而推之，教事事入途辙去，使有所据守耳[9]。若四礼则行之有时，故其说可讲而知之。学者进德修业以造于圣人，紧要却不在此也。程子曰“且省外事，但明乎善，惟进诚心”，外事与诚心对言，正指文为度数[10]。若以其至论之，文为度数亦道之形见[11]，非可少者。但求道者有先后缓急之序，故以“且省”为辞。“省”之言略也，谓姑略去之不为害耳。此盖为初学未知立心者言之，非初学不云“且”也。若以外事为外物累已，而非此之谓，则当绝去[12]，岂直“省”之云乎？“不规规于往迹以干誉目前”[13]，仆之此言，亦有为而发，尝与胡先生言之矣，非讽执事也。此不欲形于笔札，俟面告[14]。执事于仆，谓无间者也，苟事有未当，仆得尽言之，岂假讽哉[15]？仆才不逮人，年二十七始发愤从吴聘君学[16]。其于古圣贤垂训之书，盖无所不讲，然未知入处。比归白沙，杜门不出[17]，专求所以用力之方，既无师友指引，惟日靠书册寻之，忘寝忘食，如是者亦累年，而卒未得焉。所谓未得，谓吾此心与此理未有凑泊吻合处也[18]。于是舍彼之繁，求吾之约，惟在静坐。久之，然后见吾此心之体隐然呈露，常若有物。日用间种种应酬，随吾所欲，如马之御衔勒也[19]；体认物理，稽诸圣训，各有头绪来历，如水之有源委也[20]。于是涣然自信，曰：“作圣之功，其在兹乎！”有学于仆者，辄教之静坐，盖以吾所经历粗有实效者告之，非务为高虚以误人也[21]。执事知我过胡先生而独不察此，仆是以尽言之，希少留意。余不屑屑[22]。

注释

[1] 赵提学佥宪：即赵瑶。赵瑶，字德用，号古愚，福建晋江人。成化元年（1465）解元，成化二年（1466）进士。授官刑曹。成化十二年（1476），擢广东提学佥事，卒于官。（赵瑶，有些书将其误作赵瑶。） [2] 来教摘诸圣贤垂世之言与仆之事参而辨之：垂世，流传后世。参，验证、检验。“辨”，林齐本、萧世延本、白沙文编作“辩”。 [3] 仆用是知执事之心，一峰明白不欺之心也：用，以、因。是，此、这。用是，因此。一峰，即罗伦。罗伦，号一峰。 [4] 一峰死，仆哭之恸：一峰死，罗伦卒于成化十四年（1478）九月二十四日。恸，音tòng，极其悲痛。 [5] 本之经训，与仆所以为学、所以语人者同归而殊途：经训，经籍的解释。同归而殊途，意为具有相同的目标而采取不同的达成途径。语出《周易·系辞下》“天下同归而殊途，一致而百虑”。 [6] 执事谓“浙人以胡先生不教人习四礼为疑”：浙人，浙江人。胡先生，指胡荣。当时胡荣任官浙江。四礼，指冠礼、婚礼、丧礼、祭礼。 [7] 非统论礼也：统，统括、总括。 [8] 有不可须臾离者，“克己复礼”是也：须臾，片刻。“克己复礼”，孔子之言，语见《论语·颜渊》：“颜渊问仁。子曰：‘克己复礼为仁。一日克己复礼，天下归仁焉。为仁由己，而由人乎哉？’”［意为：颜渊（向孔子）请教仁。孔子说：“能克制自己的私欲而履行礼的，就是仁人。一旦做到克制自己的私欲而履行礼，天下的人都称许你有仁德。但是，要有仁德靠的是自己，哪能靠别人称许呢？”］ [9] 若横渠以礼教人，盖亦由是而推之，教事事入途辙去，使有所据守耳：横渠，即张载。张载，字子厚，宋凤翔郿县（今陕西眉县）横渠人。北宋理学家。嘉祐二年（1057）进士。熙宁初为崇文院

校书。不久，退居南山下教授诸生。学者称其为横渠先生。著作有《正蒙》《易说》《经学理窟》，以及《语录》等，后人编为《张载集》。途辙，轨道、轨范。据，依据。守，持守。［10］程子曰“且省外事，但明乎善，惟进诚心”，外事与诚心对言，正指文为度数：程子，指程颢。程子曰“且省外事，但明乎善，惟进诚心”，为程颢之言，语见程颢、程颐《河南程氏遗书》第二卷。（《二程集》第一册，第20页）文为度数，犹言名物制度。［11］若以其至论之，文为度数亦道之形见：至，极、极端。形见，外在表现。［12］则当绝去：绝去，杜绝、排除。［13］“不规规于往迹以干誉目前”：规规，拘泥。干誉，求取名誉。［14］此不欲形于笔札，俟面告：形，显露、表现。俟，等待。［15］苟事有未当，仆得尽言之，岂假讽哉：当，音dàng，恰当。假，借助。［16］仆才不逮人，年二十七始发愤从吴聘君学：逮，及。发愤，勤奋。吴聘君，即吴与弼。［17］杜门不出：杜门，闭门。［18］谓吾此心与此理未有凑泊吻合处也：凑泊，凝合、聚结。吻合，符合、无分别。［19］如马之御衔勒也：衔勒，马勒与辔头，用以驾驭马匹。［20］体认物理，稽诸圣训，各有头绪来历，如水之有源委也：体认，领悟、察识。稽，稽考、考核。源委，犹言本末，同“原委”。委，水流所聚之处。［21］非务为高虚以误人也：务，致力、从事。高虚，夸张不实。这句意为：不是致力于用夸张不实之辞来误导人。［22］余不屑屑：屑屑，琐碎烦细。这句意为：其余的就不再细说了。

简析

根据阮榕龄《编次陈白沙先生年谱》，白沙先生《复赵提学佥宪

（一）》作于成化十五年（1479）。信的主要内容，是白沙先生对自己与赵瑶关于“礼”的不同理解之解释。白沙先生认为，冠、婚、丧、祭四礼“虽不可不讲，然非所急”，但更为重要的是孔子所说的“克己复礼”，这是“学者进德修业以造于圣人”的关键。在信的末段，白沙先生对自己的求学过程以及为学方法做了说明。在白沙先生看来，要达到心理合一、使得心体呈露，最重要的方法是静坐。

二

易元至，辱手教数幅并诸作见示，更相规益，有交友之道[1]，幸甚幸甚。然谓仆《示诸生》诗末联有激而发，则恐观者过于求索，仆之意往往不然也[2]。此诗亦但谓岁月流迈，诸生学不加进，故汲汲焉告之，冀其有所感发而自忧耳[3]。至于末联，则为我所以为诸生忧。若但如杨朱为我而不恤人[4]，则彼杨朱何为者耶？于是终告之曰“辟杨氏者，孟子也，岂若是褊哉？道固尔也”[5]。反复言之，不过使学者知吾之忧出于当然而不容已，则其所当自忧者，将惕然于中而益不容已也[6]。乃作诗者属意于此。《订顽》《砭愚》咸此焉在，何嫌于人我为敌与自任孟轲之重耶[7]？记《语类》所载，文公力疾与学者语，勉斋见而止之，文公曰“除是杨朱不理会人，我即不曾学得杨朱”，亦此类也[8]。执事顾以为不可乎？海云更号，极是率尔，敢不承教[9]？执事录示张东白诗，且疑仆更号、逃禅，不能摆脱此语，闻之不觉失笑。执事固爱助我者，请问今所疑于仆如此，果何自来耶？若出于东白，未可据也。东白盖仆昔论学

书中一二语，偶未深契而料想至此，从而疑之[10]，窃恐未为至论，只如此诗者。偶读《宋文鉴》，和得半山诗数首[11]。论者云“陈公甫喜荆公辈人”，直如此草草[12]。仆平生得无巴鼻之谤多类此[13]，可怪也。闻执事将赴京，不获数侍诲，聊复此，不一一[14]。

注释

[1]易元至，辱手教数幅并诸作见示，更相规益，有交友之道：易元，字德元，号南峰，广东鹤山人。郡学生，有文名。白沙先生弟子。曾与同门陈庸、容珽拜访罗伦于江西永丰，罗伦赠他们《三峰记》文。手教，指亲笔书信。规益，规劝、教益。交友之道，指“以文会友、以友辅仁”之道。《论语·颜渊》记载：“曾子曰：‘君子以文会友，以友辅仁。’” [2]然谓仆《示诸生》诗末联有激而发，则恐观者过于求索，仆之意往往不然也：《示诸生》，白沙先生题为《示诸生》的诗有多首，根据白沙先生信中所言，此所论《示诸生》，系指其七言律诗《示诸生》第二首。其诗云：“浮生扰扰白头新，又见人间一度春。尔辈何时方发愤，老闻夜雨欲伤神。此身天地逢人少，落日江门叫鹤频。为报杨朱莫相笑，孟轲不是褊心人。”（《陈献章全集》中册，第670页）不然，不是这样。 [3]此诗亦但谓岁月流迈，诸生学不加进，故汲汲焉告之，冀其有所感发而自忧耳：流迈，指时间的消逝、流逝。汲汲，急切的样子。冀，希望。[4]若但如杨朱为我而不恤人：但，只是。杨朱，字子居，战国时期魏国人，活跃于墨子之后、孟子之前。其学说重在爱己，不以物累。孟子说：“杨子取为我，拔一毛而利天下，不为也。”（《孟子·尽

心上》）恤，体恤、照顾。［5］于是终告之曰“辟杨氏者，孟子也，岂若是褊哉？道固尔也”：辟，驳斥、批评。“辟杨氏者，孟子也”，白沙先生此言，语本《孟子·滕文公下》所云“公都子曰：‘外人皆称夫子好辩，敢问何也？’孟子曰：‘予岂好辩哉！予不得已也。……圣王不作，诸侯放恣，处士横议，杨朱、墨翟之言盈天下；天下之言，不归杨，则归墨。杨氏为我，是无君也；墨氏兼爱，是无父也。无父无君，是禽兽也。公明仪曰：“庖有肥肉，厩有肥马，民有饥色，野有饿莩。此率兽而食人也。”杨墨之道不息，孔子之道不著，是邪说诬民，充塞仁义也。仁义充塞，则率兽食人，人将相食。吾为此惧，闲先圣之道，距杨墨，放淫辞，邪说者不得作。作于其心，害于其事；作于其事，害于其政。圣人复起，不易吾言矣。昔者禹抑洪水，而天下平；周公兼夷狄，驱猛兽，而百姓宁；孔子成《春秋》，而乱臣贼子惧。《诗》云：“戎狄是膺，荆舒是惩，则莫我敢承。”无父无君，是周公所膺也。我亦欲正人心，息邪说，距诐（音bì）行，放淫辞，以承三圣者。岂好辩哉？予不得已也！能言距杨墨者，圣人之徒也。’”在这段文字里，孟子对杨朱与墨翟有严厉的批评。褊，音biǎn，狭小、狭窄。这里指心地狭窄。［6］将惕然于中而益不容已也：惕，音tì。惕然，警惕、戒惧的样子。中，心中。益，更加。［7］《订顽》《砭愚》咸此焉在，何嫌于人我为敌与自任孟轲之重耶：《订顽》，即张载《正蒙·乾称篇》第一段，其文云：“乾称父，坤称母。予兹藐焉，乃混然中处。故天地之塞，吾其体；天地之帅，吾其性。民吾同胞，物吾与也。大君者，吾父母之宗子；其大臣，宗子之家相也。尊高年，所以长其长；慈孤弱，所以幼吾幼。圣其合德，贤其秀也。凡天下疲癃（音lóng）残疾、惸（音qióng）独鳏寡，皆吾兄弟之颠连而无告者也。于时保之，子之翼也；乐且不忧，纯乎孝者也。违曰悖德，害仁曰贼；济恶者不才，其践行惟肖者也。知化则善述其事，穷神则善继其志。不愧屋漏为无忝，存心养性为匪懈。恶旨酒，崇伯子之顾养；育英才，颍封人之锡类。不施劳而底豫，舜其功也；无所逃而待烹，申生其恭也。体其受而归全者，参乎！勇于从而顺令者，伯奇也。富贵福泽，将厚吾之生也；贫贱忧戚，庸玉汝于成也。存，吾顺事；没，吾宁也。”《砭愚》，即张载《正蒙·乾称篇》最后一段，其文云：“戏言出于思也，戏动作于谋也。发于声，见乎四支，谓非己心，不明也；欲人无己疑，不能也。过言非心也，过动非诚也。失于声，谬迷其四体，谓己当然，自诬也；欲他人己从，诬人也。或者以出于心者归咎为己戏，失于思者自诬为己诚，不知戒其出汝者，归咎其不出汝者，长傲且遂非，不智孰甚焉。”（《张载集》，第62—63、66页）张载曾在其学堂双牖（音yǒu），右书《订顽》，左书《砭愚》。程颐曰：“是起争端。”于是将《订顽》改称“西铭”、将《砭愚》改称“东铭”。（参叶采《近思录集解》，第78—85页）　［8］记《语类》所载，文公力疾与学者语，勉斋见而止之，文公曰“除是杨朱不理会人，我即不曾学得杨朱”，亦此类也：《语类》，即《朱子语类》，黎靖德编。文公，指朱熹。朱熹，谥文。力疾，勉强支撑病体。勉斋，即黄榦。黄榦，字直卿，福建闽县（今属福州一带）人。朱熹弟子、女婿。曾任官安庆府。谥文肃。学者称其为勉斋先生。著作有《勉斋文集》等。白沙先生此信中所谓“记《语类》所载，文公力疾与学者语，勉斋见而止之，文公曰‘除是杨朱不理会人，我即不曾学得杨朱’”云云，其语本《朱子语类》第一〇七卷“直卿劝先生且谢宾客数月，将息病。先生曰：‘天生一个人，便须着管天下事。若要不管，须是如杨氏为我方得，某却不曾去学得这般学。’”（《朱子语类》第七册，第2673页）　［9］海云更号，极是率尔，敢不承教：海云更号，疑指白沙先生曾更改其号为海云。详情有待进一步考证。

率尔，轻率、轻遽。承教，受教。［10］东白盖仆昔论学书中一二语，偶未深契而料想至此，从而疑之：东白，即张元祯。张元祯，号东白。仆，碧玉楼本作“缘”。契，契悟、领会。料想，猜测。这几句文字可能有误，其大意为：东白先生大概由于对我以前论学、书信中的话，偶尔有一两句不能很好领会而猜测为这个样子，从而表示怀疑。［11］偶读《宋文鉴》，和得半山诗数首：《宋文鉴》，总集名，宋代吕祖谦编纂，一百五十卷。本名《皇朝文鉴》，明代商辂作序重刊，更名《宋文鉴》。和，音hè，和诗（即依据别人的诗词之体裁作诗词）。半山，即王安石。王安石，字介甫，号半山，江西临川人。著名政治家、思想家、文学家。宋神宗元丰年间，封荆国公。世称王荆公。著作有《周官新义》《临川集》等。和得半山诗数首，白沙先生所和王安石诗，共有十八首。（《陈献章全集》中册，第459—464页）［12］论者云“陈公甫喜荆公辈人”，直如此草草：陈公甫，即陈献章。直，竟、竟然。草草，草率、苟简。［13］仆平生得无巴鼻之谤多类此：巴鼻，把握、根据、来由。［14］闻执事将赴京，不获数侍诲，聊复此，不一一：数，音shuò，多次、频频。聊，姑且。这几句意为：听说您即将前往北京，我不能再得到更多的受教，姑且答复这些，其余不一一细述。

简析

白沙先生《复赵提学佥宪（二）》，大概作于成化十三年（1477）底或次年。（相关考证，参黎业明《陈献章年谱》，第119—120页）白沙先生此信的主要内容，是为自己的七言律诗《示诸生》第二首末联“为报杨朱莫相笑，孟轲不是褊心人”被误解辩白。在信的末尾，白沙先生还说到，自己一生中所受到的误解、甚至是诽谤，并不少见。

三

古冈病夫陈某再拜书复佥宪赵大人先生执事：伏读来谕，执事所以进仆者至矣，所以教仆者亦至矣[1]。仆一龆愚人耳，凡百无所通晓，惟知自守而已[2]。曩者至京师[3]，与诸贤士大夫游，日听其论议天下之事，亦颇有益。惟是愚懵，终不能少变以同乎俗[4]，是以信己者少、疑己者多也。仆之所深与者皆执事同年[5]，而独执事之名未闻也。奉附到董给事书，其中称道盛德不少置[6]，仆私心喜甚，以为此来当得一见。非子仁，仆无以知执事。然以子仁之言，又未尝不追恨于京游之日也。承谕有为毁仆者，有曰“自立门户者”，是“流于禅学者”，甚者则曰“妄人，率人于伪者”[7]。凡于数者之诋，执事皆不信之，以为毁人者无所不至，自古圣贤未免见毁于人。甚矣，执事之心异于时人之心也！仆又安敢与之强辩？姑以迹之近似者为执事陈之[8]。孔子教人文、行、忠、信，后之学孔氏者则曰“一为要。一者，无欲也。无欲则静虚而动直”，然后圣可学而至矣[9]。所谓“自立门户者”，非此类欤？佛氏教人曰静坐，吾亦曰静坐；曰惺惺，吾亦曰惺惺；调息近于数息，定力有似禅定[10]。所谓“流于禅学者”，非此类欤？仆在京师，适当应魁养病之初，前此克恭亦以病去，二公皆能审于进退者也[11]。其行止初无与于仆，亦非仆所能与也[12]，不幸其迹偶与之同，出京之时又同，是以天下之责不仕者，辄涉于仆，其责取证于二公。而仆自己丑得病[13]，五六年间，自汗时发，母氏加老，是以不能出门耳，则凡责仆以不仕者遂不可解。所谓“妄人，率人于伪者”，又非此类欤？仆尝读程子之书，有曰：“学者当审己何如，不可恤浮议。”[14]仆服膺斯言有年矣，安敢争天下之口而浪为忧喜耶[15]？其晦也不久，则其光也不大；其诎也不甚，则其信也不长[16]。物理固亦有然者矣，仆或不为此戚戚也[17]。且仆闻投规于矩，虽工师不能使之合；杂宫于羽，虽师旷不能使之一[18]。何则？方圆之体不同，缓急之声异也。尚何言哉？尚何言哉？惟执事矜其志而略其迹，取之群咻之中，置之多士之列，则天下之知仆者无如执事矣[19]。幸甚幸甚。都宪公虽未见颜色，然仰之十余年矣[20]。比闻下车以来，德政之布沛若时雨，上自士大夫，下至闾阎小民，莫不欣跃鼓舞[21]。仆固愿一见，况始者尝辱一言之誉，仆又岂敢自为疏放、比于固执者乎[22]？使回，谨此以复。冒渎威尊[23]，惶恐无已。

注释

[1] 伏读来谕，执事所以进仆者至矣，所以教仆者亦至矣：来谕，来信。进，进益。至，极、极致。 [2] 仆一颛愚人耳，凡百无所通晓，惟知自守而已：颛，音zhuān，蒙昧。颛愚，愚昧。凡百，泛指一切，概括之辞。自守，自己所持守的原则。 [3] 曩者至京师：曩，音nǎng，往昔、从前。 [4] 惟是愚懵，终不能少变以同乎俗：愚懵，愚昧无知。少，音shǎo，稍微。 [5] 仆之所深与者皆执事同年：与，交往。同年，科举考试时代，同榜的人称为同年。 [6] 奉附到董给事书，其中称道盛德不少置：董给事，即董

旻。董旻，字子仁，江西乐平人。成化二年进士，擢兵科给事中。历任吏科都给事中，寻以事谪石臼知县。后官四川参议。盛德，大德，敬称有德之人，此指赵瑔。置，停、停止。［7］承谕有为毁仆者，有曰“自立门户者”，是“流于禅学者”，甚者则曰“妄人，率人于伪者”：毁，毁谤。自立门户，指自己树立朋党。禅学，佛教禅宗的学说，尤其指慧能的南宗禅学。妄人，无知妄为的人。［8］姑以迹之近似者为执事陈之：姑，姑且。陈，陈述。［9］孔子教人文、行、忠、信，后之学孔氏者则曰“一为要。一者，无欲也。无欲则静虚而动直”，然后圣可学而至矣：孔子教人文、行、忠、信，语本《论语·述而》“子以四教：文、行、忠、信”。（意为：孔子以四方面的内容教育学生：文献、修行、忠心、诚信。）后之学孔氏者则曰“一为要。一者，无欲也。无欲则静虚而动直”，语出周敦颐《通书》第二十章“‘圣可学乎？’曰：‘可。’曰：‘有要乎？’曰：‘有。’‘请问焉。’曰：‘一为要。一者，无欲也。无欲则静虚动直……’”。［10］佛氏教人曰静坐，吾亦曰静坐；曰惺惺，吾亦曰惺惺；调息近于数息，定力有似禅定：佛氏，佛教。惺惺，清醒。佛氏教人曰惺惺，似典出《五灯会元》卷七“台州瑞岩师彦禅师，闽之许氏子。……师寻居丹丘瑞岩，坐盘石，终日如愚。每自唤主人公，复应诺，乃曰：‘惺惺着他，后莫受人谩。’”（普济《五灯会元》中册，第387—388页）调息，指调匀鼻息，为习静的一种方法。数息，数鼻息的出入，使心恬静宁一，佛教的静修方法。定力，原为佛教语。佛教认为，佛与菩萨有十种法力，其第三种为定力，即坚信精进、专忍坚定之心。白沙先生在这里所说的定力，当与佛教不同，似指修炼的专注能力。禅定，佛教修行方法，谓坐禅时住心于一境，冥想妙理。禅定与布施、持戒、忍辱、精进、般若，合称六度。［11］仆在京师，适当应魁养病之初，前此克恭亦以病去，二公皆能审于进退者也：应魁，即罗伦。克恭，即贺钦。进退，去留，指当官还是不当官。［12］其行止初无与于仆，亦非仆所能与也：行止，进退、动止。与，参与、干预。［13］而仆自己丑得病：己丑，成化五年（1469）。［14］仆尝读程子之书，有曰："学者当审己何如，不可恤浮议。"：程子之书，指《河南程氏遗书》。恤，忧虑、顾惜。浮议，世间流传而没有根据的议论。"学者当审己何如，不可恤浮议"，语出《河南程氏遗书》第七卷"人当审己何如，不可恤浮议"。（意为：人们应当知道自己怎样，而不应为那些没有根据的议论担忧。）［15］仆服膺斯言有年矣，安敢争天下之口而浪为忧喜耶：服膺，牢记在胸中、衷心信服。浪，轻率、徒然。这两句意为：我把程子这个说法牢记于胸中已经有些年头了，哪里敢与众人相争而徒然为之忧愁或欣喜呢？［16］其晦也不久，则其光也不大；其诎也不甚，则其信也不长：晦，晦暗、昏暗。诎，同"屈"。信，通"伸"。［17］仆或不为此戚戚也：戚戚，忧惧。［18］且仆闻投规于矩，虽工师不能使之合；杂宫于羽，虽师旷不能使之一：规，圆规，画圆的工具。矩，曲尺，画直角或方形的工具。工师，原指主管百工之官。这里指技术精湛的师傅。宫，五音之一，相当于简谱的"1"。羽，亦五音之一，相当于简谱的"6"。五音，包括宫、商、角（音jué）、徵（音zhǐ）、羽。师旷，字子野。春秋时期晋国乐师。生而目盲，善辨声乐。［19］惟执事矜其志而略其迹，取之群咻之中，置之多士之列，则天下之知仆者无如执事矣：矜，怜悯。咻，音xiū，喧嚷。多士，读书人。列，行列。这几句意为：只有您怜惜我的志向而忽略我的行迹，把我从众人的批评当中区别出来，放到读书人的行列，那么世间了解我的人当中没有谁比得上您了。［20］都宪公虽未见颜色，然仰之十余年矣：都宪公，指朱英。颜色，容貌。仰，敬仰。［21］比闻下车以来，德政之布沛若时雨，上自士大夫，下至闾阎小民，莫不欣跃鼓舞：下车，到任。德政，好的政令。布，宣告、施行。时雨，及时雨。闾阎，里巷。欣跃鼓舞，欢欣鼓舞。［22］仆又岂敢自为疏放、比于固执者乎：疏放，任意、无拘束。［23］冒渎威尊：冒渎，冒犯、烦渎。

简析

根据阮榕龄《编次陈白沙先生年谱》，白沙先生《复赵提学佥宪（三）》作于成化十二年。赵瑶来信告诉白沙先生，近来有人诋毁白沙先生是“自立门户者”，是“流于禅学者”，甚至有人说白沙先生是“妄人，率人于伪者”。白沙先生此信的主要内容是对这些诋毁加以辩白、反驳。白沙先生认为，对待这些诋毁、诽谤之言的最好方式，是程子所说的“学者当审己何如，不可恤浮议”。

与罗一峰

题旨

罗伦是白沙先生朋友。现在留存白沙先生写给罗伦的书信有八封，这里选注的是其中两封。

一

《大忠祠碑》皎皎烈烈[1]，见先生之心矣，可叹可赏。诸生蒙熏炙，归来又是一番人物，多荷多荷[2]。《三峰叙文》

并诸作实有意思[3]，但恐入未得禅耳。先生欲理会著述及诸外事，莫若且打叠令我洁洁净净[4]。先生平昔所笃信者，非朱紫阳乎[5]？“非全放下，终难凑泊”，是紫阳语否[6]？门中有邓秀才[7]，可试问之。榦，异儿也，一日千里，宁不厌家鸡耶[8]？一笑。余不具。[9]

注释

[1]《大忠祠碑》皎皎烈烈：《大忠祠碑》，即《大忠祠记》，罗伦撰。皎皎，光明。烈烈，显赫、威武。皎皎烈烈，光彩夺目。[2]诸生蒙熏炙，归来又是一番人物，多荷多荷：熏炙，熏陶、教导。荷，承受，用于书信中表示感激。多荷多荷，犹言多谢多谢。[3]《三峰叙文》并诸作实有意思：《三峰叙文》，即《三峰记》，罗伦撰。[4]莫若且打叠令我洁洁净净：打叠，收拾好。[5]先生平昔所笃信者，非朱紫阳乎：朱紫阳，即朱熹。朱熹曾讲学紫阳书院，故别称紫阳。[6]“非全放下，终难凑泊”，是紫阳语否：“非全放下，终难凑泊”，乃朱子语录“理义无穷，才知有限，非全放下，终难凑泊，然放下正自非易事也”之节略。[具体出自朱子哪部著作，有待考证。此所引述，见黄宗羲等《宋元学案·晦翁学案（上）》，《黄宗羲全集》第四册，第861页。然而，此同一段文字，又见吕祖谦《与陈君举》书。参黄宗羲等《宋元学案·东莱学案》，《黄宗羲全集》第五册，第24页] [7]门中有邓秀才：邓秀才，其名字、乡贯、履历不详。[8]榦，异儿也，一日千里，宁不厌家鸡耶：榦，即罗榦，罗伦第三子。厌家鸡，比喻贵远贱近。典出何法盛《晋中兴书》：“庾翼书，少时与王右军齐名。右军后进，庾犹不

忿，在荆州与都下书云：‘小儿辈厌家鸡，爱野雉，皆学逸少书，须吾下当北之。’”这几句意为：罗榦，是一个与众不同的小孩，其学一日千里。[然而，你却批评他，]这难道不是贵远贱近吗？　[9]余不具：“余不具”后，林齐本、白沙文编有“某顿首一峰先生侍者”九字，萧世延本有“某顿首一峰侍者”七字。

简析

根据阮榕龄《编次陈白沙先生年谱》，白沙先生此《与罗一峰（一）》作于成化十一年（1475）。在信中，白沙先生劝说罗伦，不要急于著书立说以及致力于其他外在事情，而应该先让自己的心灵达到虚静的境界（“打叠令我洁洁净净”），正如朱子所说“非全放下，终难凑泊”。

二

伊川先生每见人静坐，便叹其善学[1]。此一静字，自濂溪先生主静发源，后来程门诸公递相传授，至于豫章、延平二先生尤专提此教人，学者亦以此得力[2]。晦庵恐人差入禅去，故少说静，只说敬，如伊川晚年之训[3]。此是防微虑远之道。然在学者须自度量何如，若不至为禅所诱，仍多静方有入处[4]。若平生忙者，此尤为对症药也。

注释

[1]伊川先生每见人静坐，便叹其善学：语本《河南程氏外书》

第十二卷"伊川每见人静坐，便叹其善学"。（《二程集》第二册，第432页）。［2］此一静字，自濂溪先生主静发源，后来程门诸公递相传授，至于豫章、延平二先生尤专提此教人，学者亦以此得力：濂溪先生，即周敦颐。程门诸公，指二程弟子刘绚、李籲、谢良佐、游酢、张绎、苏昞、尹焞、杨时等。豫章，即罗从彦。罗从彦，字仲素，人称豫章先生，宋代南剑（今福建南平）人。从学于杨时，为程颢、程颐的再传弟子，李侗的老师。终身山居不仕。延平，即李侗。李侗，字愿中，亦南剑人，学者称其为延平先生。罗从彦的门人、朱熹的老师。［3］晦庵恐人差入禅去，故少说静，只说敬，如伊川晚年之训：疑本《朱子语类》第十二卷中的多条相关记载，例如，"或问：'不拘静坐与应事，皆要专一否？'曰：'静坐非是要如坐禅入定，断绝思虑。只收敛此心，莫令走作闲思虑，则此心湛然无事，自然专一，及其有事，则随事而应，事已则复湛然矣。……只观文王"雍雍在宫，肃肃在庙。不显亦临，无射亦保"，便可见敬只是如此。……若心杂然混乱，自无头当，却学从那头去？又何处是收功处？故程先生须令就"敬"字上做工夫，正为此也。'"（《朱子语类》第一册，第217页）程颐重视敬，其言曰"涵养须用敬，进学则在致知"。（《河南程氏遗书》第十八卷。《二程集》第一册，第188页）［4］然在学者须自度量何如，若不至为禅所诱，仍多静方有入处："多静"，白沙文编作"多着静"，碧玉楼本则作"多静"。兹据碧玉楼本。《白沙子古诗教解》注释《和杨龟山〈此日不再得〉韵》所引此信，亦作"多静"。

简析

白沙先生此信，底本原缺，据《白沙先生文编》、王安舜本、碧玉楼本补出。又此信撰作时间不详，疑作于《与罗一峰（一）》之后不久。因为在《与罗一峰（一）》中，白沙先生劝罗伦，不要急于著书立说或致力于其他外在事情，而应该先让自己的心灵达到虚静的境界。要让自己的心灵达到虚静的境界，最好的方法就是静坐。此信所言，就是静坐问题。白沙先生认为，静坐是北宋周程诸儒递相传授的、使自己心灵达到虚静境界的修行方法，朱子所以“少说静，只说敬”，是由于担心人们因静坐而误入禅修。其实，对于平常事忙、内心烦乱的人来说，静坐反是对症之药。

与张廷实主事[1]

题旨

张诩是白沙先生弟子。现在留存白沙先生写给张诩的书信有六十九封，这里选注的是其中两封。

六

承喻求静之意。反复图之[2]，未见其可。若遂行之，祇益动耳，恶在其能静耶[3]？必不得已，如来喻构所居旁小屋处之，庶几少静耳[4]。适与容一之论李广射石没羽[5]，曰：“至诚则金石可开。”又举庄子语云：“置之一处，无事不办。”[6]此理殊可悦。顾今老矣，惟日孳孳，岂能及也[7]！并此告。

注释

［1］张廷实主事：张廷实，即张诩。 ［2］反复图之：图，计议、谋划。 ［3］若遂行之，祗益动耳，恶在其能静耶：遂，终于。恶，音wū，如何、怎么。这几句意为：如果终究将其实行，只是更加多动，哪里能够宁静呢？ ［4］必不得已，如来喻构所居旁小屋处之，庶几少静耳：来喻，来信所说。构，建筑、构筑。处，居住。庶几，大概。少，稍微。 ［5］适与容一之论李广射石没羽：适，刚才。容一之，即容贯。容贯，字一之。李广，汉代陇西成纪（今属甘肃）人。善骑射。汉文帝时击匈奴有功，为武骑常侍；汉武帝时为右北平郡太守，匈奴数年不敢犯境，号称“飞将军”。元狩四年（前119），随大将军卫青出击匈奴，迷失道路被处分，自以耻对刀笔吏，因此自杀。没，陷没、隐没。李广射石没羽，事见《史记·李将军列传》，略云：“广出猎，见草中石，以为虎而射之，中石没镞，视之，石也。因复更射之，终不能复入石矣”。（司马迁《史记》第九册，第2871页。又见《汉书·李广传》，班固《汉书》第八册，第2444页） ［6］又举庄子语云：“置之一处，无事不办。”：“置之一处，无事不办”，并非庄子之语，而为佛者之言。《朱子语类》云，“先生语过以为学须要专一用功，不可杂乱，因举异教数语云：‘用志不分，乃凝于神’，‘置之一处，无事不办’”。又云，“佛者云‘置之一处，无事不办’，也只是教人如此做工夫，若是专一用心于此，则自会通达矣。故学禅者只是把一个话头去看，‘如何是佛’‘麻三斤’之类，又都无义理得穿凿。看来看去，工夫到时，恰似打一个失落一般，便是参学事毕。庄子亦云，‘用志不分，乃凝于神’，也只是如此教人，但他都无义理，只是个空寂。儒者之学，则有许多义理，若看得透彻，则可以贯事物、可以洞古今”。（《朱子语类》第七册，

第2857页；第八册，第3017页）此佛者之言，典出《广弘明集》《法苑珠林》等书。例如，《广弘明集》云，“今欲缄其言而正其身者，未若先挫其心而次析其意，故经云：‘制之一处，无事不办’”。（道宣辑《广弘明集》，《弘明集、广弘明集》，上海古籍出版社，1991年，第318页）《法苑珠林》云：“《遗教经》云：‘纵此心者，丧人善事。制之一处，无事不办’。”（《法苑珠林校注》第五册，第2159页）白沙先生以“置之一处，无事不办”为庄子之语，恐系其一时误记。［7］顾今老矣，惟日孳孳，岂能及也：孳孳，勤勉不懈。这几句大意为：只是如今年纪大了，唯有每日勤勉不懈，大概还能做得到吧！

简析

此信为白沙先生对张诩请教如何才能求得内心宁静的答复，撰作时间不详。白沙先生在信中告诫张诩，要求得内心宁静，最好的方式当然是静坐，而静坐则要求能专注、要求有恒心，正如谚语所说“精诚所至，金石为开”。白沙先生在信中所举李广射石没羽之事、佛氏“置之一处，无事不办”之言，即此意。

一三

半江改稿，翻出窠臼，可喜[1]。学诗至此，又长一格矣[2]。前辈谓：“学贵知疑，小疑则小进，大疑则大进。”[3]疑者，觉悟之机也[4]。一番觉悟，一番长进。章初学时亦是如此[5]，更无别法也。凡学皆然，不止学诗，即此便是科级，学者须循次而进，渐到至处耳[6]。近稿录在别纸，别后所作，惟此耳。缉

熙诸稿，览毕还一字[7]。章复廷实心契[8]。前日半江遣子来白沙拜谢，至则仙舟行矣[9]。幸照。

注释

［1］半江改稿，翻出窠臼，可喜：半江，即谢慈昱。谢慈昱，字德明，号半江，广东新会人。白沙先生弟子。半江改稿，白沙先生曾为谢慈昱作《半江十咏》（《陈献章全集》中册，第832—833页）张诩曾为《半江十咏》作跋，所谓“改稿”，疑指张诩对白沙先生《半江十咏》之修改。详情有待进一步研究。翻，反而。窠臼，音kē jiù，现成格式，有如窠巢与舂臼。比喻蹈袭故常，不能别出心裁。［2］又长一格矣：一格，一级、一等。［3］前辈谓：“学贵知疑，小疑则小进，大疑则大进。”：前辈，指陆九渊。“学贵知疑，小疑则小进，大疑则大进”，其语出《陆象山年谱》“绍兴十九年己巳，先生十一岁”条。（《陆九渊集》，第482页）［4］疑者，觉悟之机也：机，关键、枢要。［5］章初学时亦是如此：章，白沙先生自称。［6］即此便是科级，学者须循次而进，渐到至处耳：科，品类、等级。科级，等级。至，极、极致。［7］缉熙诸稿，览毕还一字：缉熙，即林光。还，回复。［8］章复廷实心契：心契，原指朋友之间志同道合，此指志同道合的朋友。［9］前日半江遣子来白沙拜谢，至则仙舟行矣：仙舟，原指乘坐的船，此代指张诩。这两句意为：前日，谢半江派他儿子来白沙村对你表示感谢，到达的时候，你已经离开了。

简析

白沙先生《与张廷实主事（一三）》撰作时间不详。白沙先生为学主张自得，反对人云亦云、反对拘泥于书本，而自得，则要求有怀疑精神，于人所不疑处有所疑。学贵知疑，有怀疑才能有觉悟，有觉悟才能有长进。所有的事情都是如此。

与湛民泽[1]

题旨

湛若水是白沙先生弟子。现在留存白沙先生写给湛若水的书信有十一封，这里选注的是其中四封。

五

碧玉卧病踰半月[2]，忽得手札，读之喜甚，遂忘其病也。学无难易，在人自觉耳。才觉退便是进也，才觉病便是药也。眼前朋友可以论学者几人？其失在于不自觉耳。近因衰病，精力大不如前，恐一旦就木[3]，平生学所至如是，譬之行万里之途，前程未有脱驾之地，真自枉了也[4]。思于吾民泽告之，非平时漫浪得已不已之言也[5]。倘天假之年，其肯虚掷耶[6]？附去药钱一百，烦手丸寄渡子回，景云在病也[7]。

注释

［1］湛民泽：即湛若水。湛若水，初名露，字民泽。后以避祖讳，改名雨。弘治十七年（1504），再改名若水，字元明，广东增城人。白沙先生弟子。弘治十八年（1505）进士，选庶吉士。官至南京礼部、吏部、兵部尚书。因居增城之甘泉都，学者称其为甘泉先生。［2］碧玉卧病踰半月："碧玉"后，高简本、白沙文编、碧玉楼本有"楼"字。碧玉，即碧玉楼，白沙先生所建住所。踰，超过。［3］恐一旦就木：就木，入棺，指死亡。［4］譬之行万里之途，前程未有脱驾之地，真自枉了也：脱驾，解驾、停车。谓休息或归宿。同"税驾"（税，音tuō）。枉，枉然、徒然、白费。这几句意为：譬如行走万里长途，前路还没有可以归宿的地方，真如同自己的努力白费了。［5］非平时漫浪得已不已之言也：漫浪，放任自在、不受拘束。得已不已，无关紧要、可有可无。［6］倘天假之年，其肯虚掷耶：假，给予。虚掷，浪费、空耗。这两句意为：倘若上天给我多活几年，我哪里愿意将其浪费呢？［7］附去药钱一百，烦手丸寄渡子回，景云在病也：渡子，摆渡的船夫。景云，白沙先生长子之名。这几句大意为：附上买药钱一百，麻烦帮买药丸托摆渡的船夫带回，因为景云也还在病中。

简析

白沙先生此信大概作于弘治九年（1496）九月。（相关考证，参黎业明《陈献章年谱》，第308—309页）信中，白沙先生在强调"学无难易，在人自觉耳。才觉退便是进也，才觉病便是药也"的同时，也为自己晚年终于得到湛民泽这样一个可以将其衣钵加以传承的弟子而欣喜。弘治十二年（1499），白沙先生仿禅宗传衣钵为信之例，将江门钓台赠与湛民泽，并作七言绝句《江门钓濑与湛民泽收管（三首）》以纪之。诗末有跋语云："达磨（常写作"达摩"）西来，传衣为信，江门钓台亦病夫之衣钵也。兹以付民泽，将来有无穷之托。珍重，珍重。"（《陈献章全集》中册，第915页）

六

孟子见人便道性善，言必称尧舜[1]，此以尧舜望人也；横渠见人便告以圣人之事[2]，此以圣人望人也。吾意亦若是耳，窃附孟子、横渠之后。"彼何人哉？予何人哉？有为者亦若是""文王我师也，周公岂欺我哉？"[3]区区之意，在览者深思而自得之。既以寄民泽，亦以告有志于门下者，咸得自励而日勉焉，非但为美言以悦人也[4]。

注释

[1] 孟子见人便道性善，言必称尧舜：孟子见人便道性善，言必称尧舜，其典出《孟子·滕文公上》："滕文公为世子，将之楚，过宋而见孟子。孟子道性善，言必称尧舜。"（意为：滕文公做太子的时候，要到楚国去，路过宋国时接见孟子。孟子便和他讲论人性本善，开口就称颂尧舜。） [2] 横渠见人便告以圣人之事：横渠，即张载。典出吕大临《横渠先生行状》，略云"学者有问，多告以知礼成性、变化气质之道，学必如圣人而后已。闻者莫不动心有进"。（《张载集》，第383页。《宋史·张载传》亦有相关记载。）

［3］“彼何人哉？予何人哉？有为者亦若是”“文王我师也，周公岂欺我哉？”：语见《孟子·滕文公上》：“颜渊曰：‘舜何人也？予何人也？有为者亦若是。’公明仪曰：‘文王我师也，周公岂欺我哉？’”（意为：颜渊说：“舜是怎么样的人？我是怎么样的人？有作为的人也应当像他这样。”公明仪说：“周文王是我的老师。周公难道会欺骗我吗？”）　［4］亦以告有志于门下者，咸得自励而日勉焉，非但为美言以悦人也：门下，门庭之下，此指成为弟子。咸，皆、都。非但，不只是。

简析

白沙先生此信写作时间不详。在信中，白沙先生引述孟子、张载、颜渊、公明仪之言，说明学者应当以成为圣人为目标。白沙先生说，自己亦“窃附孟子、横渠之后”，以尧舜望人、以圣人望人，不仅以此寄望于民泽，而且以此寄望于其他门人。宋代程颐弱冠作《颜子所好何学论》，提出“学以至圣人之道”“圣人可学而至”的观点（《二程集》第二册，第577—578页），其后宋明理学家均奉此为为学之目标。白沙先生信中所表达的，与程颐《颜子所好何学论》中提出的观点相同。

七

与平湖语连日，不如与宾州一尺简［1］。《易》曰“初筮告，再三渎，渎则不告”［2］，此教者之事，夫岂有所隐哉［3］？承示教“近作颇见意思”，然不欲多作，恐其滞也。人与天地同体，四时以行，百物以生［4］，若滞在一处，安能为造化之主耶［5］？古之善学者，常令此心在无物处，便运用得转耳［6］。学

者，以自然为宗，不可不着意理会[7]。俟面尽之[8]。

注释

［1］与平湖语连日，不如与宾州一尺筒：平湖，代指林光。因系林光曾为浙江平湖县儒学教谕。宾州，代指陈頀（音hù）。陈頀，字宗汤。白沙先生弟子。弘治五年（1492）举人，为广西宾州儒学教授。 ［2］《易》曰“初筮告，再三渎，渎则不告”：语见《周易》“蒙卦”卦辞。渎，轻慢、亵渎、不恭敬。这几句意为：《周易》说，初次占问则告诉他；接二连三地占问，属于不敬。不敬，则不告诉他。 ［3］夫岂有所隐哉：隐，隐瞒。 ［4］人与天地同体，四时以行，百物以生：同体，同属一体。四时以行，百物以生，语本《论语·阳货》：“子曰：‘予欲无言！’子贡曰：‘子如不言，则小子何述焉？’子曰：‘天何言哉？四时行焉，百物生焉，天何言哉？’”这三句意为：人与天地同属一体，四时因此而运行，万物因此而生长。 ［5］若滞在一处，安能为造化之主耶：滞，执滞。造化，自然的创造化育。造化之主，创造化育的主宰。 ［6］古之善学者，常令此心在无物处，便运用得转耳：令此心在无物处，是指使此心达到虚静无欲的境界。（要使此心达到虚静无欲的境界，最重要的途径就是静坐。） ［7］学者，以自然为宗，不可不着意理会：自然，在白沙先生的思想当中，乃指不事造作、不加雕琢、不见安排之境界。学者以自然为宗，这是白沙先生的学术宗旨之一。 ［8］俟面尽之：等到见面的时候详尽讨论它。

简析

白沙先生此信大概作于弘治十年（1497）上半年。（相关考证，参黎业明《陈献章年谱》，第325—326页）在信中，白沙先生重申其两个重要主张，一是“常令此心在无物处”（静坐），一是“学者，以自然为宗”。

九

此学以自然为宗者也。承谕“近日来颇有凑泊处”[1]，譬之适千里者，起脚不差，将来必有至处[2]。自然之乐，乃真乐也，宇宙间复有何事？故曰“虽之夷狄不可弃也”[3]。今之学者各标榜门墙，不求自得，诵说虽多，影响而已，无可告语者[4]。暮景侵寻[5]，不意复见同志之人，托区区于无穷者，已不落莫矣。幸甚幸甚！楚云虽日望回，万一高堂意有未安，亦未可率尔行也[6]。珍重。章白民泽进士[7]。

注释

［1］承谕“近日来颇有凑泊处”：此为湛民泽寄白沙先生书信中语。湛民泽寄白沙先生书信，多已经失传。现存者，仅有弘治十年十月一日《上白沙先生启略》，湛民泽在此信中，首次揭出其“随处体认天理”的为学宗旨。（湛若水《泉翁大全集》第一册，第215页）

［2］譬之适千里者，起脚不差，将来必有至处：适，往。起脚，起步。至，到达。 ［3］故曰“虽之夷狄不可弃也”：语见《论语·子

路》，“樊迟问仁。子曰：‘居处恭，执事敬，与人忠。虽之夷狄，不可弃也。’”（意为：樊迟请教什么是仁。孔子说：“在家能做到态度端庄，做事能够严肃认真，与人结交则忠诚可靠。这几种品德，即使去到蛮夷之地，也不能抛弃。”） ［4］今之学者各标榜门墙，不求自得，诵说虽多，影响而已，无可告语者：门墙，师门之称，此指门户。影响，如阴影回响，此比喻不实之辞。告语，告诉、言说。［5］暮景侵寻：暮景，晚景。 ［6］楚云虽日望回，万一高堂意有未安，亦未可率尔行也：楚云，即楚云台。弘治五年，李承箕为致寿具于白沙先生之母林太夫人，第二次来游白沙。白沙先生建筑楚云台，以居李承箕。（李承箕《祭石翁文》云：“既又四年，予致寿具，于太夫人，风来不薰。筑台处之，命曰楚云。我独静居，水月为邻。”参《李承箕集》，第282页）高堂，父母，此指湛民泽的母亲。率尔，轻率、轻遽。 ［7］章白民泽进士：“章”，原作“草”，据白沙文编、碧玉楼本改。白，禀告、陈述。

简析

白沙先生此信大概作于弘治十一年或次年。（相关考证，参黎业明《陈献章年谱》，第345页）白沙先生在信中，对于自己门下有些人“标榜门墙，不求自得”表示不满；再次为自己晚年终于得到湛民泽这样一个可以“托区区于无穷者”（亦即可以将自己的衣钵加以传承之弟子）而高兴。由此可见，白沙先生对于湛民泽的为人是何等的信赖、对于湛民泽之期望是何等的殷切。

与汪提举[1]

题旨

汪提举，即汪廷贞。现在留存白沙先生写给汪廷贞的书信有两封，这里选注的是其中第一封。

白沙陈某启：千里一缄[2]，由辞以得意。足下垂爱之至，非尺牍能尽[3]，章何德以报之？承示近作，足见盛年英迈之情[4]。大抵论诗当论性情，论性情先论风韵[5]；无风韵，则无诗矣。今之言诗者异于是，篇章成即谓之诗，风韵不知，甚可笑也。情性好，风韵自好；性情不真，亦难强说。幸相与勉之。知广大高明不离乎日用[6]，求之在我，毋泥见闻，优游厌饫[7]，久之然后可及也。人自海南来者，称足下事功之伟；阮从事至，益闻所未闻，足慰翘企[8]。虽然，局于见闻者未必知也，如修古等作，诚美矣[9]，人徒知慕修古之名，抑孰知修古之实之著于今日者何如也。观往可以知来，一真一切真，得其门而入者，无远弗届也[10]。《慕竹记》文，章心许之，病未能耳。足下欲显其亲于无穷，岂专待是耶？白洋真境，想象不来，别纸塞命，良慕高尚耳[11]。不多及。[12]

注释

[1] 汪提举：即汪廷贞。清阮榕龄《编次陈白沙先生年谱》以

为，海北提举汪廷贞，其名为汪榆。阮氏之说，恐非是。张诩《翰林检讨白沙陈先生行状》云："提举汪廷贞慕先生特甚，在海北时，作怀沙亭以寓仰止。"（《陈献章全集》下册，第1171页）然则，海北汪提举之名，为汪廷贞，而非汪榆。汪廷贞，字号、乡贯不详。白沙先生寄信时，他担任海北提举，其后不久卒于官。 ［2］千里一缄：缄，书函、信函。 ［3］足下垂爱之至，非尺牍能尽：足下，古代下称上或同辈相称的敬辞。垂爱，关爱。用于上对下。尺牍，书信的通称。 ［4］承示近作，足见盛年英迈之情：盛年，壮年。英迈，识见才智出众。 ［5］论性情先论风韵：风韵，风格、韵味。 ［6］知广大高明不离乎日用：广大高明，语出《中庸》，"故君子尊德性而道问学，致广大而尽精微，极高明而道中庸"。（《中庸》这几句意为：君子尊崇德性而又取径问学，达致广大而又竭尽精微，穷极高明而又信守中庸。） ［7］毋泥见闻，优游厌饫：毋，不要。泥，拘泥。优游，悠闲自得。饫，音yù；厌饫，饱足，比喻为学之深入体会，同"餍沃"。 ［8］阮从事至，益闻所未闻，足慰翘企：阮从事，指阮刊。阮刊，字号、乡贯、履历不详。翘企，翘首举踵，形容盼望。 ［9］如修古等作，诚美矣：修古，指汪提举所建造的修古书院。白沙先生《与湛民泽（十一）》云："海北汪提举向慕亦切，作怀沙亭于海上。此外有修古书院、冷香桥之作，所费不少，恨无以成就之耳。"（《陈献章全集》上册，第255页） ［10］观往可以知来，一真一切真，得其门而入者，无远弗届也：往，已往。来，未来。届，至、到。 ［11］白洋真境，想象不来，别纸塞命，良慕高尚耳："白洋真境"云云，指白沙先生为汪提举作诗事。其诗即七言绝句《白洋潭鱼》二首。（《陈献章全集》中册，第830页） ［12］不多及："不多及"后，林齐本、萧世延本、白沙文编有"弘治戊午八月九日，某顿首海北汪侯足下"十七字。

简析

白沙先生此信撰作于弘治十一年（1498）八月。在此信中，除应酬语之外，白沙先生主要讨论自己对于诗的基本看法，这就是“论诗当论性情，论性情先论风韵；无风韵，则无诗矣。……情性好，风韵自好；性情不真，亦难强说”。

与顾别驾止建白沙嘉会楼[1]

题旨

现在留存白沙先生写给顾叔龙的书信有三封。这里选注的是其中第一封，其内容是希望停止在江门修建嘉会楼。

执事未有不以公务而止敝邑者[2]。今日之事，欲为名教树无穷风声于后代，而姑托始于仆以为之名[3]。伏惟按治广东侍御熊公，揭名嘉会，选能集事一人使相地白沙，问于我府主林先生，以得执事[4]，遂尽闻于我藩宪诸老先生，倡斯和之。兴一役而众论攸同，举一义而多士知劝[5]，百余年间，岭海之内未闻有如今日之盛者也。顾仆何人，俾以虚誉滥竽斯会，区区不胜感激愧悚之至[6]！执事以才识卓异见重于时，诸公诚信而委之。仆愚以今地方多虞[7]，民苦力役，斯楼之建，虽以贤别驾主之，然寸土尺木不无劳费在民。愿执事再加处分，以复按治之

命。苟可已之，不但纾民之力，而"负且乘"之讥亦且不及老朽以贻玷诸贤[8]，尤见执事相爱之至也。幸甚幸甚。[9]

注释

[1]与顾别驾止建白沙嘉会楼：顾别驾，即顾叔龙。顾叔龙，字文时，号勉庵，福建莆田人。当时担任广州府通判。嘉会楼，建筑物名。张诩《翰林检讨白沙陈先生行状》云："御史熊达仿洛阳故事，欲建道德坊于白沙，以风士类，先生不可，乃议创楼于江浒，为往来嘉宾盍簪之所，榜曰嘉会。"（《陈献章全集》下册，第1171页）[2]执事未有不以公务而止敝邑者：敝邑，古代对自己诸侯国的谦称。这里是对自己所在县的谦称。这句意为：您从来就没有不是因为公务而在我们县停留的。[3]今日之事，欲为名教树无穷风声于后代，而姑托始于仆以为之名：名教，古代以儒家教化为主的礼教。风声，好的风气。姑，姑且。托始，借一事、一物或一人作为开端。这几句大意为：今日修建嘉会楼，不过是想为名教长期树立好的风气，并流传于后世，因而姑且借我的名义作为开端，以为建楼的理由。[4]伏惟按治广东侍御熊公，揭名嘉会，选能集事一人使相地白沙，问于我府主林先生，以得执事：熊公，即熊达。熊达，字成章，江西南昌人。当时担任广东巡按御史。府主林先生，即林泮。林泮，字用养，号成斋，福建闽县（今属福州一带）人。成化八年（1472）进士，授南京大理寺评事。后升广州知府，官至南京户部尚书。白沙先生写此信时，林泮担任广州知府。[5]兴一役而众论攸同，举一义而多士知劝：兴，兴起、发动。举，立、兴办。这两句意为：发起一种劳作而大家的意见相同，举办一件义事而读书人都知道相勉。

［6］顾仆何人，俾以虚誉滥竽斯会，区区不胜感激愧悚之至：俾，碧玉楼本作“猥”。滥竽，比喻无其才而居其位。会，聚合。这里指人物会集之地。愧悚，惭愧、悚惧。这几句大意为：想来我是怎么样的人，得以凭借不实的声誉来参与这样的场合，我实在不胜感激、惭愧、悚惧之至。 ［7］仆愚以今地方多虞：虞，忧虑、戒备。这句意为：我认为如今地方多难不安。 ［8］苟可已之，不但纾民之力，而“负且乘”之讥亦且不及老朽以贻玷诸贤：已，停止、放弃。纾，纾解。“负且乘”，语见《周易》“解卦”六三爻辞“负且乘，致寇至”。（意为：背负重物而乘大车，必定招致盗寇前来抢夺。比喻身为小人而乘君子之器，必有大难。）老朽，衰老而无用。此用作老年人的谦称。贻玷，留下污点。这几句意为：假使可以停止这件事，不单可以纾解民众劳役，而“负且乘”（身为小人而乘君子之器）这样的讥讽，也就不会落到我身上，也不会因此给你们留下污点。 ［9］幸甚幸甚：“幸甚幸甚”一句后，林齐本、萧世延本有“某再拜勉庵别驾先生执事”十一字。

简析

白沙先生此信撰作于弘治七年（1494）。在信中，白沙先生先是提及嘉会楼修建之来由，其内容与白沙先生七言绝句《次韵顾别驾留宿碧玉楼（五首）》序言之所说相近（参《陈献章全集》中册，第888—889页）。然后，白沙先生对于修建嘉会楼表示反对，理由是如今“地方多虞，民苦力役，斯楼之建，虽以贤别驾主之，然寸土尺木不无劳费在民”，如果能停止修建，“不但纾民之力，而‘负且乘’之讥亦且不及老朽以贻玷诸贤”。

与赵明府[1]

题旨

此信是白沙先生写给新会知县赵莹的，作于弘治四年（1491）。在信中，白沙先生对赵莹重申广东官府授命自己撰写平定后山盗寇记功碑文表示不满。

平后山碑文，仆已谢于陶公，非敢有爱于言也[2]。夫文以纪功，必书首事[3]。主后山之役者，谁乎？今秦公已去[4]，存者两府，皆非知仆者也。孟子讥未同而言[5]，此岂止于未同而已也？一二十年来，仆与人为记、序等文，多不过十数碑而已，为陶公者半之，谓仆于公有所择于言乎[6]？必不然矣。司马公作相，欲除谏官而难其人，问于伊川先生，不对。公曰："出于子口，入于光耳，何害？"伊川终不为言之[7]。语默要自有当也。若不问可否，惟以相与之密而责之言，伊川为不忠矣[8]。仆废退之余，恐收敛之不谨以取罪累，实非有他也[9]。惟执事亮之。

注释

[1] 赵明府：即赵莹。弘治二年（1489）担任新会知县。明府，汉魏以来对于太守、牧尹，均称府君或明府君，省称明府，亦有以"明府"称县令，唐代以后多用以专称县令。赵莹为新会知县，故称之为明府。 [2] 平后山碑文，仆已谢于陶公，非敢有爱于言也：平后山

碑文，即《平定后山记功碑》文。参白沙先生《与葛侍御》。谢，谢绝、辞谢。陶公，即陶鲁。爱，吝啬。　[3]必书首事：首事，首先起事。　[4]今秦公已去：秦公，即秦纮（音hóng）。秦纮，字世缨，山东单县人。景泰二年（1451）进士，授监察御史。历官户部尚书、右副都御史。弘治三年（1490），任两广总督。次年，为总兵官安远侯柳景所诬，逮诏狱。弘治十八年（1505）卒，享年八十岁。谥襄毅。　[5]孟子讥未同而言：未同而言，与人未合而勉强与之言。孟子讥未同而言，典出《孟子·滕文公下》“公孙丑问曰：‘不见诸侯何义？’孟子曰：‘古者不为臣不见。……子路曰：“未同而言，观其色赧（音nǎn）赧然，非由之所知也。”由是观之，则君子之所养，可知已矣。’”（子路之言意为：分明与别人意见不合而勉强与他讨论，脸上又表现出羞愧的神色，这可不是我所愿意看到的。）所谓孟子讥未同而言，其实是孟子引述子路之言。　[6]谓仆于公有所择于言乎：公，指陶公，即陶鲁。择，选择、挑拣。言，言辞。这里指记、序等文章。这句意为：难道说我对陶公，在文章方面是有所挑拣的吗？　[7]司马公作相，欲除谏官而难其人，问于伊川先生，不对。公曰：“出于子口，入于光耳，何害？”伊川终不为言之：司马公，即司马光。司马光，字君实。宋代陕州夏县（今山西夏县）人。反对王安石推行新法。哲宗即位，司马光入朝为相，尽改新法，恢复旧制。除，选任。难其人，难以找到合适的人。对，回答。白沙先生所谓“司马公作相，欲除谏官而难其人，问于伊川先生”云云，事见《河南程氏遗书》第十九卷，略云：“君实尝问先生云：‘欲除一人给事中，谁可为者？愿为光说一人。’先生曰：‘相公何为若此言也？如当初泛论人才却可，今既如此，某虽有其人，何可言？’君实曰：‘出于公口，入于光耳，又何害？’先生终不言”。（《二程集》第一册，第254页）　[8]若不问可否，惟以相与之密而责之言，伊川为不忠矣：相与，相交往。这几句意为：如果不问可以还是不可以，只是因为彼此之间交往亲密而要求对方言说，那么伊川就属于与人交往而不忠了。 [9] 仆废退之余，恐收敛之不谨以取罪累，实非有他也：废退，无用、退隐。罪累，归罪、拖累。这几句大意为：我在无用而退隐之余，唯恐在行为收敛方面不够谨慎而得罪别人、受到拖累，其实并没有其他的考虑。

简析

根据白沙先生《与葛侍御》“顷者，廉宪陶公惠书称执事之命，以平后山碑文委仆为之，既辞以不能矣。恐执事者不察仆之心而以为慢，别简托于东山刘先生白之。今者，赵知县自省还，过白沙，复申前命”之言，可知《与赵明府》和《与葛侍御》为同时之作，亦作于弘治四年（1491）。在《与赵明府》信中，对于新会知县赵莹重申葛侍御等人之命，让自己撰作带有歌功颂德意味的《平定后山记功碑》文，白沙先生深表不满。

与林郡博[1]

题旨

林光是白沙先生弟子。现留存的白沙先生写给林光的书信有三十八封，这里选注的是其中三封。

二

近连得缉熙两书。乌乎！尚忍言哉！平湖别家踰十年，官满来归，不见仲氏见母夫人，岂非幸耶？[2]再如京师谒选，未及一载，归哭几筵[3]。前有就禄之请而人见疑，后有终养之图而母不待。且母与褒之恩孰重？章谓哭子之爱尚可割，哭母之恨无时休[4]。不肖孤不丐先帝之仁，宁免终天之憾耶[5]！缉熙孝禀自天，岂无念母之诚？因斗升之禄以求便养，无难处者[6]，特于语默进退斟酌早晚之宜，偶欠一决，遂贻今日之悔，而世之议缉熙者多矣。当是时，虽使一恒人，非沉酣利欲得已不已者处之，亦必不能不为之动心而变色，况贤者乎[7]？自兹以往，缉熙其皎洁磊落、不为混混之迹，所以慰慈灵于地下而解群惑于当年，如毛义焉可也[8]。若不理会，此处则大错，虽二十四州铁打不就矣[9]。素辱厚爱，计必不见讶，是以尽言之[10]。定山近日之出，谁实启之？其意云何？希垂示[11]。江西来日者未过白沙[12]。银瓶岭合葬，只看年月利否，余不用问人[13]。忧病中，未由奔慰[14]。谨奉疏，不尽欲言。

注释

[1] 林郡博：即林光。郡，明代行政单位府的别称。郡博，即府学教授。此称林光为郡博，是因为林光曾担任山东兖州府、浙江严州府儒学教授。 [2] 平湖别家踰十年，官满来归，不见仲氏见母夫人，岂非幸耶：平湖，地名，属浙江嘉兴府。林光担任平湖县儒学教

谕前后长达十年。仲氏，指林光之弟林明。［3］再如京师谒选，未及一载，归哭几筵：如，去、往。谒选，到吏部等候选派官职。几筵，灵座。这里指林光母亲去世。［4］且母与褎之恩孰重？章谓哭子之爱尚可割，哭母之恨无时休：褎，林时褎，林光儿子。章，白沙先生自称。休，休止。［5］不肖孤不丐先帝之仁，宁免终天之憾耶：不肖，自谦之辞。孤，无父或父母双亡者。丐，乞求。先帝，指明宪宗朱见深。宁，哪里。终天，久远，谓如天之久远无穷。这两句意为：我如果不是乞求得到先帝的仁惠，哪里能避免永久的遗憾呢？［6］因斗升之禄以求便养，无难处者：斗升之禄，很少的俸禄。便养，方便奉养父母。处，处理。［7］虽使一恒人，非沉酣利欲得已不已者处之，亦必不能不为之动心而变色，况贤者乎：恒人，常人、平常人。沉酣，醉心于某事。得已不已，无关紧要、可有可无。变色，动容。贤者，有贤德的人。［8］如毛义焉可也：毛义，东汉庐江人，家贫，以孝行闻名。南阳张奉慕其名，往候之。府檄以毛义为安阳令。毛义奉檄，喜形于色。张奉因此在心里看不起他。后毛义母死去官。举贤良、公车征，均不至。张奉叹曰："贤者故不可测。往日之喜，乃为亲屈也。盖所谓'家贫亲老，不择官而仕'者也。"［9］若不理会，此处则大错，虽二十四州铁打不就矣：语本苏轼《与滕达道（三十）》"晚景若不打叠，此事则大错，虽二十四州铁打不就矣"。（《苏轼文集》第四册，第1485页）这几句意为：如果不加理会，在这个地方就会铸成大错，即使付出很大的代价也无法补救。［10］素辱厚爱，计必不见讶，是以尽言之：素，平素，素来。辱，谦辞，犹言承蒙。讶，讶异、惊讶。这几句意为：素来承蒙你的厚爱，估计应当不会使你感到讶异，因此我把这些全都说出来了。［11］定山近日之出，谁实启之？其意云何？希垂示：定山，即庄昶。定山近日之出，指庄昶起为南京吏部验封司郎中事。启，开导、提议。垂示，谦辞，表示对方居高以示下。（案：林光为白沙先生的弟子，白沙先生却用“垂示”这样客气的词语，其实是表示对林光的不满。）这几句意为：庄定山近日复出仕途，到底是谁提议的？其意图是什么？希望你告诉我。［12］江西来日者未过白沙：日者，以占候、卜筮为业的人。［13］银瓶岭合葬，只看年月利否，余不用问人：银瓶岭，广东东莞茶园附近山名。林光的父母安葬于其地。［14］忧病中，未由奔慰：忧病，居父母之丧。当时白沙先生在为其母亲守丧。这两句意为：我也在守丧中，没有办法前往对你表示慰唁。

简析

白沙先生此信撰作于弘治八年（1495）底。（相关考证，参黎业明《陈献章年谱》，第300—301页）林光是白沙先生的得意弟子，由于家贫母老，不得已而出仕。成化二十年（1484），林光参加会试，得中副榜。谒选，初授浙江平湖儒学教谕。十年官满之后，白沙先生不希望林光再出仕。但是，林光由于生活所迫，在弘治七年（1494）冬再次赴京谒选，次年初获授兖州府儒学教授。当时有传言说林光曾上疏，要求以兖州府儒学教授换松江府儒学教授。（参白沙先生《与张廷实主事》第四六、六八书，《陈献章全集》上册，第238、249页）弘治八年四月，林光到山东兖州府儒学教授任，不久即收到其母亲游氏病卒的消息。这就是白沙先生此信中所说的“前有就禄之请而人见疑，后有终养之图而母不待”。白沙先生此信，主要是批评林光对其母不能尽孝，并希望林光今后能像毛义那样“家贫亲老，不择官而仕”。

六

［昨晚得缉熙二月二十八日手书，］[1]承谕进学所见，甚是超脱，甚是完全。病卧在床，忽得此柬，读之慰喜无量，自不觉呻吟之去体也[2]。终日乾乾，只是收拾此而已[3]。此理干涉至大，无内外、无终始，无一处不到，无一息不运。会此，则天地我立，万化我出，而宇宙在我矣[4]。得此霸柄入手，更有何事[5]！往古来今，四方上下，都一齐穿纽、一齐收拾，随时随处，无不是这个充塞[6]。色色信他本来，何用尔脚劳手攘[7]？舞雩三三两两，正在勿忘勿助之间。曾点些儿活计，被孟子一口打并出来，便都是鸢飞鱼跃[8]。若无孟子工夫，骤而语之以曾点见趣，一似说梦。会得，虽尧舜事业，只如一点浮云过目，安事推乎[9]？此理包罗上下，贯彻终始，滚作一片，都无分别、无尽藏故也[10]。自兹已往，更有分殊处，合要理会[11]。毫分缕析，义理尽无穷，工夫尽无穷。书中所云，乃其统体该括耳。病中还答不周，言多未莹，乞以意会[12]。前此所谕，“［天］命之理”以下数段[13]，亦甚切实有味，愧不时复。草席、香各领赐，感感[14]。

注释

［1］昨晚得缉熙二月二十八日手书：此十三字原缺，据《南川冰蘖全集》卷末附录此信补。（林光《南川冰蘖全集》，第442

页）　［2］读之慰喜无量，自不觉呻吟之去体也：慰喜，感到安慰、高兴。无量，无法计算，谓数量极多。呻吟，原指因痛苦而发出的声音，此指病痛。去，离开。体，身体。这两句意为：读了你的来信，我感到十分安慰与高兴，自己甚至没有发觉病痛都痊愈了。　［3］终日乾乾，只是收拾此而已：终日乾乾，语见《周易》“乾卦”九三爻辞“君子终日乾乾”。（意为：君子整天自强不息。）“收拾此”，《明儒学案》所引述作“收拾此理”。（黄宗羲《明儒学案》上册，第85页）收拾，整理，此指体会。　［4］会此，则天地我立，万化我出，而宇宙在我矣：会，理解、领悟。这几句大意为：能领悟此理，那么天地与我并立，万化与我并出，而宇宙也存在于我心中了。［5］得此霸柄入手，更有何事：霸柄，同“把柄”，一般指能对人进行要挟的证据，这里指关键要素。　［6］都一齐穿纽、一齐收拾，随时随处，无不是这个充塞：纽，纽扣、带的结扣。穿纽，原指穿过纽扣来结好带子，这里疑引申为连结、联系。这个，指信中前文所说的“此理干涉至大”的“此理”。充塞，满、充斥。随时随处，无不是这个充塞，是说此理无时不在、无处不在。　［7］色色信他本来，何用尔脚劳手攘：色色，犹言各种各样。信，听任、听凭。脚劳手攘，犹言动手动脚，指过度的人为努力。这两句意为：对于各种各样的事物，只要顺着其本来的样子（顺其自然）就好，哪里用得着过度的人为努力呢？　［8］舞雩三三两两，正在勿忘勿助之间。曾点些儿活计，被孟子一口打并出来，便都是鸢飞鱼跃：舞雩三三两两，典出《论语·先进》“子路、曾皙、冉有、公西华侍坐”章。其文云，子路、冉有、公西华各言其志之后，孔子问曾皙，“‘点！尔何如？’鼓瑟希，铿尔，舍瑟而作，对曰：‘异乎三子者之撰。’子曰：‘何伤乎？亦各言其志也。’曰：‘莫春者，春服既成。冠者五六人，童子六七人，浴乎沂，风乎舞雩，咏而归。’夫子喟然叹曰：‘吾与点也！’”曾点，即曾晳，曾参之父，孔子之弟子。勿忘勿助，语出《孟子·公孙丑上》“必有事焉而勿正，心勿忘，勿助长也”。鸢，鸷鸟，俗称鹞鹰、老鹰。鸢飞鱼跃，语本《诗经·大雅·旱麓》“鸢飞戾天，鱼跃于渊”。（其意为：鸢飞翔至于天以遨游，鱼跳跃出于渊而喜乐。说的是万物顺其自然、各得其所。） ［9］虽尧舜事业，只如一点浮云过目，安事推乎：尧舜事业，指位居天子，富有天下。浮云，浮动在空中的云，比喻不值得关心和重视的事情。［10］都无分别、无尽藏故也：无尽藏，原为佛教语，指真如法性广大无边，作用于万物无穷无尽，后指用之无穷者为无尽藏。［11］更有分殊处，合要理会：分殊，即理一分殊之分殊。理一分殊，是宋明理学的一个重要命题，主张宇宙间有一个共同的、最高的理，而万事万物各自的理都是这个最高的理之体现。所谓分殊，是指万事万物及其各自依据的理。合，应当、应该。 ［12］病中还答不周，言多未莹，乞以意会：周，周全、周备。莹，明净、晶莹。意会，不要拘泥于言词，而从内心领会。 ［13］“［天］命之理”以下数段：“天”字原缺。经查考，此所谓“前此所谕，天命之理以下数段”，是指成化七年（1471）正月二十五日林光《奉陈石斋先生书》“天命之理流行而不已者”以下数段文字。（林光《南川冰蘖全集》，第101页）据补。 ［14］感感：“感感”之后，《南川冰蘖全集》卷末附录此信有“辛卯四月十一日”七字（林光《南川冰蘖全集》，第443页）；林齐本、萧世延本、白沙文编则有“辛卯四月”四字。感感，犹言感谢感谢、多谢多谢。

简析

此信作于成化七年四月，是白沙先生对林光《奉陈石斋先生书》的答复。在《奉陈石斋先生书》中，林光说，“天命之理流行而不已者，日参倚在前，有目者能尽见之乎！故养之不周而欲区区于论辨，亦训解焉而已耳；见之不明而欲自试于众务，亦亿逆焉而已耳。如是而学，必日在口耳私意中也，其于性命之理盖日相远，况能自得而至于沛然之境乎？无自然之味，欲独强其心而求前，亦气使之耳，久能无变乎？孟子之言曰‘君子深造以道，欲其自得之也’，孔子之言曰‘予欲无言’，意何深也”。（林光《南川冰蘖全集》，第101页）在信中，白沙先生对于林光学问的进步表示高兴，同时顺着林光的观点，重申了自己学以自然为宗的思想，并希望林光对于宋儒的理一分殊主张能够全面把握，“自兹已往，更有分殊处，合要理会”，不能只注重理一而忘了分殊。

二二

前日告秉之等只宜静坐[1]。子翼云[2]：“书籍多了，担子重了，恐放不下。”只放不下，便信不及也。此心元初本无一物，何处交涉得一个放不下来。假令自古来有圣贤未有书籍，便无如今放不下。如此，亦书籍累心耶？心累书籍也？夫人所以学者，欲闻道也。苟欲闻道也，求之书籍而道存焉，则求之书籍可也；求之书籍而弗得，反而求之吾心而道存焉，则求之吾心可也。恶累于外哉[3]？此事定要觑破，若觑不破，虽日从事于学，亦为人耳[4]。夫子语为政曰：“足食，足兵，民信之矣。”子贡曰：“必不得已而去，三者何先？”曰：“去兵。”“必不得已而去，二者何先？”曰：“去食。”[5]必不得已而去，非恶而去之，三者不可得兼，则亦权其轻重次第取舍之而已[6]。夫养善端于静坐而求义理于书册，则书册有时而可废，善端不可不涵养也，其理一耳。斯理也，识时者信之，不识时者弗信也；为己者用之，非为己者弗用也[7]。诗、文章、末习、著述等路头一齐塞断、一齐扫去，毋令半点芥蒂于我胸中[8]，夫然后善端可养，静可能也。终始一意，不厌不倦，优游厌饫，勿助勿忘，气象将日进，造诣将日深[9]。所谓"至近而神""百姓日用而不知"者，始自此迸出体面来也[10]。到此境界，愈闻则愈大，愈定则愈明，愈逸则愈得，愈易则愈长。存存默默，不离顷刻，亦不着一物[11]，亦不舍一物；无有内外，无有大小，无有隐显，无有精粗，一以贯之矣，此之谓自得[12]。清明日书。缉熙更为申说，令了了[13]。

注释

[1] 前日告秉之等只宜静坐：秉之，即林琰。 [2] 子翼云：子翼，即林敬。林敬，字子翼，广东东莞人。林光族人，白沙先生弟子。 [3] 恶累于外哉：恶，音wū，如何、怎么。累，牵累、拖累。[4] 此事定要觑破，若觑不破，虽日从事于学，亦为人耳：觑，音qù，把眼睛眯成一条细缝来看；瞧。觑破，看破。为人，见知于人、炫耀于人。虽日从事于学，亦为人耳，典出《论语·宪问》"子曰：'古之学者为己，今之学者为人'"。朱熹注释引述程子云："为己，欲得之于己也。为人，欲见知于人也。" [5] 夫子语为政曰："足食，足兵，民信之矣。"……"去食。"：语见《论语·颜渊》"子贡问政。子曰：'足食，足兵，民信之矣。'子贡曰：'必不得已而

去，于斯三者何先？’曰：‘去兵。’子贡曰：‘必不得已而去，而于斯二者何先？’曰：‘去食。自古皆有死，民无信不立。’”足食，足兵，民信之矣，是说有充足的粮食，有足够的军备，百姓对政府就会信任。去，去掉、抛弃。［6］必不得已而去，非恶而去之，三者不可得兼，则亦权其轻重次第取舍之而已：恶，音wù，厌恶。权，权衡。这几句意为：实在不得已而去掉，并不是因为厌恶而去掉。由于三者（粮食、军备、百姓对政府的信任）不能兼而有之，则权衡其轻重、次第而加以取舍而已。［7］为己者用之，非为己者弗用也：为己，得之于己、充实自己。【参本篇注释［4］】弗，不。［8］诗、文章、末习、著述等路头一齐塞断、一齐扫去，毋令半点芥蒂于我胸中：路头，路子、方向。芥蒂，小的梗塞物，比喻心中的嫌隙或不快。［9］气象将日进，造诣将日深：气象，原指自然界的景色、景象，此指人的情态。［10］所谓“至近而神”“百姓日用而不知”者，始自此迸出体面来也：“至近而神”，此语又见白沙先生《复张东白内翰》，典出何处待考。意为道是十分浅近平常的，但它又是十分神妙莫测的。“百姓日用而不知”，语见《周易·系辞上》“仁者见之谓之仁，知者见之谓之知，百姓日用而不知，故君子之道鲜矣”。迸，音bèng，迸发。体面，体统、规矩。［11］存存默默，不离顷刻，亦不着一物：存存默默，存其所当存，默其所当默。着，执着。［12］无有内外，无有大小，无有隐显，无有精粗，一以贯之矣，此之谓自得：隐显，隐晦、明显。一以贯之，以一个基本原理贯穿。典出《论语·里仁》“子曰：‘参乎！吾道一以贯之。’曾子曰：‘唯。’子出，门人问曰：‘何谓也？’曾子曰：‘夫子之道，忠恕而已矣！’”《论语·卫灵公》“子曰：‘赐也，女以予为多学而识之者与？’对曰：‘然，非与？’曰：‘非也，予一以贯之。’”［13］令了了：了了，明白、清楚。

简析

此信疑作于成化十一年（1475）清明日。（相关考证，参黎业明《陈献章年谱》，第88—89页）信中，针对林敬现在要读的书籍太多，恐怕无法将其放下，没有时间静坐的说法，白沙先生认为，为学的目的是闻道。而在为学闻道过程中，书籍与静坐（反求诸心）同样重要，"苟欲闻道也，求之书籍而道存焉，则求之书籍可也；求之书籍而弗得，反而求之吾心而道存焉，则求之吾心可也"。如果必须在书籍与静坐之间做出选择，不得已必须放弃其中一个（必须注意的是，白沙先生是说"必不得已而去，非恶而去之"），则宁可选择静坐，"夫养善端于静坐而求义理于书册，则书册有时而可废，善端不可不涵养也"。要知道，书籍是后来才出现的。

与宝安诸友

题旨

此信是白沙先生写给他的弟子林时嘉、袁晖等人的，写作时间为成化二十二年（1486）上半年。

章衰矣，齿发日变于旧[1]。亡兄属纩之初，老母哭之欲绝[2]，积忧之余，面足俱肿。由某获罪于天，不死，延祸同气，以上累于高堂[3]，痛彻骨髓，如何可言！诸君不遗老朽，慰之连尺，抚状不胜悲哽倾感之至[4]。子逢别纸，具得平湖履任之详[5]，可叹可叹。彭泽不折腰于督邮，平湖不屈膝于当道，“乐则行之，忧则违之”，古今一揆也[6]。数日前，阅甲辰旧诗，改《赠平湖》章云：“偶从道路得行藏，南北东西又此乡。沧海一身堪自远，平湖数口为他忙。江山旧宅香株老，篱落东风豆角长。小与先生分出处，扶留窗下细抄方。”又改次章颔联云：“到手闲官如处士，从头诗卷又江湖。”去秋，与张进士唱和绝句云[7]：“不求老马在长途，谁道乾坤一马无？伯乐未来幽蓟北，凭君传语到平湖。”诸诗谩尔，岂遂为之兆乎[8]！诸君其亟椽榄山之室，南川之归无日矣[9]。景易今秋不免随俗应试[10]，非得已也。家贫不能日给，无可仰干于人[11]，一也；祖母年高气衰，悼往忧来，怀抱作恶，希得一解可以慰解，二也；是儿赋分已定，责之以越常之事，必不能堪，三也。功服不得科试[12]，程子据礼言之当如此，亦古人常事耳；在今日，可以望于贤者而不律众人也。若曰祖父丧在浅土，虽服已除[13]，亦不应试，此又过今之人远甚，子逢自量力为之。孟子曰“持其志，无暴其气”[14]，为之而力弗逮，反暴其气矣。秉之在狱安否[15]？祸变之成，非一朝夕。今日之事，不知秉之平生费多少曲蘖酝酿来也[16]。为我谢平湖。秉之虽穷，使甘心觚翰如藏用辈，低徊于里塾，宁有此[17]？惜哉！

注释

［1］章衰矣，齿发日变于旧：章，白沙先生自称。齿发，牙齿、

头发。齿发日变于旧，谓牙齿脱落、头发变白，一天天变得与往日不同，形容衰老之态。［2］亡兄属纩之初，老母哭之欲绝：亡兄，指白沙先生当时刚过世不久的哥哥陈献文。陈献文，字公载，号古愚。属纩，《礼记·丧大记》云，“疾病，……属纩以俟绝气”。纩，音kuàng，指新丝绵，其质轻，遇气即动。人之将死，在口鼻上放丝绵，以观察有无呼吸，叫属纩，后称病重将死为属纩。欲绝，想要死去。［3］延祸同气，以上累于高堂：延，扩展、漫延。同气，有血统关系的亲属，后多指同胞兄弟。高堂，谓父母，这里指白沙先生的母亲。［4］诸君不遗老朽，慰之连尺，抚状不胜悲哽倾感之至：连尺，疑指连续不断。状，文体的一种，指向上级陈述事实的文书，这里指来信。悲哽，悲伤哽咽。倾感，钦慕感激。这几句大意为：诸君没有忘记我，安慰我的书信接连不断，读着你们的书信，我不胜悲伤哽咽、钦慕感激之极。［5］子逢别纸，具得平湖履任之详：子逢，即林时嘉。林时嘉，字子逢，广东东莞人。林光族子。跟随林光从游白沙先生之门，自律甚严。入邑庠，规行矩步，不习流俗。具，全、都。平湖，指林光。林光当时担任浙江平湖儒学教谕。这两句意为：根据子逢附来的书信，比较全面得知林光履任平湖儒学教谕的详情。［6］彭泽不折腰于督邮，平湖不屈膝于当道，“乐则行之，忧则违之”，古今一揆也：彭泽，指陶渊明。陶渊明曾担任彭泽县令。督邮，官名，汉代设置，为郡守之佐吏，掌管督察纠举所领县违法之事。彭泽不折腰于督邮，昭明太子《陶渊明传》记载云，渊明担任彭泽令，“岁终，会郡遣督邮至县，吏请曰：‘应束带见之。’渊明叹曰：‘我岂能为五斗米折腰向乡里小儿！’即日解绶去职，赋《归去来》”。违，避开。“乐则行之，忧则违之”，语见《周易·乾文言》，意为：称心的事就去将其实行，不称心的事就将其躲避。一揆，同一个道理、一个样。［7］与张进士唱和绝句云：张进士，指张诩。［8］诸诗谩尔，岂遂为之兆乎：谩尔，随意而言。兆，事情发生前的征候、迹象；征兆。［9］诸君其亟椽榄山之室，南川之归无日矣：亟，赶快、急速。椽，音chuán，原指放在檩子上架屋瓦的木条，这里作动词，指修补、修葺。榄山，广东东莞茶园附近山名。南川，指林光。无日，犹言不久。［10］景易今秋不免随俗应试：应试，参加科举考试（秋季举办的为乡试）。［11］家贫不能日给，无可仰干于人：日给，每日供给。仰干，依赖乞求。这两句大意为：家里穷，不能满足每日的供给，又不能仰人鼻息、向人乞求。［12］功服不得科试：功服，古礼丧服大功、小功的通称。小功，五服之一，其服用较粗的熟布制成，服期五个月。大功，亦五服之一，其服用熟麻布制成，较齐衰稍细，较小功为粗，服期九个月。科试，参加科举考试。［13］若曰祖父丧在浅土，虽服已除：丧在浅土，疑指死者已经下葬。服已除，已除去丧礼之服，犹言“除丧”。［14］孟子曰“持其志，无暴其气”：语见《孟子·公孙丑上》。暴，损害、糟踏。这两句意为：孟子说，要持守其心志，而不要损害其意气。［15］秉之在狱安否：秉之，即林琰。［16］不知秉之平生费多少曲糵酝酿来也：曲糵（音qū niè），原作“曲糵”，据高简本、萧世延本、白沙文编改。曲糵，酒母，由曲霉和它的培养基制成的块状物，用于酿酒等。［17］秉之虽穷，使甘心觚翰如藏用辈，低徊于里塾，宁有此：觚，音gū，古人用以书写的木简。翰，毛笔。古代用羽毛为笔，故以翰代称。觚翰，原指用于书写的木简与毛笔，此指读书学习。藏用，即袁晖。袁晖，字藏用，广东东莞人。十岁丧父时，往墓下号泣。家贫，制作贩卖香柜来赡养母亲。晚上则读书。白沙先生过访，大为称许，晖遂游于其门。其学务力行，不事章句。低徊，原指徘徊，此指教学。（白沙先生《寄袁晖、林敬》第二首有小注云：“晖治香柜自给，近为社学师矣。”参《陈献章全集》中册，第835页）

塾，家学。旧时私人设立的教学场所。这几句意为：秉之虽然贫穷，假使能像袁藏用等人那样认真读书，得以在乡里私塾当中教学，哪里会被关入狱中呢？

简析

此信作于成化二十二年上半年。（相关考证，参黎业明《陈献章年谱》，第201—202页）白沙先生此信，内容比较繁杂，既涉及其兄长陈献文逝世事，又涉及其次子陈景昜参加秋试事；既谈及林光担任平湖教谕之不顺利，又谈及子逢（林时嘉）是否应该参加秋试、对秉之（林琰）在监狱之忧。这些都是平常之事，反映了白沙先生对家庭的爱护、对门人的关心。

与崔楫[1]

题旨

现留存的白沙先生写给崔楫的书信有两封，这里选注的是第二封，写作时间为弘治六年（1493）腊月。

某疏：不意先府君奄忽倾逝，衰病多遗，不时奉慰，罪罪[2]。比日寒甚，想孝履如宜[3]。弃礼从俗，坏名教事，贤者不为。愿更推广此心于一切事，不令放倒。名节，道之藩篱[4]。藩篱不守，其中未有能独存者也，老拙所见多矣。愿希说勉之。[5]

注释

［1］崔楫：字希说，广东南海人。白沙先生弟子。能诗。［2］不意先府君奄忽倾逝，衰病多遗，不时奉慰，罪罪：先，称已死的人，多用于尊长。先府君，多用于称自己的亡父，此指他人的亡父。奄忽，迅疾、倏忽；亦用于比喻死亡。倾逝，死亡。遗，遗漏、遗忘。这几句大意为：想不到你父亲这么快就离世，我由于衰病多忘，不能及时奉疏安慰，罪过罪过。［3］比日寒甚，想孝履如宜：比日，近日。想，希望、料想。孝履如宜，居丧所做的都能依照应该做的来做。［4］名节，道之藩篱：名节，名誉与节操。藩篱，以竹木编成的篱笆，为房屋的外蔽，引申为守卫。这两句意为：名誉与节操，这是儒家之道的防线。［5］愿希说勉之："愿希说勉之"后，林齐本、萧世延本、白沙文编有"弘治癸丑腊十二日，某疏上"十一字。

简析

此信作于弘治六年腊月十二日。白沙先生此信很短，乃系安慰崔楫丧父而作。其中"弃礼从俗，坏名教事，贤者不为""名节，道之藩篱。藩篱不守，其中未有能独存者也"数言，既是白沙先生劝说弟子注重名节之语，也是白沙先生自己维护名教之论。

与李德孚[1]

题旨

现留存的白沙先生写给朋友李祯的书信有两封，这里选注的是第二封，写作时间为成化九年（1473）二月。

别纸乞恕专擅[2]。闻老兄近复假馆禅林静坐，此回消息必定胜常[3]。耳根凡百所感，便判了一个进退，老兄今日此心比诸平时更稳帖无疑否？贱疾幸少脱体，但寻常家中亦被聒噪，情绪无欢[4]。大抵吾人所学，正欲事事点检[5]。今处一家之中，尊卑老少咸在，才点检着便有不由己者，抑之以义则咈和好之情[6]。于此处之，必欲事理至当而又无所忤逆，亦甚难矣。如此，积渐日久，恐别生乖戾[7]，非细事也。将求其病根所在而去之，祗是无以供给其日用，诸儿女婚嫁在眼，不能不相责望[8]。在己既无可增益，又一切裁之以义，俾不得妄求，此常情有所不堪，亦乖戾所宜有也。［昔者，罗先生劝仆卖文以自活[9]，当时甚卑其说，据今事势如此，亦且不免食言。但恐欲纾目前之急，而此货此时则未有可售者，不知如何可耳。老兄幸为我一筹之。此语非相知深者不道，惟心照。癸巳二月十三日，某拜德孚先生侍史。］[10]

注释

［1］李德孚：即李祯。李祯，字德孚，广东番禺人。白沙先生之友。［2］别纸乞恕专擅：专擅，独断独行。这句意为：我在附上的另外一封信中，请求你宽恕我的独断独行。［3］闻老兄近复假馆禅林静坐，此回消息必定胜常：假馆，借住。禅林，佛教寺院。胜常，书信中祝人顺适的客套语。［4］贱疾幸少脱体，但寻常家中亦被聒噪，情绪无欢：脱体，这里指疾病好转、痊愈。聒噪，音guō zào，吵闹。这几句意为：我的病幸好已经稍为好转，只是平常在家里也被吵扰，十分不愉快。［5］正欲事事点检：点检，反省检查。［6］抑之以义则咈和好之情：抑，遏止、约束。咈，音fú，违背、抵触。［7］如此，积渐日久，恐别生乖戾：积渐，逐渐积成。乖戾，抵触、不和。［8］诸儿女婚嫁在眼，不能不相责望：在眼，在即。责望，责难抱怨。［9］罗先生劝仆卖文以自活：罗先生，指罗伦。卖文，以文卖钱，如帮别人撰写碑记等以取得润金。［10］自“昔者”至“某拜德孚先生侍史”九十字原缺，据林齐本、萧世延本、白沙文编补。

简析

此信作于成化九年二月。白沙先生此信之主要内容，是其对朋友李德孚诉说自己家事的烦恼，真可谓“家家都有一本难念的经”。在现存白沙先生著作的古代各版本中，除林齐本、萧世延本《白沙先生全集》及《白沙先生文编》之外，其他版本均删除“昔者，罗先生劝仆卖文以自活”以下一段文字。他们之所以删除这段文字，可能是希望维护白沙先生的形象。其实，保留这段文字，能够让我们看到一个更真实的白沙先生。

与林蒙庵[1]

题旨

林雍是白沙先生朋友。白沙先生写给林雍的书信不止一封，其诗文集中的《与林春官》也是写给林雍的。（《陈献章全集》上册，第264—265页）这封题为《与林蒙庵》的信，作于成化九年（1473）四月。

某启：不闻问久矣，忽得手书，读之恍若蒙庵之登我堂也。昔者，尝一造蒙庵于京师则拜蒙庵，今思蒙庵而不见，见蒙庵之书则拜其书，如对蒙庵焉。呜呼，可胜慰哉！贤者之爱人也期于德，不贤者之爱人也期于姑息[2]。读蒙庵之书，知蒙庵之爱我，亦如我之爱蒙庵也。虽然，有甚爱者，有甚忧也。蒙庵之爱我甚，其于人也则忧；仆之自爱则忧，其于人也则否。忧其忧，无忧人之忧，其亦有以异乎[3]？蒙庵官于朝也，则行乎朝；仆之居山林也，则行乎山林。蒙庵欲以其道施诸人，仆犹未免于自治，其不能无忧一也，在己在人则殊耳。梁石、时可之忧在己者，而亦为人忧；克恭则舍其在人者以自忧[4]。是三人者，仆皆有慕焉，而其忧不同，又何怪乎出处之殊也？蒙庵所称胡提学[5]，亦如蒙庵之忧者也。彼其意以为古之道不征于今则人不信，不信，民弗从，是固忧时者之所图也[6]。其为人也，雍容平恕，乐善而忘势；其于仆也，有一日之雅焉[7]。仆之得誉于提学，苟非其为人之急，亦朋友相好之私耳，非提学之心本然也，蒙庵置之勿言可也。古之为士者，急乎实之不至；今之为士者，急乎名之不著。周子曰："实胜，善也；名胜，耻也。"[8]仆窃愿与诸公共勉焉。若夫往来音问之有无，各随所感应之。宜疏，疏；宜数，数[9]。不过乎情，不弛乎敬，惟当乎时义焉耳，此之谓《易》也[10]。必曰"我无利乎彼，我勿言"，不可也。持此以广蒙庵之意，何如？[11]

注释

[1]林蒙庵：即林雍。林雍，字万容，号蒙庵，福建漳州人。景泰五年（1454）进士，授行人。历官驾部郎中，乞归。白沙先生之友。 [2]贤者之爱人也期于德，不贤者之爱人也期于姑息：期，希望。 [3]忧其忧，无忧人之忧，其亦有以异乎："其亦"之"其"，难道，同"岂"。这几句意为：以自己的忧虑为忧虑，不以别人的忧虑为忧虑，难道也有不同吗？ [4]梁石、时可之忧在己者，而亦为人忧；克恭则舍其在人者以自忧：梁石，即周瑛。周瑛，字梁石，号翠渠，福建莆田人。成化五年（1469）进士，任官广德州。弘治初官四川参政，升右布政使。白沙先生之友。时可，即周孟中。周孟中，字时可，号苇庵，又号畏斋，江西吉安人。成化五年进士。累官至广东左布政使。亦白沙先生之友。克恭，即贺钦。 [5]蒙庵所称胡提学：胡提学，即胡荣。 [6]是固忧时者之所图也：图，计议、谋划。 [7]其于仆也，有一日之雅焉：雅，平素。引申为交往。这两句意为：他（胡荣）与我，也有一些交往。 [8]周子曰："实胜，善也；名胜，耻也。"：语见周敦颐《通书·务实》。

这几句意为：周子说："在实修方面优胜，是美好的；在名声方面优胜，是可耻的。" ［9］宜疏，疏；宜数，数：疏，稀少、稀疏。数，音shuò，屡次、多次；频密。这几句意为：与人交往，应当稀疏，就稀疏一些；应当频密，就频密一些。［10］不过乎情，不弛乎敬，惟当乎时义焉耳，此之谓《易》也：弛，丢开、忘却。时义，时位之义。《周易》中多次说到"时义"，如《周易》豫卦彖传云，"豫之时义大矣哉"；随卦彖传云，"随之时义大矣哉"；颐卦彖传云，"颐之时义大矣哉"；等等。这是《周易》中的一个重要观念。是故，白沙先生将是否当乎时义，称为《周易》之道。这几句意为：不超过实情，不失于恭敬，只考虑其与时位之义相得当而已，这就称为《周易》之道。［11］持此以广蒙庵之意，何如：广，扩充、推广。又："何如"后，林齐本、萧世延本、白沙文编有"癸巳四月廿六日，某拜蒙庵先生阁下"十五字。

简析

此信作于成化九年四月。白沙先生在信中所说的似乎都是一些平常的事情，如提到自己与林雍、周瑛、周孟中等所喜爱、所忧虑的各不相同，这是有官职与没有官职的不同，这是出与处的不同；如提到读书人之所急，有人担心实之不至，有人担心名之不著，并引述周敦颐《通书》所说"实胜，善也；名胜，耻也"，这是古今为士者的不同。白沙先生信中所说，其实就是孔子及其弟子曾子之所言。（《论语·宪问》云："子曰：'不在其位，不谋其政。'曾子曰：'君子思不出其位。'"又云："子曰：'君子耻其言而过其行。'"）至于信中"若夫往来音问之有无，各随所感应之。宜疏，疏；宜数，数。不过乎情，不弛乎敬，惟当乎时义焉耳"之言，与白沙先生成化八年（1472）《喻塾中帖》"大抵情不可过，会不可数。抑情以止慢，疏会以增敬，终身守此，然后故旧可保”之语，（《陈献章全集》上册，第108页）本质上是相同的。

与何时矩[1]

题旨

何时矩，即何廷矩，原为白沙先生弟子，后背叛师门。现在留存白沙先生写给何时矩的书信有四封，这里选注的是其中两封。

一

宇宙内更有何事，天自信天，地自信地，吾自信吾；自动自静，自阖自辟，自舒自卷[2]；甲不问乙供，乙不待甲赐；牛自为牛，马自为马；感于此应于彼，发乎迩见乎远[3]。故得之者，天地与顺，日月与明，鬼神与福，万民与诚，百世与名，而无一物奸于其间[4]。乌乎，大哉！前辈云：“铢视轩冕，尘视金玉。”此盖略言之以讽始学者耳[5]。人争一个觉，才觉便我大而物小、物尽而我无尽。夫无尽者，微尘六合，瞬息千古，生不知爱，死不知恶，尚奚暇铢轩冕而尘金玉耶？[6]

注释

[1] 与何时矩：“与何时矩”，原误作“与林时矩”。白沙文

编作“与何时矩”；林齐本、高简本、萧世延本作“与时矩”。经查，胡居仁《与罗一峰》云，“获睹公甫《与何时矩书》，欣然喜其见道大意。然推之，其曰‘天自信天，地自信地，吾自信吾’，又曰‘微尘六合，瞬息千古’，只是一个儱侗（音lǒng tǒng，同‘笼统’）自大之言，非真见此道之精微者，乃老庄佛氏之余绪。圣贤之言平正切实，天虽知其所以为天，而未尝曰‘天自信天’也”；（胡居仁《胡文敬集》，《景印文渊阁四库全书》第1260册，第18页）黄宗羲《明儒学案·白沙学案上》选录其中第一、第三两信，题为“与何时矩”。［黄宗羲《明儒学案（修订本）》上册，第86页］据白沙文编以及胡居仁、黄宗羲之说，此题下书信，都是白沙先生“与何时矩”的，因此改正。［2］自动自静，自阖自辟，自舒自卷：阖，音hé，合、闭合。辟，开、张开。［3］发乎迩见乎远：迩，近。［4］而无一物奸于其间：奸，音gān，犯、干犯。［5］前辈云：“铢视轩冕，尘视金玉。”此盖略言之以讽始学者耳：前辈，此指周敦颐。“铢视轩冕，尘视金玉”，语见周敦颐《通书·富贵》。铢，古代衡制单位，二十四分之一两为一铢，借以言其轻。轩冕，卿大夫的轩车与冕服，借以指官位俸禄。尘，尘土，借以言其贱。金玉，黄金与玉石，借以指金钱财富。两句意为：将轩冕视同锱铢，将金玉视如尘土。讽，托辞婉言劝说。［6］夫无尽者，微尘六合，瞬息千古，生不知爱，死不知恶，尚奚暇铢轩冕而尘金玉耶：六合，指上下与东西南北四方，泛指天下、宇宙。生不知爱，死不知恶，语出《庄子·大宗师》“不知说生，不知恶死”。（说，其音义同“悦”。恶，音wù，厌恶。）这几句意为：对于体悟到无穷无尽境界的人来说，天下四方如同微尘，千秋万代如同瞬息，对生不知爱恋，对死不会厌恶，哪里有闲暇来铢视轩冕、尘视金玉呢？

简析

白沙先生此信撰作的具体时间不详。然而，白沙先生的同门胡居仁在《与罗一峰》中曾引述并且批评此信。罗伦卒于成化十四年（1478）九月，可以肯定胡居仁《与罗一峰》作于成化十四年之前，而白沙先生此信，作于胡居仁《与罗一峰》之前，则是毫无疑问的。白沙先生在信中，强调人在宇宙中的主体地位，人可与天地参，不应受任何外在事物的束缚。然而，胡居仁认为白沙先生此信中所言，不过是“老庄佛氏之余绪”。胡居仁在《与罗一峰》之中批评说：“公甫陈先生名重海内，与先生所交最深，居仁与四方士子亦以斯道望于公甫。不意天资过高，入于虚妙，遂与正道背驰，不知先生曾疑之否？若曰不知其非，则思修身事亲不可以不知人，思知人不可以不知天，知其非而不告，已亏朋友之义所以辅仁责善者，其失已在我。获睹公甫《与何时矩》书，欣然喜其见道大意。然推之：其曰‘天自信天，地自信地，吾自信吾’，又曰‘微尘六合，瞬息千古’，只是一个儱侗自大之言，非真见此道之精微者，乃老庄佛氏之余绪。圣贤之言，平正切实，天虽知其所以为天，而未尝曰‘天自信天’也”。（胡居仁《胡文敬集》，《景印文渊阁四库全书》，第1260册，第18页）虽然白沙先生并不认为自己是“流于禅学者”［参《复赵提学佥宪（三）》］，但是其深受老庄佛教，尤其是庄子与禅宗的影响，则是不可否认的事实，如信中“生不知爱，死不知恶”就出自《庄子·大宗师》“不知说生，不知恶死”。

三

禅家语初看亦甚可喜，然实是儱侗，与吾儒似同而异，毫厘间便分霄壤，此古人所以贵择之精也[1]。如此辞所见，大体

处了了如此，闻者安能不为之动？但起脚一差，立到前面，无归宿、无准的，便日用间种种各别，不可不勘破也[2]。拙和一首奉去[3]，可一阅。更将《中庸》首尾紧要处沉潜，要见着落，却还一字也[4]。献章书与时矩。

注释

[1] 禅家语初看亦甚可喜，然实是儱侗，与吾儒似同而异，毫厘间便分霄壤，此古人所以贵择之精也：禅家语，指佛教著作。霄壤，天与地，比喻相去极远。择，挑选、选择。 [2] 但起脚一差，立到前面，无归宿、无准的，便日用间种种各别，不可不勘破也：差，过失、差错。准的，箭靶，引申为目标。勘破，看破。 [3] 拙和一首奉去：拙，粗劣，常用作谦辞。和，音hè，和诗。拙和一首，白沙先生有《得何时矩书》，诗云："良友惠我书，书中竟何如？上言我所忧，下述君所趋。开缄读三四，亦足破烦纡。丈夫立万仞，肯受寻尺拘？不见柴桑人，丐食能欢娱？孟轲走四方，从者数十车。出处固有间，谁能别贤愚。鄙夫患得失，较计于其初。高天与深渊，悬绝徒嗟吁。"（《陈献章全集》中册，第422页）白沙先生所和，不知是否此诗。 [4] 更将《中庸》首尾紧要处沉潜，要见着落，却还一字也：《中庸》，书名，相传为孔子的孙子子思所作。原为《礼记》中的一篇。朱熹将其与《大学》《论语》《孟子》合编为"四书"，并加以注释。沉潜，浸润，指认真体会。着落，下落、归宿。还，回复。

简析

白沙先生此信撰作的具体时间不详。虽然白沙先生自己深受老庄佛教尤其是庄子与禅宗的影响，但是他反对何时矩读禅家语，认为禅宗“与吾儒似同而异，毫厘间便分霄壤”，他要求何时矩去读儒学经典，而且要“将《中庸》首尾紧要处沉潜，要见着落”。白沙先生毕竟不是道家，不是佛徒。白沙先生似乎担心何时矩逃禅。后来，白沙先生的担忧不幸成为事实，何时矩背叛了白沙先生，“拜游方头陀杨晓为师”。（湛若水《跋李味泉家藏石翁手帖后》，《甘泉先生续编大全》下册，第609页）

诗选

五言古诗

和杨龟山《此日不再得》韵[1]

题旨

成化二年（1466），白沙先生重游太学（即北京国子监）。一日，祭酒邢让令白沙先生和杨龟山《此日不再得》，此诗就是白沙先生所和之诗。

能饥谋艺稷，冒寒思植桑[2]。少年负奇气，万丈磨青苍。梦寐见古人，慨然悲流光[3]。吾道有宗主，千秋朱紫阳[4]。说敬不离口，示我入德方[5]。义利分两途，析之极毫芒[6]。圣学信匪难，要在用心臧[7]。善端日培养，庶免物欲戕[8]。道德乃膏腴，文辞固秕糠[9]。俯仰天地间，此身何昂藏。胡能追轶驾，但能漱余芳。持此木钻柔，其如磐石刚。中夜揽衣起，沉吟独彷徨[10]。圣途万里余，发短心苦长。及此岁未暮，驱车适康庄[11]。行远必自迩，育德贵含章[12]。迩来十六载，灭迹声利场[13]。闭门事探讨，蜕俗如驱羊[14]。隐几一室内，兀兀同坐忘[15]。那知颠沛中，此志竟莫强。譬如济巨川，中道夺我航[16]。顾兹一身小，所系乃纲常。枢纽在方寸，操舍决存

亡[17]。胡为漫役役，斲丧良可伤[18]。愿言各努力，大海终回狂。[19]

注释

［1］杨龟山：指杨时，字立中，号龟山。宋代南剑州将乐（今属福建）人，理学家。二程（程颢、程颐）弟子。曾作《此日不再得，示同学》，诗云："此日不再得，颓波注扶桑。跹跹黄小群，毛发忽已苍。愿言媚学子，共惜此日光。术业贵及时，勉之在青阳。行己慎所之，戒哉畏迷方。舜跖善利间，所差亦毫芒。富贵如浮云，苟得非所臧。贫贱岂吾羞，逐物乃自戕。胼胝（音pián zhī）奏艰食，一瓢甘糟糠。所逢义适然，未殊行与藏。斯人已云没，简编有遗芳。希颜亦颜徒，要在用心刚。譬犹适千里，驾言勿徊徨。驱马日云远，谁谓阻且长。末流学多岐，倚门诵韩庄。出入方寸间，雕镌事辞章。学成欲何用，奔趋利名场？挟策博塞游，异趣均亡羊。我懒心意衰，抚事多遗忘。念子方妙龄，壮图宜自强。至宝在高深，不惮勤梯航。茫茫定何求，所得安能常？万物备吾身，求得舍即亡。鸡犬犹知寻，自弃良可伤。欲为君子儒，勿谓予言狂。"（《杨时集》第三册，第929—930页。案："出入方寸间"，原作"出入四寸间"，据四库全书本改。）白沙先生所和即杨龟山此诗。　［2］能饥谋艺稷，冒寒思植桑：艺，种植；稷，谷物名，指粢（音zī）、穄（音jì）、糜，此泛指粮食作物。植，栽种，桑，木名，其叶可养蚕，蚕茧可抽丝织布制衣物。这两句意为：耐着饥饿则会想法去种粮食，冒着寒冷则知考虑去栽桑树。（这是以谋衣食之急，比谋道之急。）　［3］少年负奇气，万丈磨青苍。梦寐见古人，慨然悲流光：青苍，指蓝天。流光，时光

易逝，故称光阴为流光，典出李白《古风》（十一）“逝川与流光，飘忽不相待”。湛若水《白沙子古诗教解》云：“负奇气而磨青苍，欲希天也；梦古人而悲流光，恐蹉跎也。” ［4］吾道有宗主，千秋朱紫阳：朱紫阳，指朱熹。 ［5］说敬不离口，示我入德方：“敬”是朱熹特别重视的一个范畴，是他说得较多的一个概念，朱熹经常引述程颐“涵养须用敬，进学在致知”之言。在朱熹看来，主敬是涵养德性的最重要途径。 ［6］义利分两途，析之极毫芒：义利，典出《论语·里仁》“子曰：‘君子喻于义，小人喻于利。’”义利问题，是中国思想史上一个重要议题，宋明理学中即有“义利之辨”。注重道义还是看重功利，乃区分君子与小人的重要依据。 ［7］圣学信匪难，要在用心臧：信，的确；匪，通“非”；臧，善。这两句意为：圣贤的学问的确不难，关键在于用心要善良。 ［8］善端日培养，庶免物欲戕：善端，指善的端倪，白沙先生主张“为学须从静中坐养出个端倪来，方有商量处”［《与贺克恭黄门（二）》］。戕，残害。这两句意为：善的端倪一天天得以培养，大概就可以避免物欲对它的残害了。 ［9］道德乃膏腴，文辞固秕糠：膏腴，原指肥沃、肥美、高贵，此指肥美、高贵之物。秕糠，瘪谷与米糠，比喻琐碎无价值之物。 ［10］俯仰天地间，此身何昂藏。胡能追轶驾，但能漱余芳。持此木钻柔，其如磐石刚。中夜揽衣起，沉吟独彷徨：昂藏，轩昂，气概高朗。轶驾，超越远去的车驾。漱，犹刘伶《酒德颂》“衔杯漱醪”、陆机《文赋》“漱六艺之芳润”之“漱”，指吮吸、饮用、品尝。中夜，半夜。这八句大意似为：作为人，生活于天地之间，应能与天地参，这是何等的轩昂高朗！然而，我却是如此的渺小，怎么能追古人道德之轶驾呢？只能品其文辞之余芳罢了。我虽欲钻研圣贤之道，却犹如木钻之柔弱，其能奈磐石之刚硬何！为此，我半夜还睡不着，只好穿衣起床，独自深思、独自彷徨。 ［11］圣途万里余，发短心苦长。及此岁未暮，驱车适康庄：圣途，成圣之途。发短心苦长，典出《左传·昭公三年》“齐侯田于莒，卢蒲嫳（音piè）见，泣且请曰：‘余发如此种种，余奚能为？’公曰：‘诺，吾告二子。’归而告之。子尾欲复之，子雅不可，曰：‘彼其发短，而心甚长，其或寝处我矣。’九月，子雅放卢蒲嫳于北燕”。（杜预《春秋经传集解》第三册，第1229页）后来，以发短心长来比喻年纪老而智谋深。适，往、至。康庄，四通八达的大道。这四句意为：成圣的路途有万里之遥，而我则是年纪日老而心思日长。应当趁年岁未至暮年，及时驱车走上成圣的康庄大道。［12］行远必自迩，育德贵含章：行远必自迩，其典出《中庸》“君子之道，辟如行远必自迩，辟如登高必自卑”。迩，近。育德贵含章，典出《周易·坤卦》“含章可贞”。含章，含美于内。［13］迩来十六载，灭迹声利场：指白沙先生在景泰二年（1451）会试落第后，至成化二年（1466）作此诗时，十六年间没有参加科举考试。湛若水《白沙子古诗教解》云：“时先生年四十，此云‘迩来十六载’者，自二十五岁将往学临川时始计也。”湛若水此说，非是。［14］闭门事探讨，蜕俗如驱羊：张诩《翰林检讨白沙陈先生行状》记载，白沙先生二十七岁从临川吴与弼学，“自临川归，足迹不至城府。……闭户读书，尽穷天下古今典籍，旁及释老、稗官、小说；彻夜不寝，少困，则以水沃其足”。（参《陈献章全集》下册，第1175页）此即白沙先生所说的“闭门事探讨”。蜕，原指蝉、蛇等动物脱皮去壳，此指抛弃。驱羊，即赶羊，言做事容易。［15］隐几一室内，兀兀同坐忘：隐几，倚着几案而坐，指静坐。典出《庄子·齐物论》“南郭子綦隐机而坐，仰天而嘘，荅焉似丧其耦”。兀兀，静止的样子。张诩《翰林检讨白沙陈先生行状》记载，白沙先生闭门读书，“久之，乃叹曰：‘夫学贵乎自得也。自得之，然后博之以典籍，则典籍之言我之言也；否则，典

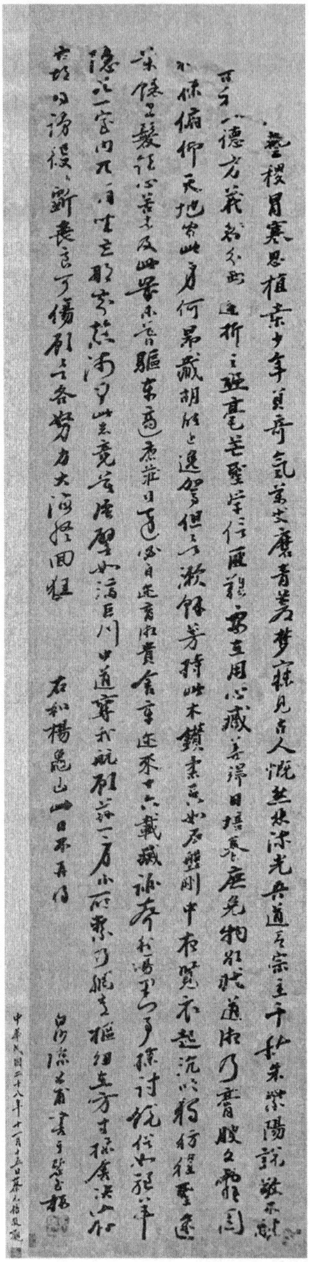

白沙先生墨迹《和杨龟山此日不再得韵》（陈福树《陈白沙书法解读》，第23页）

籍自典籍而我自我也。’遂筑一台，名曰春阳，日静坐其中，足不出阈外者数年”。（参《陈献章全集》下册，第1175页）白沙先生十分重视静坐。这两句意为：我在一室之内凭几而坐，静静地体悟，最终达到了物我两忘、身心俱泯、与道一体的境界。［16］那知颠沛中，此志竟莫强。譬如济巨川，中道夺我航：颠沛，仆到、困顿。强，勉强。济，渡。夺，迫使改变。这四句大意似为：哪知即使是在颠沛困顿之中，我追求成圣的志向，竟然是无法勉强的。若要我改变追求成圣的志向，就譬如在渡大河的时候，中途被迫改变航向一样。［17］顾兹一身小，所系乃纲常。枢纽在方寸，操舍决存亡：系，关涉、联系。纲常，三纲五常。枢纽，即关键，比喻事物互相联系的中心环节。方寸，指心。操舍决存亡，典出《孟子·告子上》“……孔子曰：‘操则存，舍则亡；出入无时，莫知其乡。’惟心之谓与？”这四句意为：虽然一己的力量很小，然而其所关涉的乃是三纲五常之大。其关键就在于心，而心乃是操持则存、舍弃则亡的。［18］胡为谩役役，斲丧良可伤：胡为，怎么。谩，通漫，有随意、任由、枉然、徒然等含义。役役，劳作不息、奔走钻营。斲，音zhuó，同“斫”。斲丧，伤耗。这两句大意似为：人怎么能徒然地奔走钻营呢？以此耗尽自己的心神，实在使人难过。 ［19］愿言各努力，大海终回狂：大海终回狂，典出韩愈《进学解》“障百川而东之，回狂澜于既倒”。这两句意为：希望诸位学友各自努力，我们终究能够力挽狂澜，返回岸边。比喻经过努力，就能去除私心杂念，回归圣人之道。湛若水《白沙子古诗教解》云：“‘努力’‘回狂’，则道岸可登矣。”

简析

根据张诩《翰林检讨白沙陈先生行状》记载，成化二年，白沙先生重游太学。一日，祭酒邢让令先生和杨龟山《此日不再得》诗。邢让得先生诗，惊曰：“龟山不如也。”后来，扬言于朝，以为真儒复出。从此，白沙先生名振京师。（参《陈献章全集》下册，第1163页）白沙先生四十岁之前，其思想与朱子比较接近，理学色彩颇为浓厚，这可从其《和杨龟山〈此日不再得〉韵》见出；四十岁之后，其理学色彩渐渐淡化，心学倾向日益明显。毫无疑问，《和杨龟山〈此日不再得〉韵》是研究白沙先生思想发展变迁的一篇重要诗作。

答张内翰廷祥书，括而成诗，呈胡希仁提学[1]

题旨

大概在成化十一年（1475），白沙先生有《复张东白内翰》书信寄其朋友张元祯，讨论学术问题。随后，白沙先生将《答张东白内翰》之主要内容概括成诗，以呈献给胡希仁（胡荣）。

古人弃糟粕，糟粕非真传[2]。眇哉一勺水，积累成大川[3]。亦有非积累，源泉自涓涓[4]。至无有至动，至近至神焉[5]。发用兹不穷，缄藏极渊泉[6]。吾能握其机，何必窥陈编[7]。学患不用心，用心滋牵缠[8]。本虚形乃实，立本贵自然[9]。戒慎与恐惧，斯言未云偏[10]。后儒不省事，差失毫厘间[11]。寄语了心人，素琴本无弦[12]。

注释

[1] 答张内翰廷祥书，括而成诗，呈胡希仁提学：张内翰廷祥，即张元祯。内翰，唐宋称翰林为内翰。由于张元祯曾任翰林院编修，故白沙先生称其官职为内翰。答张内翰廷祥书，即白沙先生《复张东白内翰》。胡希仁提学，即胡荣。成化七年（1471）起，担任广东按察司佥事提学。　[2] 古人弃糟粕，糟粕非真传：糟粕，即酿酒留下的渣滓，比喻废物，常与精华相对。真传，这里指精髓、精华。这两句典出《庄子·天道》轮扁之言，略云：“桓公读书于堂上，轮扁斲轮于堂下，释椎凿而上，问桓公曰：‘敢问公之所读为何言邪？’公

曰：‘圣人之言也。’曰：‘圣人在乎？’公曰：‘已死矣。’曰：‘然则，君之所读者，古人之糟粕已夫。’桓公曰：‘寡人读书，轮人安得议乎？有说则可，无说则死。’轮扁曰：‘臣也以臣之事观之。斲轮，徐则甘而不固，疾则苦而不入，不徐不疾，得之于手而应于心，口不能言，有数存焉于其间，臣不能以喻臣之子，臣之子亦不能受之于臣，是以行年七十而老斲轮。古之人与其不可传也，死矣。然则，君之所读者古人之糟粕已夫。’”这里的糟粕，是暗指古代经典。湛若水《白沙子古诗教解》云：“经者，圣人精意之所寓也，而云‘糟粕’者，盖为诵言忘味者言耳。”这两句大意为：古人之所以抛弃糟粕，是因为糟粕不是他想要得到的精华。［3］眇哉一勺水，积累成大川：眇，音miǎo，细小。大川，大河。这两句意为：有些学问是靠积累而得到的，犹如一勺一勺的水，也可以经积累而汇成大江大河。［4］亦有非积累，源泉自涓涓：涓涓，细水缓流。这两句意为：有些学问不是靠积累而是靠体悟得来的，犹如源泉，自然涓涓长流不息。［5］至无有至动，至近至神焉：无，虚无、无形。动，触动、感应。近，浅近。神，神妙。这两句大意为：道是虚灵而没有任何形体的，但它又对万物有极重要的影响；道是十分浅近平常的，但它又是十分神秘莫测的。［6］发用兹不穷，缄藏极渊泉：发用，运用、使用。缄，封闭。缄藏，闭藏、收藏。渊泉，深泉，此乃形容道之隐藏深远。这两句大意为：道的运用是无穷无尽的，但是它又隐藏得极为深远，不是感官所能感觉到的。［7］吾能握其机，何必窥陈编：机，枢要、关键，即白沙先生在其他地方所说的霸柄。陈编，前人的著作。这两句大意为：我们如果能把握悟道的关键，又何必花许多时间去读古人的著作呢？（案：白沙先生在对待经典问题上，反对溺于章句，主张反求于心；反对诵言忘味，主张得意忘言。）［8］学患不用心，用心滋牵缠：滋，滋生、形成。牵缠，拖累、羁留。这两句大意为：为学固然忧虑不能用心，但是如果溺于章句、诵言忘味，这种用心反而会成为拖累。［9］本虚形乃实，立本贵自然：本虚，以虚无为根本。立本，确立根本，达到虚无境界，亦即“致虚”。（白沙先生在《复张东白内翰》中说，“虚者，其本也，致虚所以立本也”。）这两句大意为：只有以虚无为根本，其显露才是实在的；而要确立根本、达到虚无境界，则贵在顺其自然。［10］戒慎与恐惧，斯言未云偏：戒慎与恐惧，即“戒慎不睹、恐惧不闻”，其语本《中庸》“道也者，不可须臾离也，可离非道也。是故君子戒慎乎其所不睹，恐惧乎其所不闻”。这两句意为：《中庸》所说的“君子对于其所不见的，也小心谨慎；对于其所不闻的，也心存敬畏”，这句话并不能说有什么偏颇啊！［11］后儒不省事，差失毫厘间：后儒，后世儒者，疑指程朱。不省，不察、不明。这两句意为：后世儒者不明白这个事理，求之太过，虽然只是差失于毫厘之间，却是谬之以千里了。［12］寄语了心人，素琴本无弦：了心人，知心人。素琴本无弦，典出昭明太子《陶渊明传》“渊明不解音律，而蓄无弦素琴一张，每酒适，辄抚弄以寄其意”。（《晋书·陶潜传》《宋书·陶潜传》亦有相关记载）这两句意为：我得告诉志同道合的人，陶渊明的素琴原本就没有弦。虽然不解音律，但是并不妨碍他借之以寄意啊！

简析

白沙先生此诗，乃系将其《答张东白内翰》书之主要内容概括成诗，以呈献给胡希仁提学。白沙先生《答张东白内翰》，见文选部分，应当对照阅读理解。正如湛若水《白沙子古诗教解》所说，“此篇乃将《答张内翰书》会括成诗，虽书中之言不止此，而大意不外此也”。

冬夜

题旨

白沙先生此诗，描写了自己在寒冷的冬夜，端坐反省，抒发了其关于谋食与谋道的感想。

长夜气始凄，木绵被重裘[1]。端坐思古人，寒灯耿悠悠[2]。是时病初间，背汗仍未收[3]。学业坐妨夺，田芜废鉏耰[4]。高堂有老亲，遍身无完紬[5]。丈夫庇四海，而以俯仰忧[6]。口腹非所营，水菽吾当求[7]。明旦理黄犊，进我南冈舟[8]。

我从省事来，过失恒十九[9]。喜怒朝屡迁，言为夕多苟[10]。平生昧慎独，即事甘掣肘[11]。孔子万世师，天地共高厚[12]。颜渊称庶几，好学古未有[13]。我才虽卤莽，服膺亦云久[14]。胡然弗自力，万化脱枢纽[15]。颓颜无复少，此志还遂否？[16]岁月岂待人，光阴隙中走[17]。念此不成眠，晨星灿东牖。[18]

注释

[1] 长夜气始凄，木绵被重裘：凄，寒冷。木绵，即木棉。木棉，植物名。一、指多年生落叶乔木，又称攀枝花、英雄树。先叶开花，花大而红。结实长椭圆形，中有白棉，可絮茵褥。二、指一年生草本或灌木，通称棉花。花黄色或带红紫。结实如桃，中有白棉，供纺织、制作被褥等用途。（参《辞源》“木棉”条）白沙先生此所谓

"木绵"，不知是指木棉树之棉絮，还是指棉花。七世纪时，棉花从印度传入我国。明代宋应星《天工开物》云，"凡棉布御寒，贵贱同之。棉花古书名枲（音xǐ）麻，种遍天下。种有木棉、草棉两者，花有白、紫二色。种者白居十九，紫居十一。凡棉春种秋花，花先绽者逐日摘取，取不一时。其花粘子于腹，登赶车而分之。去子取花，悬弓弹化（原注：为挟纩温衾、袄者，就此止功）"；又云，"凡衣衾挟纩御寒，百人之中，止一人用蚕绵，余皆枲著"。（宋应星《明本天工开物》，国家图书馆出版社，2019年影印本，第92、98页；潘吉星《天工开物译注》，上海古籍出版社，1993年，第258—259页、第70—72页。案：潘吉星说，宋应星《天工开物》谓棉花之古称为"枲麻"、谓棉衣与棉被为"枲著"，是错误的。枲，麻的总称。）根据《天工开物》，棉花在明代"种遍天下"，棉被多用棉花制作。因此，姑且将白沙先生所说之"木绵"，解释为棉花。木绵被，即棉被。重裘，厚皮衣。这两句意为：冬日长夜天气寒冷，拥着棉被，身穿厚裘。［2］端坐思古人，寒灯耿悠悠：耿，光、明。悠悠，漫长。这两句意为：寒灯照着这漫漫长夜，我端坐着思念古人。　［3］是时病初间，背汗仍未收：间，音jiàn，病痊愈或好转。背汗，白沙先生患有盗汗之疾。　［4］学业坐妨夺，田芜废鉏耰：坐，因此。耰，音yōu，古代农具，用于弄碎土块、平整田地。鉏耰，这里指耕种。这两句意为：学业因此受到妨碍而不能进行，田地因此荒芜而不能耕种。　［5］高堂有老亲，遍身无完紬：高堂，正厅。这里指家里。紬，音chóu，粗绸，用废茧残丝纺织的衣物。这两句意为：家里有老母亲，周身都没有一件完好的粗绸衣服。　［6］丈夫庇四海，而以俯仰忧：四海，意同天下。庇，掩护。俯仰，原指周旋、应付。此指仰事父母、俯育妻子，典出《孟子·梁惠王上》："是故明君制民之产，必使仰足以事父母，俯足以畜妻子。"这两句意为：大丈夫本应当庇护天下，而我却在为赡养母亲、养活妻小而担忧。［7］口腹非所营，水菽吾当求：口腹，指饮食。这里指满足口腹之欲。营，营谋、谋划。水菽，水与豆。指粗茶淡饭，形容生活清苦。这里指水菽之养，即对父母的赡养。这两句意为：口腹之欲不是我所要谋求的，对母亲的赡养是我应当做到的。［8］明旦理黄犊，进我南冈舟：犊，牛犊、小牛。南冈，广东新会地名。这两句意为：明天一早牵上我家里的黄牛，到南冈田里去耕作。［9］我从省事来，过失恒十九：省事，懂事。恒，常常。十九，十分之九。形容其过失很多。［10］喜怒朝屡迁，言为夕多苟：迁，迁移、改变。言为，言行。苟，随便。这两句意为：我平日情绪喜怒无常，言行轻率随便。［11］平生昧慎独，即事甘掣肘：昧，愚昧、不明。慎独，独处时能谨慎不苟。语出《大学》《中庸》。甘，情愿。掣肘，音chè zhǒu，比喻使人做事而又故意留难牵制。这两句意为：由于我不懂慎独的原则，做事的时候难免受到许多的牵制。［12］孔子万世师，天地共高厚：这两句意为：孔子为万世师表，其功劳与天同高、与地同厚。［13］颜渊称庶几，好学古未有：颜渊称庶几，典出《周易·系辞下》"子曰：'颜氏之子，其殆庶几乎！有不善未尝不知，知之未尝复行也。'"庶几，指好学而可以成材的人。颜渊好学，典出《论语·雍也》"哀公问：'弟子孰为好学？'孔子对曰：'有颜回者好学，不迁怒，不贰过；不幸短命死矣！今也则亡，未闻好学者也。'"这两句意为：颜渊被孔子称为可以成材的人，其好学的程度是自古以来所未曾有的。［14］我才虽卤莽，服膺亦云久：卤莽，粗疏。服膺，牢记在胸中、衷心信服。这两句意为：我的才华虽然粗疏，但是我对颜渊的信服却可以说是很久了。［15］胡然弗自力，万化脱枢纽：胡然，为何，犹"胡为"。万化，万物变化。枢纽，关键、中心环节。这两句大意为：为什么不尽一己之力，以免失去了解万事万物变化的关键？　［16］颓颜无复少，此志还遂否：颓颜，衰老的容颜。这里指年龄。遂，实现。这两句意为：现在我的年龄已经不再属于少小阶段，这个志向不知还能不能实现？　［17］岁月岂待人，光阴隙中走：隙，缝隙、空隙。这两句意为：岁月哪里会等人，光阴在空隙中不知不觉就流逝了。　［18］念此不成眠，晨星灿东牖：眠，湛若水《白沙子古诗教解》作“寐”。灿，闪耀。牖，窗户。晨星灿东牖，指天亮。这两句意为：我想这些问题以致无法入睡，不知不觉之间，天就渐渐地亮了。又：此诗墨迹尚存，文字颇有差异。其第一首，墨迹作“长夜气始凄，木绵被重裘。端坐思古人，寒灯影悠悠。是时病初间，背汗仍未收。学业坐妨夺，田芜废锄耰。高堂有老亲，遍身无完紬。丈夫庇四海，而以俯仰忧。口腹非所营，水菽吾当求。明旦理黄犊，进我平冈舟”；其第二首，墨迹作“我从省事来，过失犹十九。喜怒愧屡迁，言为悲多苟。平居昧慎独，即事甘掣肘。颜渊称不贰，好学古未有。纯粹由精进，庶几鲁中叟。我才信卤莽，服膺亦良久。云胡弗自力，万化税枢纽。颓颜无复少，此志还遂否？岁月岂待人，光阴隙中走。念此不成眠，晨星灿东牖”。

简析

孔子说：“君子谋道不谋食。耕也，馁在其中矣；学也，禄在其中矣。君子忧道不忧贫。”（《论语·卫灵公》）白沙先生《冬夜》之第一首，是说自己由于疾病而妨碍学业、荒废耕种，然而家贫无钱，上有老母、下有妻小需要供养，因此不得已而要忧贫、谋食。白沙先生《冬夜》之第二首，是说自己因为昧于慎独之功，以致在许多事情上都受到拖累，然而孔子乃万世师表、颜子好学亘古无有，是自己服膺已久的为学目标。岁月不待人，因此应当奋起而直追、忧道且谋道。

白沙先生《冬夜》这两首诗，表面看来似乎与孔子“君子谋道不谋食”“君子忧道不忧贫”的主张有些不一致，其实并如此。应当注意，白沙先生的忧贫、谋食，并不是为了追求口腹之欲，而是为了赡养母亲（“口腹非所营，水菽吾当求”）。而赡养父母，正是孝道，这是儒家所提倡的道当中的一种。也就是说，白沙先生的忧贫、谋食，正是忧道、谋道。白沙先生这两首诗，极有新意，应当合起来解，不应分开来读。

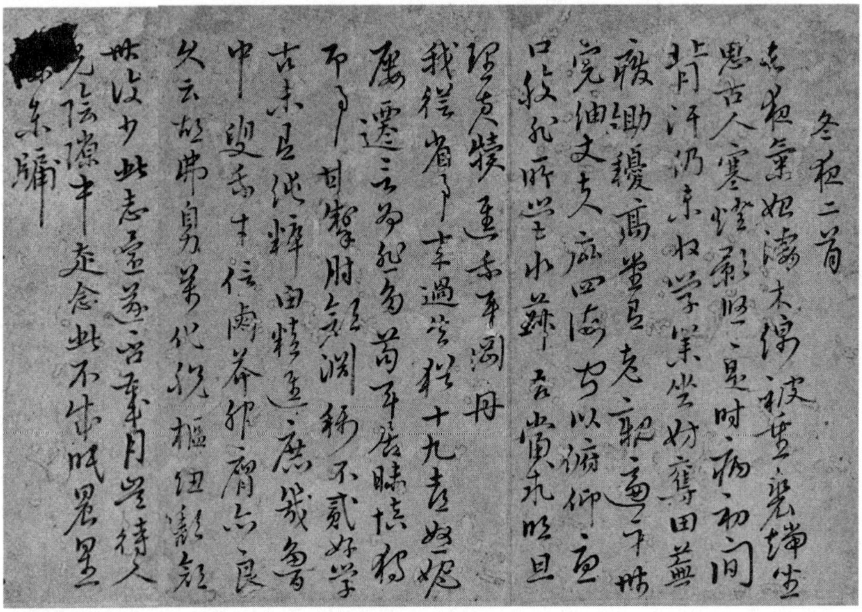

白沙先生墨迹《冬夜》二首

自策示诸生

题旨

白沙先生此诗，强调要珍惜光阴，学以成圣成贤。既可以用来自我警策，又可以用来警示门人。

贤圣久寂寞，六籍无光辉[1]。元气五百年，一合又一离[2]。男儿生其间，独往安可辞[3]。邈哉舜与颜，梦寐或见之[4]。其人天下法，其言万世师[5]。顾予独何人，瞻望空尔为[6]。年驰力不与，抚镜叹以悲[7]。岂不在一生，一生良迟迟[8]。今复不鞭策，虚浪死勿疑[9]。请回白日驾，鲁阳戈正挥[10]。

注释

[1]贤圣久寂寞，六籍无光辉：寂寞，寂静、没有人声。指长时间没有圣贤出现。六籍，即六经（包括《易》《书》《诗》《礼》《乐》《春秋》）这里指圣贤之学。光辉，闪烁耀目的光芒。这两句意为：圣贤已经很长时间没有出现了，圣贤之学也因此而晦暗不明。

[2]元气五百年，一合又一离：五百年，即五百年必有王者兴，典出《孟子·公孙丑下》“五百年必有王者兴，其间必有名世者”；《孟子·尽心下》“孟子曰：‘由尧舜至于汤，五百有余岁；若禹、皋陶，则见而知之；若汤，则闻而知之。由汤至于文王，五百有余岁；若伊尹、莱朱，则见而知之；若文王，则闻而知之。由文王至于孔子，五百有余岁；若太公望、散宜生，则见而知之；若孔子，则闻

而知之。由孔子而来，至于今，百有余岁，去圣人之世，若此其未远也；近圣人之居，若此其甚也。然而无有乎尔！则亦无有乎尔！’”这两句大意为：天地元气五百年一合而后圣人产生，然而有一合则有一离，圣人并不常有。［3］男儿生其间，独往安可辞：安，如何。辞，推辞。这两句意为：男子汉大丈夫生于其间，怎么可以推辞而不独自向往呢？［4］邈哉舜与颜，梦寐或见之：邈，久远。这两句大意为：虽然虞舜、颜渊与我们年代相隔久远，但我还是时常梦见他们。［5］其人天下法，其言万世师：师，学习。这两句意为：舜与颜渊的为人，值得天下人去效法；舜与颜渊的言论，值得人们千秋万代去学习。［6］顾予独何人，瞻望空尔为：空，空自、徒然。尔为，犹言如此。这两句大意为：想来我是怎样的人，对虞舜与颜渊虽然仰慕向往，然而也只能如此而已。［7］年驰力不与，抚镜叹以悲：年驰，即“驰年”，岁月迅速流逝。与，跟随、跟从。这两句意为：岁月流逝，年龄衰迈，而自己的精力却跟不上，只能对镜叹息与伤悲。［8］岂不在一生，一生良迟迟：迟迟，缓慢。这两句大意为：学习虞舜与颜渊，难道不就在这一生吗？如果不加努力、虚度年华，这一生确实是过得很缓慢啊！［9］今复不鞭策，虚浪死勿疑：虚浪死，即虚生浪死。这两句意为：如今还不鞭策自己，其虚生浪死将是没有疑问的。［10］请回白日驾，鲁阳戈正挥：日驾，同“日驭（或日御）”，指古代神话中为太阳驾车的神，名羲和。回白日驾，谓希望时间倒流，这里指将时间追回来。鲁阳，即鲁阳文子，春秋时期楚国县公。鲁阳挥戈，即鲁阳㧑戈（㧑，音huī），典出《淮南子·览冥训》“鲁阳公与韩构难，战酣，日暮，援戈而㧑之，日为之返三舍”。（刘文典《淮南鸿烈集解》上册，第193页）后以此比喻人力胜天。这两句意为：希望大家努力，将失去的时间追回来，犹如鲁阳挥戈以返日。

简析

白沙先生此诗，是用来自我警策并用来警示门人的。在诗中，白沙先生认为，在这个圣贤不作、大道不明的时代，作为男子汉大丈夫应该有虞舜与颜渊的气概，如颜渊所说“舜何人也？予何人也？有为者亦若是”（《孟子·滕文公上》），有所作为。而且时不我待，在这样的时代，我们不应该虚生浪死、荒废时日，而应该像鲁阳公挥戈以返日那样，把失去的时间追回来。

赠陈秉常[1]

题旨

此四诗应当是在陈庸来访新会即将辞别白沙先生之际，白沙先生写给陈庸的赠别之诗。

远色霁初景，清风振遥林[2]。子来入我室，弄我花间琴[3]。正声一何长，幽思亦已深[4]。愿留一千岁，赠子瑶池音[5]。

黍稷杂萑苇，邪思乱正性[6]。人为一卤莽，诿曰天之命[7]。白日朝出东，须臾复西暝[8]。良时诚可惜，逝矣悲莫竞[9]。

大舜卷娄之，庄周竟奚取？[10]人生贵识真，勿作孟浪死[11]。谁能去中土，僦舍朝鲜里[12]？白首金石交，视我南川子[13]。

我否子亦否，我然子亦然[14]。然否苟由我，于子何有焉？人生寄一世，落叶风中旋[15]。胡为不自返，浊水迷清渊[16]。

注释

[1] 陈秉常：即陈庸。陈庸，字秉常，广东南海人。白沙先生弟子。其为人孝友力行，好古敦朴。成化十年（1474）举人。年逾五十，亲友强之仕。释褐，补荆门同知，莅任五日，不能随时俯仰，拂衣而归。隐居三十年，城市断迹。病革，沐浴，设白沙先生像，焚香再拜而逝，年八十六。 [2] 远色霁初景，清风振遥林：霁，音jì，雨后转晴。振，摇动、抖动。这两句大意为：远处是雨过转晴的景色，此时清风正吹动着树林。 [3] 子来入我室，弄我花间琴：子，男子的通称，犹尔、汝。弄，弹奏、奏乐。 [4] 正声一何长，幽思亦已深：正声，纯正的乐声。幽思，情思。这两句意为：你的琴声如此悠扬，可见你的情思是如此的深挚。 [5] 愿留一千岁，赠子瑶池音：瑶池，古代神话中神仙居之地。瑶池音，神仙之乐。这两句意为：希望你能长期留下来，我定当送你瑶池之音。 [6] 黍稷杂萑苇，邪思乱正性：黍，即黄米，性粘。稷，谷物名，一般认为指粟（谷子）。黍稷，五谷之美好者。萑苇，音huán wěi，即蒹葭，又称芦苇。这两句大意为：人的善良本性会被邪念扰乱，犹如五谷作物当中会被野草混杂。 [7] 人为一卤莽，诿曰天之命：卤莽，粗疏。诿，推诿。这两句大意为：人们往往因自己做事粗疏，不能成功，却推诿说这是天命。典出《新唐书·柳玭（音pín）传》“夫士君子生于世，已无能而望他人用，已无善而望他人爱，犹农夫卤莽种之，而怨天泽不润，虽欲弗馁，可乎”。 [8] 白日朝出东，须臾复西暝：暝，天

黑、日暮。这两句意为：早上太阳从东方升起，很快又从西边落下。［9］良时诚可惜，逝矣悲莫竞：竞，争逐。这两句意为：美好的时光确实值得珍惜，一旦流逝，不管你多伤心也追不回来了。［10］大舜卷娄之，庄周竟奚取：卷娄，背项俯曲。这里指操劳过度，显得衰老驼背。大舜卷娄之，典出《庄子·徐无鬼》"卷娄者，舜也。羊肉不慕蚁，蚁慕羊肉，羊肉膻也。舜有膻行，百姓悦之，故三徙成都，至邓之虚，而十有万家"。这两句意为：舜操劳过度以致显得衰老驼背，庄子究竟看重他哪些方面呢？［11］人生贵识真，勿作孟浪死：孟浪，鲁莽、轻率。这两句意为：人生贵在识别真伪、知道道之所在，不要因鲁莽轻率而死于言语之下。［12］谁能去中土，僦舍朝鲜里：中土，中国。僦舍，音jiù shè，租屋居住。朝鲜，箕子所封之国。湛若水《白沙子古诗教解》云："中土，中国，以比正道；朝鲜，外国，以比异端。"这两句意为：谁能离开中国，租住到朝鲜去呢？［13］白首金石交，视我南川子：白首，人老发白。金石交，言交情坚如金石。南川子，指林光。这两句大意为：我一生当中交情坚如金石的，只有林南川。［14］我否子亦否，我然子亦然：否，否定、认为错。然，肯定、认为对。［15］人生寄一世，落叶风中旋：寄，寄居。人生寄一世，即人生如寄，谓人的生命短促，犹如暂时寄居世间。典出《古诗十九首》："人生寄一世，奄忽若飘尘。"（沈德潜选《古诗源》，第91页）这两句意为：人生短促，只是暂时寄居世间，迁移不定、变化莫测，犹如落叶在风中飘旋。［16］胡为不自返，浊水迷清渊：胡为，何为。这两句意为：为什么不能反求自得，而要让物欲去迷乱心性，犹如要以浊水去弄浑清泉呢？

简析

白沙先生这四首诗，都是赠其门人陈庸的。从诗中“愿留一千岁，赠子瑶池音”之言看，此诗当作于陈庸来访新会即将辞别白沙先生之际（只可惜由于文献不足，不知这是否系陈庸初次来访），而且白沙先生对于陈庸的离去依依不舍。在诗中，白沙先生希望陈庸能够分清正邪（“黍稷杂萑苇，邪思乱正性”）、识别真伪（“人生贵识真，勿作孟浪死”）、注重自得（“然否苟由我，于子何有焉”）、珍惜光阴（“良时诚可惜，逝矣悲莫竞”）。湛若水《白沙子古诗教解》云：“观此四诗，则见先生真得尧舜以来心学之传而不为异端所惑者。”

藤蓑

题旨

白沙先生这五首诗，分别描述了制蓑、披蓑、舞蓑、坐蓑等活动，都是唱咏藤蓑的。

一蓑费几藤，南冈砺朝斧[1]。交加落翠蔓，制作类上古[2]。吾闻大泽滨，羊裘动世祖[3]。何如六尺蓑，灭迹芦花渚[4]。举俗无与同，天随梦中语[5]。今夜不须归，前溪正风雨。

人好蓑亦好，月光水亦光。水南有酒媪，酒熟唤我尝[6]。半酣独速舞，舞罢还举觞[7]。所乐在知止，百年安可忘[8]。

挽蓑欲何为，新月出东岭[9]。独速舞不休，凌乱何由整？旷哉漆园吏，自形还自影[10]。

新蓑藤叶青，旧蓑藤叶白。新故理则然，胡为浪忻戚[11]？扁舟西浦口，坐望南山石。东风吹新蓑，浩荡沧溟黑[12]。须臾月东上，万里天一碧。安得同心人，婆娑共今夕。[13]

朽生何所营，东坐复西坐[14]。搔头白发少，摊地青蓑破[15]。千卷万卷书，全功归在我。吾心内自得，糟粕安用那[16]？

注释

［1］一蓑费几藤，南冈砺朝斧：几，多少。砺，磨砺。这两句大意为：制作一件蓑衣要用许多的藤蔓，为了去南冈砍伐藤蔓，我一早就起来磨砺斧头。 ［2］交加落翠蔓，制作类上古：交加，相集、错杂。类，法式、比照。这两句意为：砍伐下来的翠绿色藤蔓错杂在地上，制作的方式比照上古。 ［3］吾闻大泽滨，羊裘动世祖：羊裘，即披羊裘的男子，指严光。世祖，指汉光武帝刘秀。刘秀死后庙号世祖。这两句意为：我听说在大泽之滨，身披羊裘的严光也能惊动世祖刘秀。典出《后汉书·严光传》："严光，字子陵，一名遵，会稽余姚人也，少有高名，与光武同游学。及光武即位，乃变名姓，隐身不见。帝思其贤，乃令以物色访之。后齐国上言：'有一男子，披羊裘钓泽中。'帝疑其光，乃备安车玄纁（音xūn）遣使聘之，三反而后至。" ［4］何如六尺蓑，灭迹芦花渚：渚，音zhǔ，水中小块陆地、小洲。这两句大意为：即使是严光，还不如我披着六尺之蓑，隐身灭迹于芦花之渚。 ［5］举俗无与同，天随

梦中语：天随，即天随子，指陆龟蒙。陆龟蒙，字鲁望，自号江湖散人、天随子。唐代长洲（今属江苏苏州）人，隐居松江甫里。朝廷以高士召，不至。这两句意为：整个社会都没有与我相同的，大概只有天随子可与（我）梦中交谈吧！　［6］水南有酒媪，酒熟唤我尝：媪，音ǎo，妇女（或老妇）的通称。酒熟，酒已经酿好。　［7］半酣独速舞，舞罢还举觞：独速，关步勋先生说，“与‘僱倈（音shǔ sù）’同，形容蓑之摇动貌。孟郊《送淡公》十二首之三‘脚踏小船头，独速舞短蓑’”。（参关步勋选注《陈白沙诗文选》，第36页）觞，盛酒的酒杯。　［8］所乐在知止，百年安可忘：知止，知其所当止、适可而止。百年，指一生。这两句大意为：所乐不在酒而在知道适可而止，这是一辈子也不会忘记的。　［9］挽蓑欲何为，新月出东岭：挽，披上。新月出东岭，新月已经从东山慢慢升起。　［10］旷哉漆园吏，自形还自影：旷，旷达。漆园吏，指庄子。庄子曾经担任漆园吏。自形还自影，湛若水《白沙子古诗教解》云，“形影相对，叹无与俦者也”。这两句大意为：庄子实在是太旷达了，自己形影相对、独来独往，可谓世间无匹。　［11］新故理则然，胡为浪忻戚：浪，轻率、徒然。忻戚，喜欢与悲伤。这两句意为：物有新有旧，其理固然，何必徒然为此而动心，为此喜与悲呢？　［12］东风吹新蓑，浩荡沧溟黑：沧溟，大海。这两句大意为：东风不断地吹拂着新蓑衣，不知不觉间暮色降临，浩浩荡荡的大海也暗了下来。　［13］安得同心人，婆娑共今夕：婆娑，盘旋。这里指分享快乐。这两句意为：怎么才能找到志同道合的人，一起分享今晚的快乐呢？　［14］朽生何所营，东坐复西坐：朽，衰老。这两句大意为：自己是老朽之人，还有什么值得谋求的呢？不过静坐而已。　［15］搔头白发少，摊地青蓑破：搔头，抓头、挠发。这两句意为：抓头挠发，发现自己的白发越来越少；将青蓑摊地而坐，发现青蓑也被坐破了。湛若水《白沙子古诗教解》云，这两句形容其用功“久而且专如此”。 ［16］吾心内自得，糟粕安用那：糟粕，暗指古代经典。（参前《答张内翰廷祥书，括而成诗，呈胡希仁提学》注）那，音nuò，助词，表示反问。这两句意为：假如我心中能够反身自得，古人的经典又有什么用呢？

简析

白沙先生这五首诗，都是唱咏藤蓑的。其第一首咏制蓑自披以避世，第二、三首咏披蓑独舞以忘我；第四首咏蓑有新旧乃自然之理，不必为之悲喜、为之动心；第五首咏将旧蓑摊地，静坐以求内心自得。显然，白沙先生这五首唱咏藤蓑之诗，是一个整体，是有内在关联的。

弘治二年（1489）春，白沙先生有《与西涯李学士》书，云“《藤蓑》尚欠补章，能复赐之否乎？”（《陈献章全集》上册，第168页。案：李学士即李东阳，字宾之，号西涯，湖南茶陵人。）说明李东阳曾经答应和白沙先生《藤蓑》诗，但长时间未下笔。据张诩《翰林检讨白沙陈先生行状》云：“大学士李东阳始得先生《藤蓑》诸作也，语人曰：‘待某谢官，绝烟火十年，然后可属和耳。’”（《陈献章全集》下册，第1177页）后来，李东阳有古诗《藤蓑，次陈公父韵》二首，其一云，“采藤复采藤，日夕费斤斧。制为身上蓑，人古衣亦古。借问制者谁，白沙乃蓑祖。冉冉绿蓑衣，萧萧白沙渚。披蓑向江水，顾影还独语。爱此勿轻捐，春江正多雨”；其二云，“披蓑登前冈，欲往藤被岭。新梢拂旧蓑，樛结不复整。自笑林下阴，不如波中影”。（李东阳《怀麓堂集》，《景印文渊阁四库全书》第1250册，第51—52页）所和为白沙先生《藤蓑》之第一、三首。

和陶一十二首

归田园[1]三首

题旨

白沙先生和陶渊明《归田园》三首，前两首唱咏田园生活之美好，第三首则描写乡村生活的艰难。

我始惭名羁，长揖归故山[2]。故山樵采深，焉知世上年[3]？是名鸟抢榆，非曰龙潜渊[4]。东篱采霜菊，西渚收菰田[5]。游目高原外，披怀深树间[6]。禽鸟鸣我后，鹿豕游我前[7]。冷冷玉台风，漠漠圣池烟[8]。闲持一觞酒，欢饮忘华颠[9]。逍遥复逍遥，白云如我闲[10]。乘化以归尽，斯道古来然[11]。

高人谢名利，良马罢羁鞅[12]。归耕吾岂羞，贪得而妄想[13]。今年秋又熟，讙呼负禾往[14]。商量大作社[15]，连村集少长。但忧村酒少，不充侬量广[16]。醉即拍手歌，东西卧林莽[17]。

近来织畚徒，城市售者希[18]。朝从东皋耕[19]，夕望西岩归。贫妇业纺绩，灯下成岁衣。但令家温饱，不问我行违[20]。

注释

［1］归田园：《陶渊明集》中题为“归园田居”，有诗五首。（逯钦立校注《陶渊明集》，第40—43页）白沙先生此所和，为其前三首。 ［2］我始惭名羁，长揖归故山：名羁，为名利所束缚。犹言“名网”。长揖，相见时，拱手自上而至极下以为礼，此指辞别。这两句意为：我开始对被名利所束缚感到惭愧，于是离开名利之地回到故乡山村。 ［3］故山樵采深，焉知世上年：樵采，打柴。这两句大意为：我在故乡深山打柴，哪里知道世间现在是什么年代呢？［4］是名鸟抢榆，非曰龙潜渊：榆，原作“揄”，据白沙文编、碧玉楼本改。鸟抢榆，典出《庄子·逍遥游》“蜩（音tiáo）与学鸠笑之曰：‘我决起而飞，抢榆枋，时则不至而控于地而已矣，奚以之九万里而南为？’”抢，触到、碰到。这两句意为：我只是像小鸟抢榆树而栖，而不是如龙之潜入深渊。 ［5］东篱采霜菊，西渚收菰田：西渚，原作“两渚”，据林齐本、萧世延本、白沙文编、碧玉楼本改。“西渚”与“东篱”相对。菰，音gū，植物名，俗称茭白，生于河边、陂泽，可作蔬菜。其果实称雕胡。 ［6］游目高原外，披怀深树间：游目，目光转动，随意瞻望。披怀，原指敞开胸怀，以诚相待。此指闲坐。 ［7］禽鸟鸣我后，鹿豕游我前：鹿豕，鹿与野猪。鹿豕游我前，典出《孟子·尽心上》“孟子曰：‘舜之居深山之中，与木石居，与鹿豕游，其所以异于深山之野人者几希；及其闻一善言，见一善行，若决江河，沛然莫之能御也。’” ［8］冷冷玉台风，漠漠圣池烟：冷冷，林齐本、高简本、萧世延本作“泠泠”。玉台，寺庙名，在新会圭峰山。圣池，又称白龙池，在新会绿护屏之南。 ［9］欢饮忘华颠：华颠，白头。 ［10］白云如我闲：闲，闲适。 ［11］乘化以归尽，斯道古来然：乘化，顺应自然的变化。乘化以归尽，典出

陶渊明《归去来兮辞》“聊乘化以归尽，乐夫天命复奚疑”。然，如此、这样。［12］高人谢名利，良马罢羁鞅：谢，谢绝。罢，摆脱。羁鞅，马笼头与套在马脖子上用以负轭的皮带。［13］归耕吾岂羞，贪得而妄想：羞，羞耻、羞愧。这两句意为：回来耕田，我哪里会感到羞愧，哪里会有贪得妄想之心呢？［14］讙呼负禾往：讙，音huān，同“欢”；讙呼，即“欢呼”。负，以背载物、背着。［15］商量大作社：社，社日。这里指秋社日所举行的赛会（集会）。［16］但忧村酒少，不充侬量广：但，只是。侬，对人之称，犹你、你们。［17］东西卧林莽：林莽，草木深邃平远之地；草野。［18］近来织畚徒，城市售者希：畚，音běn，畚箕。希，同“稀”，稀少。这两句意为：近来织畚箕、在城市出售其畚箕的，越来越稀少了。［19］朝从东皋耕：东皋，田野或高地的泛称。［20］但令家温饱，不问我行违：行违，典出《周易·乾·文言》“乐则行之，忧则违之”。行，实行。违，避开、不实行。这两句意为：我只是要使家里人能得到温饱，不要问我是否乐意去做。

简析

白沙先生和陶渊明《归田园》有三首。前两首乃唱咏田园生活之美好，如“东篱采霜菊，西渚收菰田”“游目高原外，披怀深树间”“禽鸟鸣我后，鹿豕游我前”“商量大作社，连村集少长”“醉即拍手歌，东西卧林莽”，个中诗情画意，令人神往。这样的田园生活，谁都求之不得，这就是“我始惭名羁，长揖归故山”的缘由。然而，这只是想象中的田园生活。其第三首所描述的乡村生活却是，乡民早出晚归（“朝从东皋耕，夕望西岩归”）、日夜劳苦（“贫妇业纺绩，灯下成岁衣”），也未必能够得到温饱（“但令家温饱，不问我行违”），生活艰难，使人心酸。

这样的乡村生活，谁都避之不及，这就是“近来织畚徒，城市售者希”的原因。其实，这才是现实中的乡村境况。《归田园》这三首和陶诗，与其说是白沙先生对田园生活的向往，还不如说是他对当时乡村境况的悲悯。

移居[1]二首

题旨

白沙先生《移居二首》为和陶渊明《移居》所作，第一首叙述自己移居白沙村的原因，第二首表达自己对陶渊明的仰慕。

万金论买邻，千金论买宅[2]。岂不念子孙[3]，而以营朝夕？长揖都会里，来趋白沙役[4]。壤地何必广，吾其寄一席[5]。邻曲弥乐今，园林尚怀昔[6]。吾志在择善，无然复离析[7]。

留连晡时酒，吟咏古人诗[8]。夕阳傍秋菊，采之复采之。采之欲遗谁，将以赠所思[9]。所思在何许，千古不同时[10]。四海倘不逢，吾宁独去兹[11]？愿言秉孤贞，勿为时所欺[12]。

注释

[1] 移居：《陶渊明集》中有题为“移居”的诗二首。（逯钦立校注《陶渊明集》，第56—57页）白沙先生所和，亦二首。　[2] 万金论买邻，千金论买宅：买邻，择邻而居。这两句典出《南史·吕僧

珍传》“初，宋季雅罢南康郡，市宅居僧珍宅侧。僧珍问宅价，曰：‘一千一百万。’怪其贵，季雅曰：‘一百万买宅，千万买邻。’” ［3］岂不念子孙：念，考虑。 ［4］长揖都会里，来趋白沙役：长揖，相见时，拱手自上而至极下以为礼。此指辞别。都会里，地名，白沙先生降生之地，乃其旧居。白沙，亦地名，白沙先生新居之地。 ［5］壤地何必广，吾其寄一席：壤地，土地。一席，极小的一块地方，形容其狭。 ［6］邻曲弥乐今，园林尚怀昔：邻曲，邻里、邻人。弥，更加。这两句意为：对于邻里，我更加喜欢现在的；对于园林，我还是留恋以前的。 ［7］吾志在择善，无然复离析：择善，选择善良、有仁德的邻里。典出《论语·里仁》“子曰：‘里仁为美。择不处仁，焉得知？’”这两句意为：我的志愿是选择善良的邻里，这个居处以后不可再离析。 ［8］留连晡时酒，吟咏古人诗：晡，音bū，申时。即下午三点到五点。古人，此指陶渊明。 ［9］采之欲遗谁，将以赠所思：遗，音wèi，送给、赠与。所思，思念的人，此指陶渊明。 ［10］所思在何许，千古不同时：许，处所、地方。何许，何处、什么地方。 ［11］四海倘不逢，吾宁独去兹：逢，相逢、遇到。兹，此，指菊花。这两句意为：倘若天下间都不能遇到像陶渊明这样的人，我难道就会独自舍弃这菊花吗？ ［12］愿言秉孤贞，勿为时所欺：贞，贞操。这两句意为：我誓愿秉持特立独行的贞操，不会因被时人所欺骗而变节。

简析

白沙先生《移居二首》，第一首叙述自己由都会里移居到白沙村，并不是为了居住得更舒适，而是因为要择善邻。而且，自己虽然喜欢白沙村，但是依然留恋都会里。第二首则唱咏移居白沙、择得善邻之后，可以“留连晡时酒”、可以“吟咏古人诗”、可以夕暮采秋菊、可以将其“赠所思”。（湛若水《白沙子古诗教解》云：“古人、所思，皆指陶渊明。”）白沙先生借和陶渊明《移居》之诗，一则解释自己移居白沙村之原因，一则表达自己对陶渊明的仰慕之情。

九日闲居[1]

题旨

白沙先生此诗为和陶渊明《九日闲居》所作。诗中，白沙先生叙述了自己在重阳佳节，把酒对菊的情景。

无钱抚秋菊，向夕凉风生。谁为白衣者，颇识江州名[2]。映杯碧水净，曜日丹葩明[3]。天际雁孤去，草根虫一声。荏苒委时节，徘徊阅年龄[4]。兴来发长叹，意尽还一倾。俭德苟不惭，厚禄安可荣[5]？白首希高贤，清谣渺遗情[6]。人生亦易足，何必勤无成[7]？

注释

［1］九日闲居：《陶渊明集》中有题为“九日闲居”诗一首。（逯钦立校注《陶渊明集》，第39页）白沙先生所和即此诗。　［2］无钱抚秋菊，向夕凉风生。谁为白衣者，颇识江州名：向夕，天色将晚。白衣者，官府给役小吏。江州，指江州刺史王弘。这四句，典出檀道

鸾《续晋阳秋》："陶潜尝九月九日无酒，宅边菊丛中摘菊盈把，坐其侧久，望见白衣至，乃王弘送酒也。即便就酌，醉而后归。"（欧阳询《艺文类聚》，第81页）白沙先生看似是写陶渊明，其实是写自己。这几句意为：重阳节，陶渊明无钱买酒，独自抚赏秋菊。这时天色将晚，凉风轻轻地吹拂。［突然，来了一个送酒的人。］这送酒的人是谁呢？其人颇为熟识江州刺史之名。　［3］映杯碧水净，曜日丹葩明：映，反映。碧水净，指酒色之清纯。曜，照耀。丹葩明，指菊花之明丽。这两句意为：酒色之清纯，足以映杯；菊花之明丽，足以曜日。　［4］荏苒委时节，徘徊阅年龄：荏苒，音rěn rǎn，渐进、推移，多指时间而言。徘徊，往返回旋、来来回回。这两句意为：季节在渐渐地推移，年龄在慢慢地增加。　［5］俭德苟不惭，厚禄安可荣：荣，成为荣耀。这两句意为：在节俭的品德方面假如并不感到惭愧，丰厚的俸禄又怎么可能会成为荣耀呢？　［6］白首希高贤，清谣渺遗情：清谣，指陶渊明《九日闲居》。（参关步勋选注《陈白沙诗文选》，第51页）这两句意为：我年纪虽然已经老迈，依然仰慕陶渊明这样的高贤，而陶渊明诗中所表达的情怀又是如此深远。　［7］人生亦易足，何必勤无成：勤，勤苦。这两句意为：人生的欲望不难满足，何必挂怀勤苦而没有成就呢？

简析

白沙先生《九日闲居》，叙述的是正当九月重阳佳节，自己无钱买酒、独自抚赏秋菊之时，忽然有人送来美酒，犹如当年江州刺史王弘派人给陶渊明送来美酒一样。时值深秋，天际雁去，草根虫鸣，时节推移，年岁加增，把酒对菊，感慨万分。这时真希望能像陶渊明那样，酒醉而后归（"兴来发长叹，意尽还一倾"）。白沙先生以为，人生在世，能如陶渊明那样，把酒对菊，吟诗作文，自得其乐，就已经知足。至于能否有所成就，又何必挂怀呢?

和刘柴桑，寄袁道，见怀一峰之意[1]

题旨

白沙先生此诗为和陶渊明《和刘柴桑》所作，是一首寄赠袁道、缅怀其朋友罗伦之诗。

当年台城会，执手多踟蹰[2]。四海一为别，寒暑逝不居[3]。远意属罗浮，举头望匡庐[4]。胡然金牛谷，奄忽成丘墟[5]。蜕骨归复土，灵衿存为畬[6]。庶几百代下，攀驾以忘劬[7]。袁侯西江英，好德眼中无[8]。尺素每欲近，十年不作疏[9]。磨剑患不快，快则随所须[10]。永愿磨此心，恢恢快剑如[11]。

注释

[1] 和刘柴桑，寄袁道，见怀一峰之意：和刘柴桑，《陶渊明集》中有题为“和刘柴桑”诗一首。（逯钦立校注《陶渊明集》，第57—58页）白沙先生所和即此诗。刘柴桑，即刘程之。刘程之，字仲思，彭城（今江苏徐州）人，曾为柴桑令，隐居庐山西林寺。自号遗民。柴桑，今江西九江。袁道，字德纯，江西吉水人。一峰，即罗伦。

[2] 当年台城会，执手多踟蹰：台城，地名，一名苑城，故址在今南

京玄武湖侧，此代指南京。当年台城会，指成化五年（1469）白沙先生会试落榜之后，返乡途经南京，与罗伦、庄昶、章懋等相会。踟蹰，音chí chú，要走不走的样子。这两句意为：当年在南京与一峰相会，在即将离开的时候，我握着一峰的手不愿分别。 ［3］四海一为别，寒暑逝不居：逝，流逝。不居，不停。这两句意为：自从与一峰分别之后，天各一方；寒来暑往，时光流逝不停。 ［4］远意属罗浮，举头望匡庐：远意，远人之意。罗浮，山名。远意属罗浮，谓一峰曾与白沙先生相约游罗浮。这两句意为：一峰的意愿乃游罗浮，而我向往的是登匡庐。 ［5］胡然金牛谷，奄忽成丘墟：胡然，何故。金牛谷，地名，在江西永丰，罗一峰隐居之地。奄忽，迅疾、倏忽。丘墟，坟墓。这两句意为：为什么一峰隐居的金牛谷，倏忽之间就成了安葬一峰的墓地？ ［6］蜕骨归复土，灵衿存为畬：蜕骨，道家所谓脱去凡骨，指死亡。畬，音yú，已经垦种三年的熟田。这两句大意似为：尸身已经复归于泥土，寿衣也已经腐化于田地。 ［7］庶几百代下，攀驾以忘劬：百代，泛指很长的时间。驾，原指帝王的车乘，后作称人的敬辞。劬，音qú，劬劳、劳苦。这两句意为：大概很久以后，还有人为能够追随（或瞻仰）一峰而忘记其劳苦。 ［8］袁侯西江英，好德眼中无：袁侯，指袁道，字德纯。西江，指江西。这两句意为：袁德纯是江西的精英，像他这样喜好德行的人，我还没有见到。 ［9］尺素每欲近，十年不作疏：素，生绢。尺素，古人写文章或书信用的长一尺左右的绢帛，称为尺素，后以尺素为书信的代称。每，往往、常常。疏，书疏、信札。这两句意为：我常常打算给他（袁德纯）写封书信，可是过了很久都没有动笔。 ［10］磨剑患不快，快则随所须：患，担心。快，锋利。这两句意为：磨砺宝剑时只担心它不够锋利，如果足够锋利就能按其所须而随时使用。 ［11］永愿磨此心，恢恢快剑如：恢恢，宽阔广大，这里指恢恢有余。恢恢快剑如，疑典出《庄子·养生主》："彼节者有间，而刀刃者无厚；以无厚入有间，恢恢乎其于游刃必有余地矣。"这两句意为：我一直希望你磨砺此心有如磨砺宝剑，最终可以做到像使用锋利的宝剑那样恢恢乎游刃有余。

简析

白沙先生此诗是寄赠袁道兼缅怀罗伦的。诗的内容分为两部分。诗的前半部分，主要是白沙先生怀念自己与罗伦在南京的聚别、别后彼此相望之情，以及对于罗伦过早去世所表达的伤心与惋惜。诗的后半部分，主要是白沙先生对袁道的贤能之称颂（"袁侯西江英，好德眼中无"），以及对袁道的期望。

和郭主簿，寄庄定山[1]

题旨

白沙先生的《和郭主簿，寄庄定山》，是一首寄赠庄𫗦、怀念彼此交情的诗。

青松出乔木，遥望十里阴[2]。少年不结友，岁暮怀同襟。同襟问为谁，定山携一琴[3]。悠然一鼓之，不辨古与今[4]。在昔经江东，多士予所钦[5]。论文一觞酒，惟我与子斟[6]。岂意千载下，复此闻韶音[7]！我病不出户，何时还盍簪[8]？茫茫宇

宙内，与子契其深[9]。

注释

［1］和郭主簿，寄庄定山：和郭主簿，《陶渊明集》中有题为“和郭主簿”诗二首。（逯钦立校注《陶渊明集》，第60—61页）白沙先生此诗所和，乃其第一首。庄定山，即庄㫤。［2］青松出乔木，遥望十里阴：乔木，碧玉楼本作“乔林”。乔木，树之枝干在二三丈（1丈约为3.33米）以上的称为乔木。遥望，远望。阴，通“荫”，树荫。遥望十里阴，意为远远看去，似乎有十里的树荫。这是诗人夸张的说法。［3］少年不结友，岁暮怀同襟。同襟问为谁，定山携一琴：结友，交友。同襟，襟怀相同、极有交情的人；知音。这几句意为：我年纪小的时候不轻易结交朋友，年纪老的时候却常常怀念知音。借问知音是谁人，他就是携琴而来的庄定山。［4］不辨古与今：辨，分辨。［5］在昔经江东，多士予所钦：江东，长江下游南岸地区，此指南京。在昔经江东，成化五年（1469）白沙先生会试落榜之后，返乡途经南京，与罗伦、庄㫤、章懋等相会。多士，原指士子众多，此指士子、读书人。钦，钦佩、敬佩。这两句意为：在以前我途经南京的时候，你与罗伦、章懋等许多人都是我十分敬佩的。［6］论文一觞酒，惟我与子斟：论文，原作“论交”，据林齐本、高简本、萧世延本改。论文，评论诗文。论文一觞酒，典出杜甫《春日忆李白》：“何时一樽酒，重与细论文。”（仇兆鳌《杜诗详注》第一册，第52页）这两句意为：当时斟酌美酒、品评诗文的，只有我与你两人。［7］岂意千载下，复此闻韶音：千载下，千年之后，形容相隔时间久远。韶，美好、美妙。韶音，美妙的音乐，此指庄定山的妙论。这两句意为：我哪里想得到相隔这么长时间之后，还能在这个

地方听到你的妙论？　［8］我病不出户，何时还盍簪：盍簪，音hé zān，聚首、见面相聚。这两句意为：我由于疾病已经很长时间足不出户，不知什么时候我们还能见面相聚？　［9］茫茫宇宙内，与子契其深：契，契分、情分。这两句意为：在这茫茫的宇宙当中，我与你的情分是最深厚的。

简析

白沙先生《和郭主簿，寄庄定山》，是寄赠庄㫤的。在诗中，白沙先生首先讲到自己知音不多，而庄㫤是自己为数不多的知音当中的一位（“少年不结友，岁暮怀同襟”）。然后叙述自己与庄㫤的友情，尤其是成化五年自己在南京与庄㫤、罗伦、章懋等人的聚会（“在昔经江东，多士予所钦”），以及在南京与庄㫤把酒论文（“论文一觞酒，惟我与子斟”）的情景。最后，白沙先生慨叹知音难得，自己因病闭门不出，不知何时能与庄㫤再次相会。

赠羊长史，寄辽东贺黄门钦[1]

题旨

白沙先生和陶渊明《赠羊长史》，是一首寄赠其弟子贺钦并对贺钦寄予厚望的诗。

此心自太古，何必生唐虞[2]？此道苟能明，何必多读书？寂寂委山泽，于于来京都。斯人各有分，彼此何能踰[3]？杪秋

风日清，呼儿理肩舆[4]。聊为玉台游，言笑谁与俱[5]？屈指意中人，一坐一踟蹰[6]。归来看四壁，四壁光如如[7]。圣道日榛塞，谁哉剪其芜[8]？夫子久不见，吾生何以娱[9]？常恐岁月晚，况与音问疏。申以《伐木》章，一日三卷舒[10]。

注释

[1]赠羊长史，寄辽东贺黄门钦：赠羊长史，《陶渊明集》中有题为“赠羊长史”诗一首。（逯钦立校注《陶渊明集》，第64—65页）白沙先生所和即此诗。贺黄门钦，即贺钦。 [2]此心自太古，何必生唐虞：唐，陶唐氏（尧）。虞，有虞氏（舜）。唐虞，古史言陶唐氏（尧）、有虞氏（舜）皆以揖让而拥有天下，故以唐虞之时为太平盛世。这两句意为：如果此心本来就有太古之时人的心态，又何必要出生在唐虞这样的太平盛世？ [3]寂寂委山泽，于于来京都。斯人各有分，彼此何能踰：寂寂，冷落寂寞。于于，悠然自得。踰，逾越。这几句意为：有人冷落寂寞，寄身于山野河泽；有人悠然自得，往来于京城都市。这些人的出处各有定分，彼此之间又怎么能够逾越呢？ [4]杪秋风日清，呼儿理肩舆：杪，音miǎo，末尾。杪秋，暮秋，农历九月。肩舆，用人力抬扛的代步工具；轿子。 [5]聊为玉台游，言笑谁与俱：聊，姑且。这两句意为：我打算去玉台寺游玩一下，笑问谁可以与我同往？ [6]屈指意中人，一坐一踟蹰：屈指，弯曲手指计算数目。这两句大意似为：屈指计算谁是我希望同去游玩的人，一座的人当中我居然迟疑着不能确定。 [7]归来看四壁，四壁光如如：四壁，指家里。光，竭尽无余。光如如，形容什么都没有。湛若水《白沙子古诗教解》云：“及归，空室无侣，而莫

与共明此道也。”关步勋先生则说：“回到家中，四壁依然。……四壁：指室中之四堵墙，转喻为家中仅有四壁而已，表示贫寒之意。”（关步勋选注《陈白沙诗文选》，第53页）若如关先生所说，白沙先生谓自己贫寒，乃有向贺钦求助之意，与此诗之意不符。此采湛若水说。这两句意为：回来看看家里，家里也没有什么人可为学侣。［8］圣道日榛塞，谁哉剪其芜：榛，音zhēn，杂乱丛生的树木。榛塞，草木丛生，阻塞不通。这两句意为：圣贤之道日渐被阻塞，谁来与我剪除这些阻塞圣贤之道的草木呢？　［9］夫子久不见，吾生何以娱：夫子，白沙文编作“之子”。夫子，指贺钦。娱，欢娱、欢乐。［10］常恐岁月晚，况与音问疏。申以《伐木》章，一日三卷舒：音问，音讯、书信。《伐木》，《诗经·小雅》篇名，共有三章，每章十二句。为表达朋友故旧之情的诗篇。卷舒，展读。这几句意为：我常常担心自己年岁老迈，况且与你书信来往不多。只好用《诗经·小雅·伐木》来表达我的愿望，也希望你能一日三读之。

简析

白沙先生《赠羊长史，寄辽东贺黄门钦》，是寄赠其弟子贺钦的。这是一首论学诗。在诗的开头，白沙先生提到其学术主张乃反求诸心，在于静坐（“此心自太古，何必生唐虞”“此道苟能明，何必多读书”）。然后，白沙先生因暮秋游山无侣，而联想到自己求学无朋，没人与自己一起昌明圣贤之道（“圣道日榛塞，谁哉剪其芜”），于是想起自己的弟子贺钦。据此诗所言，可见白沙先生对贺钦寄望之重。

饮酒[1]

题旨

《陶渊明集》中有题为“饮酒”诗二十首，白沙先生所和为其第九首。昔日陶渊明，多把酒对秋菊；今日白沙先生，乃把酒对木犀。

木犀冷于菊，更后十日开[2]。清风吹芳香，芳香袭人怀[3]。千回咽入腹，五内无一乖[4]。虽靡鸾凤吟，亦有鷦鷯栖[5]。昔者东篱饮，百榼醉如泥[6]。那知此日花，复与此酒谐[7]。一曲尽一杯，酩酊花间迷[8]。赤脚步明月，酒尽吾当回。

注释

[1] 饮酒：《陶渊明集》中有题为“饮酒”诗二十首。（逯钦立校注《陶渊明集》，第86—100页）白沙先生所和，乃其第九首。[2] 木犀冷于菊，更后十日开：木犀，桂花的别称，以木材纹理如犀得名。其花有浓香，可作香料。白花者称银桂，黄花者称金桂，红花者称丹桂。 [3] 芳香袭人怀：袭，接触、薰染，此指沁人肺腑。[4] 千回咽入腹，五内无一乖：咽，吞，此指嗅。五内，五脏。乖，乖戾。 [5] 虽靡鸾凤吟，亦有鷦鷯栖：靡，无、没有。鸾凤，鸾鸟与凤凰。鸟之名贵者。鷦鷯，音jiāo liáo，俗称黄脰（音dòu）鸟，全身灰色，有斑。又称桃雀、巧妇鸟等。鸟之寻常者。鷦鷯栖，典出《庄子·逍遥游》：“鷦鷯巢于深林，不过一枝。”这两句意为：这木犀树

上即使没有鸾凤鸣叫，也有鸲鹈来栖息。［6］昔者东篱饮，百榼醉如泥：昔者东篱饮，指陶渊明。榼，音kē，古代盛酒或贮水的器具。百榼，形容其多。两句典出檀道鸾《续晋阳秋》："陶潜尝九月九日无酒，宅边菊丛中摘菊盈把，坐其侧久，望见白衣至，乃王弘送酒也。即便就酌，醉而后归。"（欧阳询《艺文类聚》，第81页）这两句意为：以前陶渊明在东篱菊花丛中，饮了许多的酒，直到烂醉如泥。［7］复与此酒谐：谐，协调。［8］一曲尽一杯，酩酊花间迷：酩酊，音mǐng dǐng，形容大醉。

简析

白沙先生此所和，乃陶渊明《饮酒》之第九首。在白沙先生看来，能够像陶渊明那样，把酒对秋菊（"昔者东篱饮，百榼醉如泥"），固然是美事。但是，把酒对木犀（"那知此日花，复与此酒谐"），依然属乐事。湛若水《白沙子古诗教解》云："然则，对花饮酒，莫非行藏安于所遇道理，先生之志岂在酒哉？"

庚子岁九月中于西田获早稻[1]

题旨

白沙先生此所和，为陶渊明《庚戌岁九月中于西田获早稻》诗。主要描述耕作、秋收的景象。

迟明向南亩，疏星在檐端[2]。夫出妇亦随，无非分所安。道旁往来人，下车时一观[3]。问津津不知，仰视飞鸟还[4]。逻苗远畤夕，濯足荒沟寒[5]。吾惜耦耕好，焉知世路难[6]。伐鼓收西畬，黄云被江干[7]。聊用代糟糠，作粥欢宾颜[8]。邻叟携儿来，嬉戏松下关[9]。齐声鼓腹讴，永谢攒眉叹。[10]

注释

［1］庚子岁九月中于西田获早稻：庚子，四库全书本作“庚戌”。《陶渊明集》原诗题目亦作“庚戌”。《陶渊明集》中有题为“庚戌岁九月中于西田获早稻”诗一首。（逯钦立校注《陶渊明集》，第84页）白沙先生所和即此诗。　［2］迟明向南亩，疏星在檐端：迟明，音zhì míng，天欲明未明、黎明。南亩，泛指农田。这两句意为：天色将明，我们即将前往田间，这时稀疏的晨星正挂在檐边的天空上。　［3］下车时一观：观，看。　［4］问津津不知，仰视飞鸟还：津，渡口。问津津不知，典出《论语·微子》，略谓：“长沮、桀溺耦而耕。孔子过之，使子路问津焉”。长沮、桀溺均不答其所问。长沮、桀溺，两人都是古代隐者。历代诗文中，常用沮溺作为避世隐士之典。这两句大意为：打听渡口在哪里而又得不到回答，抬头看看，只见有鸟倦飞而回。　［5］逻苗远畤夕，濯足荒沟寒：畤，原作“峙”，据碧玉楼本改。湛若水《白沙子古诗教解》《白沙先生诗教解》亦作“畤”。畤，音zhì，通“沚”，水中的小片陆地。这两句意为：到远处的水田去巡视禾苗，其时天色已经向晚；在荒沟当中洗脚，觉得水已经相当寒凉。　［6］吾惜耦耕好，焉知世路难：惜，爱惜、珍视。耦耕，二人并耕，泛指耕种。这两句意为：我只知爱惜

耦耕的乐趣，哪里管得了世道的艰难呢？ ［7］伐鼓收西畲，黄云被江干：伐鼓，击鼓。在古代，打仗时击鼓表示进攻，此指出发去收割早稻。黄云，金色的云霞。被，覆盖。江干，江畔。这两句意为：出发去收割西边水田的早稻，金色的云霞出现在江畔上空。 ［8］聊用代糟糠，作粥欢宾颜：用，原作“周”，据林齐本、高简本、萧世延本、碧玉楼本改。糟糠，酒渣、谷皮。比喻粗劣的食物。这两句大意为：姑且用这新收割的早稻取代粗劣的食粮，煮粥来款待宾客。 ［9］嬉戏松下关：“嬉戏”，林齐本、萧世延本、白沙文编作“戏嬉”。 ［10］齐声鼓腹讴，永谢攒眉歎：鼓腹，袒腹。意为饱食而闲暇无事。其典出《庄子·马蹄》：“赫胥氏之时，民居不知所为，行不知所之，含哺而熙，鼓腹而游，民能以此矣。”讴，歌唱。“歎（叹）”，原作“歡（欢）”，据林齐本、萧世延本、白沙文编、碧玉楼本改。此诗用韵与陶渊明原诗相同，《陶渊明集》原诗亦作“歎”。攒眉，忧愁不快貌。“歡”字与“攒眉”不匹配。这两句意为：大家鼓腹齐声而歌，永远不再为那些忧愁不快之事而叹息了。又：诗末，林齐本、萧世延本、白沙文编有小注云：“西涯先生尝读此篇，曰第四句不类。盖予尝自疑者，今不欲改之，以见西涯之不苟也。”

简析

白沙先生此所和乃陶渊明《庚戌岁九月中于西田获早稻》。不知何故，除四库全书本外，白沙先生其他诗文集，均题为“庚子岁九月中于西田获早稻”，与陶渊明原诗题目“庚戌岁九月中于西田获早稻”不同，不知是否白沙先生自己将“庚戌”改为“庚子”。若系白沙先生自己故意将“庚戌”改为“庚子”，则此诗有可能作于成化十六年（1480）（阮榕龄

《编次陈白沙先生年谱》、陈永正《陈献章诗编年笺校》将此诗系于成化十六年）。详情有待进一步考证。白沙先生此诗主要描述自己与乡人辛勤耕作、终于秋有所获的景象。白沙先生认为，自己所追求的并不是富贵，而是能够全家温饱，能够娱宾睦邻（“聊用代糟糠，作粥欢宾颜”）。而且只要能够温饱、娱宾，就已经知足，就能其乐无穷（“齐声鼓腹讴，永谢攒眉叹”）。

怀古田舍[1]

题旨

白沙先生此所和，为陶渊明《癸卯岁始春怀古田舍》之第二首，主要描述其种田养蚕的愿望。

君子固有忧，不在贱与贫[2]。农事久不归，道路竟徒勤[3]。青阳动芳草，白日悲行人[4]。沮溺去千载，相知恒若新[5]。出门转穷厄，得已聊一欣[6]。甘雨濡夕畛，繁花幕春津。独往亦可乐，耦耕多近邻[7]。百年鼎鼎流，永从耕桑民[8]。

注释

[1]怀古田舍：《陶渊明集》中有题为“癸卯岁始春怀古田舍”诗二首。（逯钦立校注《陶渊明集》，第76—77页）白沙先生所和，乃其第二首。 [2]君子固有忧，不在贱与贫：忧，担忧。典出《论

语·卫灵公》：“子曰：‘君子谋道不谋食。耕也，馁在其中矣；学也，禄在其中矣。君子忧道不忧贫。’” ［3］农事久不归，道路竟徒勤：归，返回。勤，勤劳、勤苦。这两句大意为：君子认为，如果只为追求富贵而奔走于道路，长时间没有回到农事上，毕竟属于徒然勤劳而无所获。 ［4］青阳动芳草，白日悲行人：青阳，春天。《尔雅·释天》云，“春为青阳”。行人，出行或出征的人，此指追求富贵的人。湛若水《白沙子古诗教解》云：“今时又春生，而求富贵者奔走道路不止，可悲也。”这两句大意为：春天来了，万物复苏，这是农忙季节，应当专心农事，然而追求富贵的人却心不在此，实在可悲。 ［5］沮溺去千载，相知恒若新：沮溺，即长沮、桀溺。去，相去、相距。相知恒若新，意即不相知、不理解，典出《史记·邹阳列传》：“谚曰：‘有白头如新，倾盖如故。’何则？知与不知也。”（《史记索隐》引述服虔云：“人不相知，自初交至白头，犹如新也。”司马迁《史记》第八册，第2471—2472页）这两句大意为：只有千百年前的沮溺知道，应专心农事而不应当奔走道路，世人对此虽耳熟能详却并不理解。 ［6］出门转穷厄，得己聊一欣：穷厄，贫穷与困厄。得己，指不失己，能保持自己的志向。这两句意为：如果必须奔走道路，却不幸遭遇贫穷、困厄，依然能够保持己志，还是值得高兴的。 ［7］甘雨濡夕畛，繁花幕春津。独往亦可乐，耦耕多近邻：甘雨，及时雨。濡，使湿润。夕，西向。畛，音zhěn，田间的道路。此指田间。幕，覆盖。可乐，原作“何乐”，据林齐本、高简本、萧世延本、碧玉楼本改。这几句意为：这时，雨水使得西边的田地湿润，繁盛的花朵开满渡口。即便一个人去耕种，也使人很快乐；若要二人并耕，则多有相近邻居的帮忙。 ［8］百年鼎鼎流，永从耕桑民：百年，指一生。鼎鼎，懒散。引申为蹉跎。耕桑，种田养蚕，泛指农事。这两句意为：人的一生很快就过去，我还是做一个种田养蚕的农夫好了。

简析

白沙先生认为，虽然孔子说过“君子忧道不忧贫”，但并不是说君子不应该关心农事。如今春天到了，春雨来了，与其为追求富贵而奔走于道路，还不如回归田舍，种田养蚕，既可解决一家温饱，又可自得其乐（“独往亦可乐，耦耕多近邻”）。

七言古诗

读东坡年谱

题旨

白沙先生此诗，大概作于弘治元年（1488）。应当是读王宗稷所编撰《东坡年谱》有感而作，诗中对苏东坡一生波折颇为同情。

坡翁春秋六十六，脚债一生偿不足[1]。黄州去后惠州来，无何又向儋州宿[2]。瘴雨蛮风经几时，放归便就毘陵木[3]。熙宁以下至元符，中间老稚围船哭[4]。妇女仓皇吏卒欺，坡翁已就台官狱[5]。平生几册箧中书，一一旁搜付回禄[6]。西望眉山不知处，俯仰乾坤何局促[7]。假令坡翁活百年，长领词官称玉局[8]。气节文章古所难，先知孰与愚公谷[9]。丈夫当自慎出处，何尔呶呶蒙毁辱[10]！

注释

[1] 坡翁春秋六十六，脚债一生偿不足：坡翁，即苏东坡。苏轼，字子瞻，宋代眉州眉山（今四川眉山）人。著名文学家、书画

家。嘉祐二年（1057）进士。宋英宗时为直史馆（直史馆，官职名，宋初设置）。宋神宗熙宁时，王安石行新法，苏轼上书论其不便，自请出外，通判杭州。后徙湖州。因言者摘录其诗语以为讪谤朝政，被贬谪黄州，担任团练副使，因筑室于东坡，自号东坡居士。宋哲宗时召还，累官至礼部尚书。绍圣中又被贬谪惠州、海南。宋徽宗立，大赦召还，任玉局观提举（玉局观提举，宋代官职名，属礼部，闲职），复朝奉郎。建中靖国元年（1101），卒于常州，享年六十六岁。　［2］黄州去后惠州来，无何又向儋州宿：黄州，地名，今湖北黄冈。无何，无几何时、不久。儋州，音dān zhōu，地名，今海南儋州。这两句，叙述苏轼先后被贬谪到黄州、惠州、儋州之事。　［3］瘴雨蛮风经几时，放归便就毘陵木：瘴雨蛮风，即瘴雨蛮烟、瘴雨蛮云，指南方有瘴气的烟雨。就木，入棺，指死亡。毘，音pí，同“毗”。毘陵，地名，在今江苏常州武进。就毘陵木，谓死于毘陵。　［4］熙宁以下至元符，中间老稚围船哭：熙宁，宋神宗年号，略当1068—1077年。元符，宋哲宗年号，略当1098—1100年。老稚，老幼。　［5］妇女仓皇吏卒欺，坡翁已就台官狱：台官狱，又称为台狱，属于御史台管辖的牢狱。《宋史·苏轼传》云，苏轼“徙知湖州，上表以谢。又以事不便民者不敢言，以诗托讽，庶有补于国。御史李定、舒亶、何正言摭其表语并媒蘖所为诗，以为讪谤，逮赴台狱，欲置之死，锻炼久之不决。神宗独怜之，以黄州团练副使安置”。　［6］平生几册箧中书，一一旁搜付回禄：箧，音qiè，箱子，大曰箱，小曰箧。箧中书，《战国策·秦策二》云：“乐羊反而语功，（魏）文侯示之谤书一箧。”后因此称诽谤之辞为箧中书。回禄，传说中的火神名。后称火灾为回禄。　［7］西望眉山不知处，俯仰乾坤何局促：眉山，地名，在四川。俯仰，这里指生存。乾坤，天地。局促，拘束、窘迫。［8］假令坡翁活百年，长领词官称玉局：词官，谓文学侍从之官，同“词臣”。《宋史·苏轼传》云，徽宗立，“更三大赦，［苏轼］遂提举玉局观，复朝奉郎。轼自元祐以来，未尝以岁课乞迁，故官止于此”。这两句意为：假使东坡能够长命百岁，其人不过是一个文学侍从之臣，其官位也不过是玉局观提举这样的闲职。［9］气节文章古所难，先知孰与愚公谷：愚公谷，地名，在山东临淄。刘向《说苑·政理》云：“齐桓公出猎，逐鹿而走，入山谷之中，见一老公而问之曰：‘是为何谷？’对曰：‘为愚公之谷。’”后借愚公谷为隐居之地。［10］何尔呶呶蒙毁辱：呶呶，音náo náo，多言、唠叨。

简析

对于苏东坡，白沙先生之评价颇高。白沙先生《与贺克恭黄门（四）》云：“人无气节不可处患难，无涵养不可处患难。如唐柳宗元不足道。韩退之平日以道自尊，潮州之贬，便也撑持不住，如共大颠往来，皆是忧愁无聊，急急地寻得一个人来共消遣，此是无涵养。若坡老便自不同，作《示虎儿诗》云：‘独倚桄榔树，闲挑荜拨根。谋生看拙否，送老此蛮村。’又云：‘日啖荔枝三百颗，不妨长作岭南人。’此皆是患难奈何不得气象，何其壮哉！”（《陈献章全集》上册，第181页）诗中，白沙先生叙述了苏东坡作为官员，被多次贬谪，因文字入狱，最终客死毘陵的一生。在此诗之末，白沙先生发出了与其如此，还不如隐居的慨叹（“气节文章古所难，先知孰与愚公谷”）。读来令人伤心。

白沙先生此诗，作于弘治元年（相关考证，参黎业明《陈献章年谱》，第220—221页），疑系读王宗稷所编撰《东坡年谱》有感而作。《四库全书总目》云：“《东坡年谱》一卷，宋代王宗稷撰。王宗稷，字伯言，五羊（广州别称）人。自记称‘绍兴庚申，随外祖守黄州。到郡，首访东坡先生遗迹，甲子一周矣。思诸家诗文皆有年谱，独此尚阙，谨编

次先生出处大略，叙其岁月先后为年谱’云云。今刻于东坡集首者，即此本也。”（永瑢等《四库全书总目》上册，第536页）

戒懒文示诸生[1]

题旨

白沙先生在此诗中，告诫其学生不要懒惰。懒惰不仅无法成就事业，而且贻害无穷。

大舜为善鸡鸣起，周公一饭凡三止，仲尼不寝终夜思，圣贤事业勤而已[2]。昔闻凿壁有匡衡，又闻车胤能囊萤，韩愈焚膏孙映雪，未闻懒者留其名[3]。尔懒岂自知，待我详言之：官懒吏曹欺，将懒士卒离[4]；母懒儿号寒，夫懒妻啼饥[5]；猫懒鼠不走[6]，犬懒盗不疑。细看万事乾坤内，祇有懒字最为害[7]。诸弟子，听训诲，日就月将莫懈怠[8]。举笔从头写一篇，贴向座右为警戒。

注释

[1] 戒懒文示诸生：此篇，碧玉楼本将其收入“杂著”。

[2] 大舜为善鸡鸣起，周公一饭凡三止，仲尼不寝终夜思，圣贤事业勤而已：大舜为善鸡鸣起，典出《孟子·尽心上》：“孟子曰：

‘鸡鸣而起，孳孳为善者，舜之徒也；鸡鸣而起，孳孳为利者，跖之徒也。欲知舜与跖之分，无他，利与善之间也。’” 一饭凡三止，即“一饭三吐哺”，意为殷勤待士。周公一饭凡三止，典出《史记·鲁周公世家》：“周公戒伯禽曰：‘我，文王之子、武王之弟、成王之叔父，我于天下亦不贱矣。然我一沐三捉发、一饭三吐哺，起以待士，犹恐失天下之贤人。子之鲁，慎无以国骄人。’”（司马迁《史记》第五册，第1518页）仲尼不寝终夜思，典出《论语·卫灵公》：“子曰：‘吾尝终日不食，终夜不寝，以思，无益，不如学也。’” ［3］昔闻凿壁有匡衡，又闻车胤能囊萤，韩愈焚膏孙映雪，未闻懒者留其名：匡衡，字稚圭，汉东海人。善说《诗》。汉元帝时，官至丞相。后罢官并免为庶人。匡衡凿壁，典出刘歆《西京杂记》：“匡衡，字稚圭，勤学而无烛，邻舍有烛而不逮，衡乃穿壁引其光，以书映光而读之。”后遂以凿壁偷光为家贫苦读之典。车胤，字武子，晋南平人。幼时勤学，“家贫不常得油，夏月则练囊盛数十萤火以照书，以夜继日焉”，以博学知名。东晋权臣桓温坐镇荆州，征其为从事。官至礼部尚书。后自杀。（参房玄龄等《晋书》第七册，第2177—2178页）车胤囊萤，典出《晋书·车胤传》，后以此形容读书刻苦。韩愈焚膏，典出韩愈《进学解》：“焚膏油以继晷，恒兀兀以穷年。”（马其昶《韩昌黎文集校注》，第45页）焚膏继晷，指夜以继日地勤奋学习。孙，指孙康。孙康映雪，典出《文选》李善注引《孙氏世录》：“孙康家贫，常映雪读书，清介，交游不杂。”（《文选》第四册，第1745页） ［4］官懒吏曹欺，将懒士卒离：官，官员。官者，管也，以管领为名。吏，原指职位低微的官员。明清时，称各衙署的房吏、书办等没有俸禄而供事于官的人为吏。离，离心、离落。 ［5］母懒儿号寒，夫懒妻啼饥：古代多实行男耕女织的生产方式，故母懒不织则儿女不能得到温暖，夫懒不耕则妻子不能得以饱食。［6］猫懒鼠不走：走，逃跑、跑开。［7］祇有懒字最为害：懒字，原作“懒子”，据碧玉楼本改。白沙先生此诗墨迹尚存，墨迹亦作“懒字”。（陈福树《陈白沙的书法艺术》，第37页）［8］日就月将莫懈怠：日就月将，每日有所得，每月有所进。语见《诗经·周颂·敬之》：“日就月将，学有缉熙于光明。”

简析

在白沙先生各种版本诗文集中，《戒懒文示诸生》多被收入七言古诗，唯碧玉楼本将其收入杂著。在诗中，白沙先生告诫弟子，无论是圣人（例如虞舜、周公、孔子）要成就一番事业，还是名贤（例如匡衡、车胤、韩愈）要青史留名，都离不开勤奋，何况是寻常之人。其实，无论是何等人或物，懒惰都没有好结果：“官懒吏曹欺，将懒士卒离；母懒儿号寒，夫懒妻啼饥；猫懒鼠不走，犬懒盗不疑。”白沙先生从正反两面，叙述了人生在世必须勤奋、不能懒惰的理由，希望弟子以此为戒。

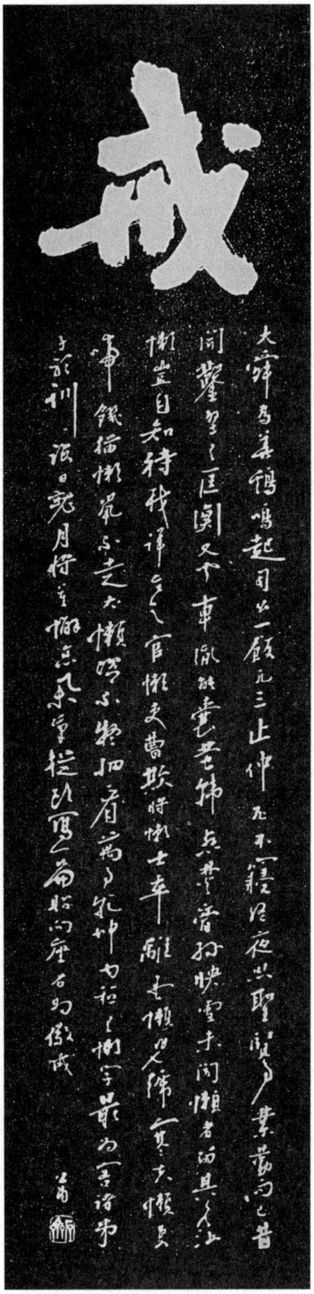

白沙先生墨迹《戒懒文示诸生》（陈福树《陈白沙的书法艺术》，第37页）

五言律诗

有传罗一峰观化[1]

题旨

此诗是白沙先生听到关于罗伦逝世的传闻时所作。对罗伦逝世的传闻，白沙先生既感到悲伤，又不愿相信。

悲风何处起，散作断肠声[2]。乘彼白云去，湖西问死生[3]。四海方悬仰，一峰何可倾[4]？平生不下泪，今日尽沾缨[5]。

问讯南川子，东莞林光也。金牛有是非[6]。忧为妻子地，泪湿故人衣[7]。岁晚流言恶，天涯信使稀[8]。西风吹落叶，故故傍愁飞[9]。

注释

［1］有传罗一峰观化：罗一峰，即罗伦。罗伦卒于成化十四年（1478）九月二十四日，时年四十八岁。观化，观察变化。此指死亡。典出《庄子·至乐》："支离叔与滑介叔观于冥伯之丘、昆仑之虚，黄帝之所休。俄而柳生其左肘，其意蹶蹶然恶之。支离叔曰：'子恶之乎？'滑介叔曰：'亡，予何恶？生者，假借也；假之而

生生者，尘垢也。死生为昼夜。且吾与子观化而化及我，我又何恶焉？’” ［2］悲风何处起，散作断肠声：风，风闻、传闻。悲风，伤心的传闻。断肠，形容极度思念或悲伤。这两句大意为：关于一峰过世的传闻不知从何而起，这样的传闻使我肝肠寸断、无比悲伤。［3］湖西问死生：湖西，地名，在江西永丰，罗伦故里。 ［4］四海方悬仰，一峰何可倾：悬仰，挂念、仰慕。倾，倒塌、覆灭，引申为死亡。 ［5］今日尽沾缨：沾缨，沾湿冠缨。 ［6］金牛有是非：金牛，原作“今牛”，据林齐本、高简本、萧世延本、碧玉楼本改。金牛，即金牛谷，罗伦隐居之地。是非，褒贬。疑指当时有人对罗伦的批评。 ［7］忧为妻子地，泪湿故人衣：忧，忧苦、忧伤。这两句大意似为：忧伤固然是妻儿的事情，但泪水还是沾湿了朋友的衣裳。 ［8］岁晚流言恶，天涯信使稀：岁晚，岁暮。信使，古称使者为信，也叫信使。 ［9］西风吹落叶，故故傍愁飞：故故，屡屡、常常。傍，依附、接近、伴随。这两句大意为：西风吹起落叶，常常伴随愁苦飞旋。

简析

罗伦卒于成化十四年九月二十四日。根据诗中“岁晚流言恶，天涯信使稀”之言，此诗当作于成化十四年底，其时白沙先生尚未得到罗伦病逝的确切消息，只是听到了罗伦逝世的相关传闻。对于罗伦逝世的传闻，白沙先生既感到突然，感到悲伤（“悲风何处起，散作断肠声”“平生不下泪，今日尽沾缨”“忧为妻子地，泪湿故人衣”），又不敢相信，不愿相信（“乘彼白云去，湖西问死生”）。作为罗伦的朋友，白沙先生对罗伦的评价极高，其在得知罗伦逝世的确切消息后作《祭罗一峰文》，称颂罗伦“为道义先觉，为仁义郛郭，为士庶依托，为当时医药，为沛八表之云而翔千仞之鹫（音yuè），为鼓万物之风而架层空之阁。其心洞洞，其性落落；其文浩浩，其行卓卓。白日青天，泰山乔岳”。（《陈献章全集》上册，第166页）对于罗伦这样的朋友，白沙先生在听到关于他逝世的传闻时，会如此的情不自禁，如此的悲伤落泪，应当不难理解。

初秋夜

题旨

成化十五年（1479），白沙先生得知被广东布政使彭韶推荐出仕之后，于初秋之夜作此诗。在诗中，白沙先生表达了自己不愿出仕的心情。

四时相代谢，已度一日秋。风吹露下叶，月照水边楼。尧舜今当御，巢由竟媚幽[1]。山灵邀梦去，昨夜又罗浮[2]。

自我不出户，岁星今十周[3]。丹砂求未遂，绿鬓去难留[4]。时节来将晚，山河值早秋[5]。西风卷雨去，星月满池流。[6]

注释

［1］尧舜今当御，巢由竟媚幽：尧舜，古代圣王。御，侍奉。巢由，巢父与许由。相传二人为尧时隐士，尧欲让位于二人，他们均不接受。诗文中多用巢由为隐居不仕之典。媚，喜爱、爱戴。幽，沉静、安闲。这两句意为：如今有像尧舜这样的圣王固然应当侍奉，然

而巢父与许由毕竟更喜欢安闲。［2］山灵邀梦去，昨夜又罗浮：山灵，山神。罗浮，山名。［3］岁星今十周：岁星，即木星。古人以为其岁行一次，谓之岁星，用以纪年。白沙先生成化五年（1469）礼闱下第至成化十五年作此诗时，前后十年时间不出门。【参本篇注释［5］相关考证】［4］丹砂求未遂，绿鬓去难留：丹砂，此指丹药、仙丹。比喻所求之道。绿鬓，乌亮的鬓发。这两句意为：丹药没有能够求到，乌黑的鬓发也没有留住，变得花白了。［5］时节来将晚，山河值早秋：时节，节气、四时的节序。时节来将晚，谓立秋还没到，其到来将会晚一些。山河，疆域、国土的代称。这里指世间。这两句意为：立秋还没到，今年将会晚一些，然而从月份来说已经是初秋了。案：要理解白沙先生为什么这样说，必须先考证此诗的写作时间。白沙先生此诗的写作时间，阮榕龄《编次陈白沙先生年谱》将其系于明英宗天顺八年（1464），我们原先亦采阮榕龄之说。（参黎业明《陈献章年谱》，第20—21页）而陈永正先生则将其系于成化十五年，理由是"'岁星今十周'，谓成化五年己丑礼闱下第至今十年，尚居于乡不出也，与《闻方伯彭公上荐剡》'岩栖累十春'之意同，且此诗前后俱为成化十五年己亥之作"。（陈永正《陈献章诗编年笺校》上册，第147页）陈先生的说法可取。因为成化十五年有闰月，为闰十月。（参方诗铭、方小芬编著《中国史历日和中西历日对照表》，第608页）相对而言，若闰月出现在阴历七月之后，当年立秋的阴历日期一般会稍晚一些。根据立秋这个节气当时多在阳历7月29日至30日之间推算，成化十五年的立秋，应在阴历七月十一日至十二日之间。而天顺八年立秋在阴历六月二十五日左右。若此诗作于天顺八年，则"时节来将晚，山河值早秋"之说与当年立秋时间不相应。若此诗作于成化十五年，则"时节来将晚，山河值早秋"之说与当年立秋时间相符。而且诗中"尧舜今当御，巢由竟媚幽。山灵邀梦去，昨夜又罗浮”之言，显然与彭韶上疏推荐白沙先生而白沙先生自己不愿出仕有关。根据这些考证以及诗中“四时相代谢，已度一日秋”之说，可以断定白沙先生此诗作于成化十五年七月初二，当时尚未立秋。［6］西风卷雨去，星月满池流：池，池塘。这两句意为：西风把雨水卷走，雨过天晴，星星月亮的倒影把整个池塘都布满了。

简析

白沙先生的《初秋夜》二首，阮榕龄《编次陈白沙先生年谱》将其系于明英宗天顺八年，我们原先亦采阮榕龄之说，如今受陈永正先生启发，将其考定为作于成化十五年七月初二。此诗主要描述白沙先生得知自己被广东布政使彭韶推荐出仕之后，于初秋夜之思绪。白沙先生以为，能够出仕做官、为朝廷效力固然是好事，但是自己更喜欢清闲，更希望隐居不出（“尧舜今当御，巢由竟媚幽”）；而且自己年纪已经老迈、头发已经花白，然而学道却尚无所成（“丹砂求未遂，绿鬓去难留”），并不适合出仕。诗中所写是初秋夜之景，所抒是不出仕之情。

春日江村

题旨

此两首诗作于弘治元年（1488）春，主要描写白沙先生春日独游江村的情景。

时候花先觉，阴晴鸟自知［1］**。登山嫌避客，得句乐呼儿**［2］**。**

蔓草披香径，垂杨覆浅漪[3]。美人期未至，江月几盈亏[4]。

草带篱腰绿，花簪石顶红[5]。林园开昼景，莺燕语春风。山霭霏霏合，江流渺渺东[6]。独来桥畔路，高拄过眉筇[7]。

注释

［1］时候花先觉，阴晴鸟自知："时候"，诗近稿作"气候"。这两句意为：季节的到来，鲜花最先发觉；天气的阴晴，小鸟自己会知道。 ［2］登山嫌避客，得句乐呼儿：嫌，嫌疑。这两句意为：登临山水，可能被怀疑是要避开世人；吟得好诗，高兴得立刻叫来儿子共赏。 ［3］蔓草披香径，垂杨覆浅漪：蔓草，蔓生的杂草。漪，音yī，微波。这两句意为：蔓生的杂草，旁生于花间的小路；低垂的杨树，遮掩着浅浅的江水。 ［4］美人期未至，江月几盈亏：美人，此指朋友、诗人墨客。期，期待、等待。盈亏，圆缺。这两句意为：诗友等待了很久还没有到来，江上明月都已经多次圆缺。 ［5］草带篱腰绿，花簪石顶红：草带篱腰绿，典出王安石《和惠思岁二日二绝》其二"遥怜草色裙腰绿"（李壁《王荆文公笺注》，第1211页）；陆游《长干行》"裙腰绿如草"（钱仲联《剑南诗稿校注》，第五册，第2666页）。这两句为拟人修辞，白沙先生写景写出了新意，尤其"花簪石顶红"一句，以往多写人，此处移写景。这两句意为：草围篱下，犹如美人腰带环绿草；花探石上，正似佳人头顶簪红花。 ［6］山霭霏霏合，江流渺渺东：霭，云气。霏霏，慢慢地。渺渺，远远地。这两句意为：山间的云气慢慢地合拢在一起，江中的波流远远地向东流去。 ［7］独来桥畔路，高拄过眉筇：筇，此指杖。这两句意为：我独自走在桥边的路上，拄着高过眉头的拐杖。

简析

白沙先生《春日江村》二首，收入《白沙先生诗近稿》“戊申诗稿卷之四”，其作于弘治元年春，应当没有疑问。这两首诗，主要描写白沙先生春日独游江村的情景。春天来了，鸟语花香，草木茂盛，山雾缭绕，江水东流。如此景色，实在怡人。但是，春日江村，独游无侣（“美人期未至，江月几盈亏”“独来桥畔路，高拄过眉筇”），如此美景，无人同赏，令人伤感。

赠世卿游山[1]

题旨

此两首诗作于弘治六年（1493）春，是白沙先生为李承箕游览、登临新会圭峰山而作。

万丈昆仑顶，冥栖忆老关[2]。君看白龙水，何似黄公山[3]。有酒终日醉，无官到处闲。南风乃何意，又送楚舟还。[4]

朝来生紫气，此地一函关[5]。帽顶花沾雨，云中人下山[6]。相逢欲大笑，不语是真闲。晚向东亭醉[7]，犹能骑马还。

注释

［1］赠世卿游山：世卿，即李承箕。　［2］万丈昆仑顶，冥栖忆老关：昆仑顶，即圭峰山绿护屏。冥，夜晚。老关，名字、履历不详。这两句意为：在高高的昆仑顶上，夜晚住在山中，心里想念着老关。　［3］君看白龙水，何似黄公山：白龙水，即白龙池，又称圣池，在绿护屏之南。黄公山，地名，在湖北嘉鱼，为李承箕隐居之地。　［4］南风乃何意，又送楚舟还：楚舟，原指回楚地的船。此代指李承箕。这两句意为：不知南风是出于什么考虑，又要把世卿送回湖北去了。　［5］朝来生紫气，此地一函关：紫气，祥瑞的光气。“一”，诗近稿、林齐本、高简本、萧世延本、碧玉楼本作“亦”。函关，即函谷关。　［6］帽顶花沾雨，云中人下山：帽顶，应为地名，即阜帽峰，在江门。（白沙先生五律《九日》诗云：“饥鸦行帽顶，来雁阵江门。”《陈献章全集》中册，第540页）云中，亦地名，即云峰，在圭峰山西边。这两句意为：阜帽峰的花卉沾上了雨水，云峰山中的游人走下了山冈。　［7］晚向东亭醉：东亭，地名，在新会。（白沙先生《东亭奉别宪副陶公》诗云：“父老连村拥画航，东亭西日引杯长。”《陈献章全集》中册，第568页）

简析

白沙先生《赠世卿游山》二首，收入《白沙先生诗近稿》“癸丑诗稿卷之九”，作于弘治六年春李承箕返回嘉鱼之前（这是李承箕第二次来新会）。此诗是白沙先生为李承箕游览、登临新会圭峰山而作。登临山水，固然快乐，然而白沙先生在诗中所表达的，是对李承箕即将离开新会、返回嘉鱼的惜别之情（“南风乃何意，又送楚舟还”）。

秋坐碧玉楼[1]

题旨

此三首诗作于弘治七年（1494）秋，叙述白沙先生闲坐碧玉楼时之所感所想。

造次中秋过，商量九日来[2]。诗将秋景淡，菊共老人开[3]。时节陶潜醉，江山宋玉哀[4]。平生沧海意，不受白鸥猜[5]。

山中犹远志，小草已人间[6]。近得东白先生书："在山远志，出山小草。"故及之。不是无经济，谁能断往还[7]。江鱼肥入馔，霜橘绿堆盘[8]。问我心何住，红藤拄杖端[9]。

碧玉架云端，朝朝倚玉看[10]。时情膏火里，世事弈棋间[11]。古榻多便静，华簪不博闲[12]。篱根散发醉，又对菊花斑[13]。

注释

[1] 秋坐碧玉楼："碧玉楼"后，诗近稿、林齐本、萧世延本有"偶成"二字。 [2] 造次中秋过，商量九日来：造次，仓促。商量，讨论问题、交换意见。这两句意为：在仓促中中秋节就过去了，正与人商量着如何过重阳节，重阳节又来到了。 [3] 诗将秋景淡，菊共老人开：将，连词，表并列，犹言与、共。老人，星名，也叫南极星、寿星。苏轼《乐语·教坊致语》云："南极呈祥，

候秋分而老人见；西夷慕义，涉流沙而天马来。”（苏轼《东坡全集》，《景印文渊阁四库全书》第1108册，第804页）开，展示、出现。这两句意为：诗意与秋天的景色一样淡雅，菊花同老人星一起出现。　［4］时节陶潜醉，江山宋玉哀：时节，四时的节序。此指九月九日重阳节。时节陶潜醉，典出檀道鸾《续晋阳秋》“陶潜尝九月九日无酒，宅边菊丛中摘菊盈把，坐其侧久，望见白衣至，乃王弘送酒也。即便就酌，醉而后归”。（欧阳询《艺文类聚》，第81页）宋玉，战国时期楚国鄢人，曾为楚国顷襄王大夫。或说是屈原弟子。江山宋玉哀，典出宋玉《九辩》：“悲哉，秋之为气也！萧瑟兮，草木摇落而变衰。”杜甫《咏怀，古迹五首》云：“摇落深知宋玉悲，风流儒雅亦吾师。”（仇兆鳌《杜诗详注》，第四册，第1501页）这两句意为：重阳时节，秋天淡雅的景色让陶潜沉醉，大地萧瑟的景象使宋玉悲伤。　［5］平生沧海意，不受白鸥猜：白鸥，典出《列子·黄帝篇》：“海上之人有好沤鸟者，每旦之海上，从沤鸟游，沤鸟之至者百住而不止。其父曰：‘吾闻沤鸟皆从汝游，汝取来，吾玩之。’明日之海上，沤鸟舞而不下也。”（沤鸟，即鸥鸟。杨伯峻《列子集释》，第67—68页）据《列子·黄帝篇》，鸥鸟有知人之智。这两句意为：我平生浪迹沧海、无拘无束的想法，应当不会受到海上白鸥的猜疑吧。　［6］山中犹远志，小草已人间：远志，草名，高七八寸，茎细小，叶椭圆互生，夏天开紫色花，根可入药。小草，中药名，即远志的苗。据白沙先生小注，这两句是用张元祯（字廷祥，号东白）“在山远志，出山小草”之言。然而，这两句之用典，最初出自《世说新语·排调》：“谢公始有东山之志，后严命屡臻，势不获已，始就桓公司马。于时人有饷桓公药草，中有远志，公取以问谢：‘此药又名小草，何一物而有二称？’谢未即答。时郝隆在坐，应声答曰：‘此甚易解，处则为远志，出则为小草。’谢甚有愧色。桓公目谢而笑曰：‘郝参军此过乃不恶，亦极有会。’”（余嘉锡《世说新语笺疏》，中华书局，2009年，下册，第944页）这个典故，后往往用于古人出、处的二难选择。［7］不是无经济，谁能断往还：经济，经国济民。往还，往来、交际。这两句意为：如果自己不是没有经国济民之才，谁能够断绝与别人往来？［8］江鱼肥入馔，霜橘绿堆盘：馔，音zhuàn，食物。这两句意为：江鱼肥美正好做成食物，霜橘青绿适合堆放果盘。［9］问我心何住，红藤拄杖端：住，停止、不动。红藤，即大血藤，落叶藤本植物，茎红褐色，砍断时有红色汁液渗出。茎皮纤维可制人造棉或作造纸原料，茎藤入药。拄杖，手杖。端，双手捧物。此句中，红藤，病人所用，表示自己有病；拄杖，老人所用，表示自己年衰。这两句意为：问我为什么能够不动心，我把红藤、手杖拿了出来。［10］碧玉架云端，朝朝倚玉看：碧玉，指碧玉楼。碧玉架云端，形容碧玉楼之高。倚玉，蒹葭倚玉的略称，意思为相形见绌。这两句大意为：碧玉楼拔地而起、高架云端，我天天看着这高楼，觉得自己是如此藐小、相形见绌。［11］时情膏火里，世事弈棋间：膏火，点燃油脂以照明。典出《庄子·人间世》：“山木自寇也，膏火自煎也。”世事弈棋间，典出杜甫《秋兴八首》其四：“闻道长安似弈棋，百年世事不胜悲。”（仇兆鳌《杜诗详注》，第一册，第1489页）谚语亦有“人情似纸张张薄，世事如棋局局新”之说。［12］古榻多便静，华簪不博闲：华簪，华贵的帽簪，比喻贵官高位。博，换取、取得。这两句意为：古榻大多方便于静坐，然而贵官却不能换来清闲。［13］篱根散发醉，又对菊花斑：散发，发不束整，指解冠隐居。篱根散发醉，典出檀道鸾《续晋阳秋》【引文参本篇注释［4］】。对，匹配。这两句意为：在东篱之下，散发大醉，这正好与菊花的斑驳之影相配。

简析

白沙先生《秋坐碧玉楼》三首，收入《白沙先生诗近稿》“甲寅诗稿卷之十”，作于弘治七年秋。白沙先生这三首诗，虽然也有写景，但是更多的是抒情。白沙先生在诗中，或说“平生沧海意，不受白鸥猜”，或说“山中犹远志，小草已人间”，或说“时情膏火里，世事弈棋间”，或说“古榻多便静，华簪不博闲”，都是在抒发自己希望继续过着退隐山野、恬淡自适的生活，而不愿出仕，不愿奔波于道路之情。白沙先生在成化十九年（1483）被授予翰林检讨官职之后，一直居家不出。弘治七年秋，或许官府有催促白沙先生出而任职之议。我们之所以作这样的推测，是因为弘治八年（1495）春，吏部就有文书来要求白沙先生出而任职。（参白沙先生《八年春部书复至，顾别驾以两司之命来劝驾，用旧写怀韵赋诗见示，答之》，《陈献章全集》中册，第650—651页）

七言律诗

吊厓[1]

题旨

白沙先生此诗，乃系凭吊宋亡之地厓山而作。诗中，白沙先生对宋朝的灭亡表示惋惜，对爱国志士加以赞扬。

天王舟楫浮南海，大将旌旗仆北风[2]。义重君臣终死节，时来胡虏亦成功[3]。身为左衽皆刘豫，志复中原有谢公[4]。人众胜天非一日，西湖云掩鄂王宫[5]。

注释

[1]吊厓：吊，凭吊。厓，厓山，在新会。　[2]天王舟楫浮南海，大将旌旗仆北风：天王，指宋帝赵昺。舟楫，指船。大将，指张世杰。仆，向前倾跌、倒下。当时，宋帝赵昺沉海之后，张世杰突围至海陵山（今广东阳江海陵岛），遭遇风浪，舟覆身死。这两句意为：宋朝皇帝的船漂浮在南海，宋军大将的旗帜被北风吹倒。（实际是说：宋朝皇帝赵昺投海而死，大将张世杰遭遇海难丧命，宋朝覆亡。）　[3]义重君臣终死节，时来胡虏亦成功：死节，为守节义而

死、死于节义。胡，古代对北方或西方民族的贬称。虏，对敌人的蔑视称谓。胡虏，此指元朝军队。这两句意为：宋朝将士重视君臣之义终为守节而死，乘时而来的元军却赢了战争、取得成功。［4］身为左衽皆刘豫，志复中原有谢公：左衽，我国古代少数民族的服装，前襟向左，是为左衽。后以左衽指受外族统治。《论语·宪问》：“子曰：‘管仲相桓公，霸诸侯，一匡天下，民到于今受其赐。微管仲，吾其被发左衽矣！’”刘豫，字彦游，宋景州阜城（今属河北）人。宋哲宗元符年间进士。宋高宗建炎二年（1128）投降金国。两年后受金人册封为皇帝，伪号大齐。多次配合金兵攻宋。后被金人废黜而死。谢公，即谢翱。谢翱，字皋羽，宋代长溪（今属福建）人。曾为文天祥幕僚，任咨事参军，有志恢复中原。宋亡，谢翱不仕新朝，浪迹江湖而终。这两句意为：自己甘心成为外族帮凶的都如同刘豫，但立志恢复中原的还有谢公。［5］人众胜天非一日，西湖云掩鄂王宫：西湖，指杭州西湖。鄂王，指岳飞。岳飞，字鹏举，宋相州汤阴（今河南汤阴）人。抗金名将，多次大败金兵。宋高宗绍兴十一年（1141）十二月被杀害。宋孝宗时谥武穆，宋宁宗时追封为鄂王。鄂王宫，即杭州岳王庙。

简析

白沙先生此诗，乃系凭吊宋亡之地厓山而作，撰作时间不详。在《吊厓》诗中，白沙先生对于宋朝的灭亡表示惋惜，对于陆秀夫、张世杰、文天祥，以及谢翱等人为国捐躯、志复中原的气节加以赞扬，对于投降外敌的刘豫等人的行为加以批判。对于白沙先生此诗，其朋友李东阳《麓堂诗话》评论云：“陈白沙诗极有声韵，《厓山大忠祠》曰：‘天王舟楫浮南海，大将旌旗仆北风。世乱英雄终死国，时来胡虏亦成功。身为左衽皆刘豫，志复中原有谢公。人众胜天非一日，西湖云掩岳王宫。’和者皆不及。”（丁福保辑《历代诗话续编》下册，第1384页。案：李东阳《麓堂诗话》所引述此诗，文字与白沙先生诗文集有所不同。且其中“胡虏”，诗话本原作“□□”，当系避清代文字之讳而留空，点校者将其补作“竖子”，此将其改正为“胡虏”。）阮榕龄在引述李东阳此段文字后加案语云：“［白沙先生］此诗，史笔也，通体起结俱臻绝顶。”（《陈献章全集》下册，第1419页）黄培芳《粤岳草堂诗话》则评论云：“至如《厓山大忠祠》一律，则气雄力厚，直追老杜，《麓堂诗话》所谓‘和者皆不及’也。”（陈永正《陈献章诗编年笺校》下册，第1222页）评价都很高。

西南驿晚望[1]

题旨

成化十二年（1476）秋，白沙先生第一次往梧州拜见朱英。此诗大概作于其返程途经西南驿之时。

晚来花雨湿诗囊，独上邮亭望大荒[2]。南尽海旁诸郡浅，西来天上一江长[3]。渔歌落日还孤艇，树隔啼莺背短墙[4]。料理凭高非一事，樽前谁与共平章[5]？

注释

［1］西南驿晚望：西南驿，原作“西山驿”，据底本目录及林

齐本、高简本、萧世延本、碧玉楼本改。西南驿，即西南水驿。原属广州府南海县，后改属三水县。在今广东三水西南街道。[参杨正泰《明代驿站考（增订本）》，第55、124页] [2]晚来花雨湿诗囊，独上邮亭望大荒：诗囊，装诗稿的袋子。邮亭，即驿馆，递送文书与旅客投止之所，此指西南驿。大荒，辽阔的原野。 [3]南尽海旁诸郡浅，西来天上一江长：郡，古代行政区域名，其历代沿革不同。明代时，郡往往是“府”的别称。海旁诸郡，包括广州府、肇庆府、惠州府等。江，江河，此指西江。这两句意为：向南远望，南海边上的几个府，距离都很近；向西远眺，一江之水仿佛从天上而来，源远流长。 [4]渔歌落日还孤艇，树隔啼莺背短墙：背，背向。这两句描绘渔歌唱晚、落日归舟、树隔啼莺、背向短墙之景。 [5]料理凭高非一事，樽前谁与共平章：料理，安排，此引申为排遣。凭高，登临高处。平章，音pián zhāng，辨别明白。典出《尚书·尧典》：“九族既睦，平章百姓。”（意为：九族得以亲睦之后，则去辨明百官。）这两句意为：排遣愁怀与登高远望似乎并不是一回事，在喝酒的时候谁能与我一起将其辨别明白？

简析

白沙先生《西南驿晚望》之具体撰作时间不详。陈永正先生将此诗系于成化十八年（1482），以为“此诗为白沙赴苍梧途中作”。（陈永正《陈献章诗编年笺校》上册，第219页）然而，在白沙先生诗文集中，此诗后面之《送罗养明还江右》《奉陪赵提学厓山慈元殿吊古》《李德孚挽歌词》《宿榄山书屋》《别榄山》等诗均作于成化十五年（1479）或之前。（《陈献章全集》中册，第562、563—564、565—566页）依照《西南驿晚望》在白沙先生诗文集中之编排次序，我们怀疑，《西南驿晚望》

恐作于成化十二年秋白沙先生第一次往梧州拜见朱英返程途经西南驿之时。根据白沙先生《与朱都宪（一）》所谓“仆之始至，执事问以出处，仆未敢率尔。执事又益之以荐进之说，且令回自决之。仆于是乎若负芒刺，避席而不敢言，惭也。退而思之，又大惭也。明日，具以情告，且言其不可。当是时也，执事亦见仆之颜色乎”之说，可推测在梧州，朱英曾要求白沙先生出仕。诗中“料理凭高非一事，樽前谁与共平章”之言，或许就是为此事而发。详情有待进一步考证。白沙先生此诗，虽然多系写景之言，然而读来却让人颇有孤独之情、惆怅之意，以及满腹心事无人诉说之感。

命孙田[1]

题旨

此诗是白沙先生为其孙陈田命名而作，撰作的具体时间不详。

新开斥卤走通川，剩种乌穧益税钱[2]。士不居官终爱国，孙当从祖是名田[3]。幸生天下承平日，屡见人间大有年[4]。从此不须忧俯仰，茅斋向暖抱孙眠[5]。

注释

[1] 命孙田：命，命名。田，即陈田。陈田，字子明，号本卿。

陈景云（白沙先生长子）之次子，白沙先生之孙。［2］新开斥卤走通川，剩种乌稽益税钱：斥卤，盐碱田地。剩，多。乌稽，音wū jì，所指何种农作物不详，有待考证。这两句意为：刚刚开垦的盐碱田地一直通到水边，多多种植乌稽以便增加纳税的银钱。［3］士不居官终爱国，孙当从祖是名田：士，读书人。居官，当官。国，泛泛而言，乃指国家；具体而言，当指明朝。从，追随、遵从。［4］幸生天下承平日，屡见人间大有年：承平，太平、治平相承。大有，丰收。［5］从此不须忧俯仰，茅斋向暖抱孙眠：俯仰，此指白沙先生仰事老母、俯育妻子。茅斋，犹言茅屋，是对自己住宅的谦称。这两句意为：从此不必为仰事老母、俯育妻儿而忧愁，在温暖的家里抱着孙子睡眠。

简析

白沙先生此诗撰作时间不详。陈永正先生将此诗系于成化十六年（1480）。（陈永正《陈献章诗编年笺校》上册，第170页）林光成化十六年庚子九月《奉陈石斋先生》云："云之继室，旸之纳妇，皆不知何时。今获报连得两孙男，此非常之庆，德果得福。孰谓造物者都不省记耶？"（林光《南川冰蘖全集》，第119页）而阮榕龄《编次陈白沙先生年谱》云，成化十二年（1476）"六月十二日，长子景云妇梁氏卒（年二十一）"；成化十六年"七月二十二日，孙畹生（景云子）"。（《陈献章全集》下册，第1333、1337页）成化十六年白沙先生所得两孙，其一为陈畹（应为景云继室所生），另一恐非为陈田。若另一孙为陈田，则陈畹与陈田乃双胞胎兄弟。然而文献并无陈畹与陈田系双胞胎兄弟之记载。且林光"今获报连得两孙男"之"连得"，其义似为接连而得，有先后之意，然则白沙先生成化十六年所得两孙当中，有一孙疑是景旸之子。可见，白沙先生之孙陈田，并非在成化十六年出生，因此《命孙田》一诗，恐非作于成化十六年。详情有待进一步考证。白沙先生此诗，通过为孙子命名，寄望其子孙后代能遵从儒家耕读传家的传统。辛勤耕作，以求衣食无忧；刻苦诵读，以便识事明理。当中一句“士不居官终爱国”，可谓名言。

酴醾将开值雨[1]

题旨

此诗撰作时间不详，主要描写白沙先生在酴醾花将开之时，赏花遇雨的心境。

相看无语只沉吟，蓓蕾枝头已簇金[2]。山雨不来昏昼景，东君容有妬春心[3]。较量花品终何益，茫昧天机亦自深[4]。明日阴晴还未定，一尊何急对花斟[5]。

注释

[1] 酴醾将开值雨：酴醾，音tú mí，或作荼蘼，又称“佛见笑”，植物名。蔷薇科，落叶灌木。初夏开花，花单生，白色重瓣，不结果实。产于我国。 [2] 相看无语只沉吟，蓓蕾枝头已簇金：沉吟，沉思。簇，丛聚或堆集成团。簇金，绣金攒簇以为装饰。这两句意为：我对着酴醾沉思无语，酴醾花的蓓蕾挂满枝头，就好像是绣金攒簇而成的装饰。 [3] 山雨不来昏昼景，东君容有妬春心：东君，

司春之神。容，或者、也许。妬，音dù，通“妒”。这两句意为：山雨还没有到来，乌云已经使得白天的景色昏暗不清，这东君（司春之神）或许也有嫉妒春色之心吧。［4］较量花品终何益，茫昧天机亦自深：较量，比较、衡量、计较。茫昧，幽暗不明。天机，造化的奥秘。这两句意为：计较花的品类到底有什么益处呢，要知道幽暗不明、难以觉察的造化奥秘本来就是很高深的啊！［5］明日阴晴还未定，一尊何急对花斟：尊，同樽、罇。何急，阮榕龄曰：“‘何’字未妥，且与上‘何’字重。盖‘可’字之误。”（《陈献章全集》下册，第1421页）阮氏之说，未知是否。这两句意为：明日的天气是雨天还是晴天还不能确定，这一樽美酒又何必如此焦急对着酴醾花而斟呢？

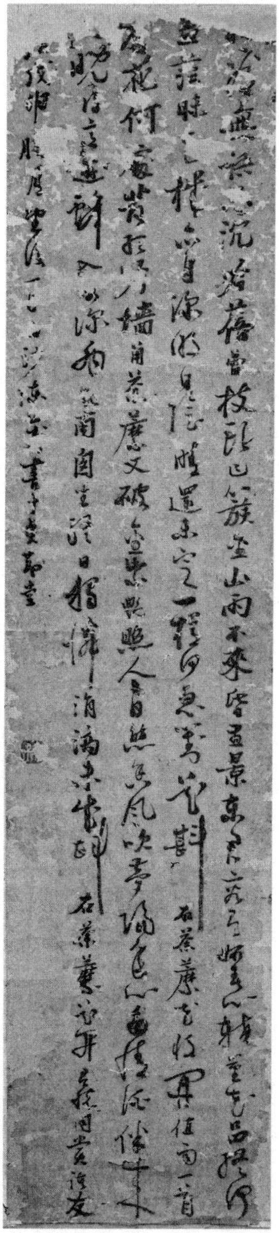

白沙先生墨迹《酴醾将开值雨》（此照片由王光松先生提供）

简析

此诗描写白沙先生在酴醾花将开之时，赏花遇雨的心境。此诗墨迹尚存，落款有“弘治戊申腊月望后一日，白沙陈公甫书于贞节堂”。此落款之时间，恐系后来抄录之时间，而非作诗时间。在墨迹上，此诗之后为《荼蘼花开，有怀同赏》，诗云：“看花何处发孤吟，墙角荼蘼又破金。紫艳照人今日态，香风吹梦隔年心。多情酒伴何来晚，得意游蜂入每深。病起南窗坐终日，独怜涓滴未成斟”。（《陈献章全集》中册，第580页）从诗题及其用韵看，应与《酴醾将开值雨》为同时而稍后若干日的作品。

游心楼，为丁县尹作[1]

题旨

成化十七年（1481），新会知县丁积建筑游心楼。白沙先生作《题游心楼》诗，同作者有庄昶、张诩；林光则撰《游心楼记》。

城外青山楼外城，城头山势与楼平。坐来白日心能静，看到浮云世亦轻[2]。高阁祇宜封断简，半年方许读《西铭》[3]。乾坤一点龙门意，分付当年尹彦明[4]。

注释

[1] 游心楼，为丁县尹作：游心楼，建筑物名，新会知县丁积所建。林光《游心楼记》云：“三江丁君彦诚以名进士来尹古冈，既三年，为楼于县治之北，以为游息之所。经始于成化辛丑二月二十一日，逾两月而落成之。”游心，指心神自由地遨游。典出《庄子·人间世》“且夫乘物以游心，托不得已以养中，至矣”及《庄子·应帝王》“无名人曰：‘汝游心于淡，合气于漠，顺物自然而无容私

焉，而天下治矣’”。丁县尹，即丁积。丁积，字彦诚，别号三江渔樵人，江西宁都人。成化十四年（1478）进士。次年，出任新会知县。师事白沙先生。其为政以敦风化为本，颇有政绩。卒于任上，时年四十一岁。［2］坐来白日心能静，看到浮云世亦轻：世，世事。轻，不重视，谓视世事如浮云。这两句意为：白日闲坐能够使得心境清静，看着浮云就能够对世事也不那么重视。［3］高阁祇宜封断简，半年方许读《西铭》：阁，楼阁。高阁，高大的楼阁。封，封存。断简，即断简残编，残缺不全的文字。此指无益于身心修养的文字。方许读，碧玉楼本作“刚好读”。此诗墨迹尚存，墨迹作“刚好及”。（陈福树《陈白沙的书法艺术》，第51页）《西铭》，即张载《正蒙·乾称篇》第一段文字。张载曾将《正蒙·乾称篇》第一段文字称为“订顽”、最后一段文字称为“砭愚”，并将其书于学堂双牖，右书《订顽》，左书《砭愚》。程颐认为，这容易引起争端，乃改《订顽》曰“西铭”、改《砭愚》曰“东铭”。［参《复赵提学佥宪（二）》注］半年方许读《西铭》。典出《河南程氏外书》：“先生曰：‘某才十七八岁，见苏季明教授，时某亦习举业。’苏曰：‘子修举业，得状元及第便是了也。’先生曰：‘不敢望此。’苏曰：‘子谓状元及第便是了否？唯复这学更有里？’先生疑之，日去见苏，乃指先生见伊川。后半年，方得《大学》《西铭》看。”（《二程集》第二册，第437页。案：先生，指尹焞。苏季明，即苏昞。苏昞，字季明，陕西武功人，原先从学张载，后师事二程卒业。）这两句意为：那些无关身心修养的断简残编，你应当将其束之高阁，像尹焞那样，静心半年才得以阅读《西铭》。［4］乾坤一点龙门意，分付当年尹彦明：乾坤，天地。龙门，即龙门山，程颐晚年隐居著书之地，在河南洛阳。乾坤一点龙门意，指伊川所说“尊所闻，行所知”，典出朱熹《伊川先生年谱》：“崇宁二年四月，言者论其本因奸党论荐得官，虽尝明正罪罚，而叙复过优；今复著书，非毁朝政。于是有旨追毁出身以来文字，其所著书，令监司觉察。（原注，《语录》云：‘范致虚言程某以邪说诐行惑乱众听，而尹焞、张绎为之羽翼。事下河南府体究，尽逐学徒，复隶党籍。’）先生于是迁居龙门之南，止四方学者曰：‘尊所闻，行所知可矣，不必及吾门也。’”（《二程集》第一册，第345页）分付，嘱托，同“吩咐”。尹彦明，原作“尹彦诚”，据林齐本、高简本、萧世延本改。墨迹亦作“尹彦明”。（陈福树《陈白沙的书法艺术》，第51页）这两句意为：天地间最重要的是伊川先生在龙门山所说的“尊所闻，行所知”，他当年就已经嘱托给尹彦明了。

简析

成化十七年二月，新会知县丁积在县治之北建筑一楼，作为游息之所。五月，该楼落成，白沙先生名之曰“游心楼”，且作《游心楼，为丁县尹作》诗（墨迹作“题游心楼”）。同作者还有庄昶、张诩，林光则撰《游心楼记》。白沙先生在诗中，希望丁积能够做到心境清静，视世事如浮云；把那些与修养身心无关的文字束之高阁，致力

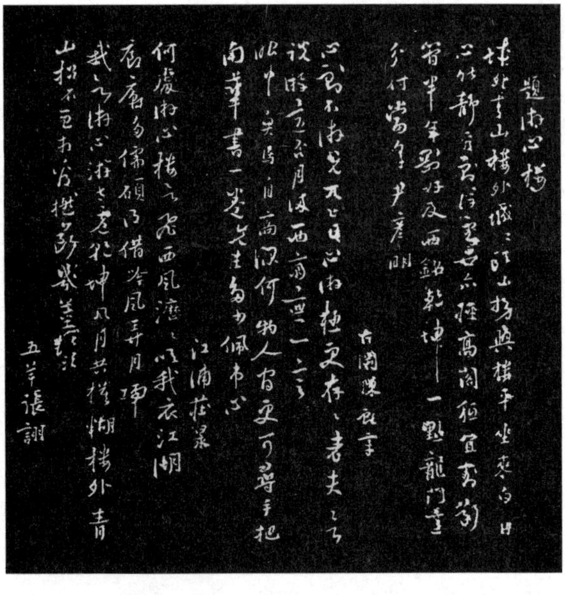

白沙先生墨迹《题游心楼》（陈福树《陈白沙的书法艺术》，第51页）

于关心百姓、修身养性，如张载《西铭》之所言（如“民吾同胞，物吾与也”“存，吾顺事；没，吾宁也”）；不必考虑别人怎么评论，应当“尊所闻，行所知”，如程颐当年在龙门之所语。

五言绝句

题画

题旨

此为白沙先生所作题画诗，作诗时间以及所题之画是谁的作品均不详。

金笼锁鹦鹉，山木纵斑鸠[1]。巧拙知谁是，天机不自由[2]。

注释

［1］金笼锁鹦鹉，山木纵斑鸠：鹦鹉，鸟名，其羽毛色彩美丽，头圆，嘴大而短，舌柔软，经训练之后，能模仿人发声。斑鸠，鸟名，体形似鸽子，其大小及羽毛色彩因种类不同而不同。这两句意为：鹦鹉被人用珍贵的笼子锁着，斑鸠则在山野树林中自由自在地飞跃。 ［2］巧拙知谁是，天机不自由：天机，天然的本性。李周翰注释陆机《文赋》“方天机之骏利，夫何纷而不理”云：“天机，自然之性也。”［参张少康《文赋集释》，第170页；王利器《颜氏家训集解（增补本）》，第145页］这两句意为：要了解谁是巧、谁是拙，主要看其天性是不是能自由。

简析

在《题画》诗中，白沙先生以为，鹦鹉被人用珍贵的笼子装着，风雨无忧，食物不缺，似乎很受重视；斑鸠则在山野树林中，风吹雨打，要找到食物也不容易，似乎很可怜。然而，鹦鹉与斑鸠，二者谁过得更快活，关键在于谁能顺其自然之性，谁能得到自由之权。白沙先生此诗，与《庄子·养生主》当中“泽雉十步一啄，百步一饮，不蕲畜乎樊中。神虽王，不善也”一段文字（大意为：草泽中的野鸡，走十步才能啄到一口食物，走百步才能喝上一口水。但是，它并不祈求被养在笼子里。养在笼子里，神色虽然很旺盛，但它并不以为是好事），可谓有异曲同工之妙。

观群儿钓

题旨

弘治元年（1488），白沙先生观小孩子垂钓，有感而发，乃作此二首诗。

群儿齐弄钓，其一偏多遇[1]。余三未得手，投竿来上树[2]。
仰面看垂钓，失脚坠危石[3]。若是谪仙人，水中眠亦得[4]。

注释

［1］群儿齐弄钓，其一偏多遇：偏，偏偏、偏巧。遇，遇到、

遇上。此指钓到鱼。这两句意为：几个小孩一起去钓鱼，其中有一人偏偏钓到许多的鱼。［2］余三未得手，投竿来上树：得手，顺利、达到目的。投，扔开。［3］失脚坠危石：坠，林齐本、高简本、萧世延本、碧玉楼本均作“堕”。［4］若是谪仙人，水中眠亦得：谪仙人，谪居世间的仙人。古代多以此称誉才行高迈的人，此指李白。贺知章曾称李白为谪仙人。李白《对酒忆贺监二首》序云：“太子宾客贺公，于长安紫极宫一见余，呼余‘谪仙人’，因解金龟，换酒为乐。”（李白《李太白全集》中册，第1085页）水中眠，犹言水中长眠，指溺水而死。湛若水《白沙子古诗教解》云：“旧传李白乘舟采石，醉中骑鲸捉月。”骑鲸、捉月，均有溺水死亡意。其实，李白并非溺水而死，而是病死于当涂。（参李阳冰《草堂集序》，李白《李太白全集》下册，第1446页；洪迈《容斋随笔》卷三“李太白”条）这两句意为：假如你是像李白那样才行高迈的人，即使是溺水而死也能留名青史，也是可以的。

简析

白沙先生《观群儿钓》二首，收入《白沙先生诗近稿》“戊申诗稿卷之四”，作于弘治元年戊申。此诗乃白沙先生观小孩垂钓有感而发，似乎在告诫人们不要由于贪图有所得而给自己带来危险。（参湛若水《白沙子古诗教解》）

对竹

题旨

白沙先生此三首诗，乃因对竹有感而作。作此诗时间为弘治二年（1489）。

竹色上墙多，南薰绿几何[1]？时无分付处，野鸟自来歌[2]。

窗外竹青青，窗间人独坐[3]。究竟竹与人，元来无两个[4]。

北风卷顽云，阴晴安可卜[5]？海月出渐高，独照南窗竹[6]。

注释

［1］竹色上墙多，南薰绿几何：色，颜色。南薰，旧传虞舜弹奏五弦琴，造《南风》诗，中有“南风之薰兮，可以解吾民之愠兮”之言。后以南薰为煦育之意。邬载《送萧颖士赴东府得君字》云：“和风媚东郊，时物滋南薰。”（《全唐诗》第209卷）后来宫观楼殿等命名南薰，均取此义。南薰，在此指楼房、房子。这两句意为：竹子的颜色多映照到墙上，竹林旁边的房子又增添了多少绿色？　［2］时无分付处，野鸟自来歌：分付，嘱托，同“吩咐”。这两句意为：当时不用吩咐应该在什么地方，然而野鸟都自己到这片竹林来啼叫。

[3]窗外竹青青，窗间人独坐：青青，茂盛的样子。典出《诗经·卫风·淇奥》："瞻彼淇奥，绿竹青青。"湛若水《白沙子古诗教解》云，"青青，竹色"，非是。这两句意为：窗外的竹子茂盛地生长，窗内的我却孤单地闲坐。　[4]究竟竹与人，元来无两个：究竟，穷极、说到底。元来，即原来。这两句意为：说到底竹与我，原来就是一体不分的。湛若水《白沙子古诗教解》云："然以我对竹，动植虽殊类，而所以为生者，本乎宇宙之一气浑然同体。推之飞潜皆然。故周濂溪窗前草不除去，张子观驴鸣曰'与自家意思一般'，亦此意也。"　[5]北风卷顽云，阴晴安可卜：顽，顽强。此用以修饰云，疑有浓厚意。顽云，指浓厚的云。湛若水《白沙子古诗教解》云："顽云，郁结欲雨之云。"卜，古人用火灼龟甲取兆，以预测吉凶，叫做卜，此指预测。这两句意为：北风可能会卷走浓厚的乌云，天气到底是雨还是晴，又怎么可以预测呢？　[6]海月出渐高，独照南窗竹：海月，从海上升起的明月。典出张九龄《望月怀远》："海上生明月，天涯共此时。"（熊飞《张九龄集校注》上册，第277页）这两句意为：然而到了晚上，月亮从海上升了起来，渐渐升到高空，孤零零地照着南窗外的一丛竹子。

简析

白沙先生《对竹》三首，收入《白沙先生诗近稿》"己酉诗稿卷之五"，作于弘治二年。白沙先生此三首诗，乃因对竹有感而作。白沙先生在诗中，表达了自己关于顺其自然、不作安排的主张（第一、三首）；认为通过静坐，排除各种私心杂念，就能达到物我两忘、物我交融的境界（第二首）。

随笔

题旨

白沙先生《随笔》六首，作于弘治二年（1489）。

苟能深积累，岂患无高誉[1]？如何世中人，甘心铁炉步[2]？

一岁十匹衣，一日两杯饭[3]。真乐苟不存，衣食为心患[4]。

人不能外事，事不能外理[5]。二障佛所言，吾儒宁有此[6]？

断除嗜欲想，永撤天机障[7]。身居万物中，心在万物上[8]。

小雨闭空斋，青青竹映阶[9]。道人终日静，一枕到无怀[10]。

子美诗之圣，尧夫更别传[11]。后来操翰者，二妙少能兼[12]。

注释

[1] 苟能深积累，岂患无高誉：深，历时久、长时间。高誉，很高的声誉。这两句意为：假如人们能够长时间积累，何必担心没有

很高的声誉？　［2］如何世中人，甘心铁炉步：铁炉步，典出柳宗元《永州铁炉步志》：“江之浒，凡舟可縻而上下者曰步。永州北郭有步，曰铁炉步。余乘舟来，居九年，往来求其所以为铁炉者，无有。问之人，曰：‘盖尝有锻者居，其人去而炉毁者不知年矣，独有其号冒而存。’余曰：‘嘻！世固有事去名存而冒焉若是耶？’”（《柳宗元集》第三册，第756页）后以铁炉步比喻子孙冒祖父之名位以震骇流俗。这两句意为：为什么社会中的许多人，却心甘情愿地冒用祖父辈的名誉地位来震骇流俗呢？　［3］一岁十匹衣，一日两杯饭：匹，量词，计算布帛的单位。《汉书·食货志下》云：“布帛广二尺二寸为幅，长四丈为匹。”杯，白沙文编作“盂”。　［4］真乐苟不存，衣食为心患：心患，心中担忧的事情。根据《论语·卫灵公》：“子曰：‘君子谋道不谋食。耕也，馁在其中矣；学也，禄在其中矣。君子忧道不忧贫。’”这两句意为：真正的快乐假如不存在了，衣食等温饱问题就成了心中担忧的事情。　［5］人不能外事，事不能外理：外，置之于外。这两句意为：人心不能被置于事外，事物不能被置于理外。　［6］二障佛所言，吾儒宁有此：二障，指事障、理障。事障，佛教概念，指贪、嗔、痴等，能使生死相续，阻碍涅槃。理障，亦佛教概念，指既明佛理，而又执着佛理，阻碍正知。语出《大方广圆觉修多罗了义经》（简称《圆觉经》）云：“善男子，一切众生，由本贪欲，发挥无明，显出五性，差别不等，依二种障，而现深浅。云何二障？一者理障，碍正知见；二者事障，续诸生死。”（佛陀多罗译《大方广圆觉修多罗了义经》，《佛藏要籍选刊》第五册，第1076页）这两句意为：所谓事障、理障是佛教的说法，我们儒家哪里会有这样的说法呢？　［7］断除嗜欲想，永撤天机障：嗜欲，嗜好与欲望。天机，天赋的悟性。嗜欲、天机，典出《庄子·大宗师》：“其耆欲深者，其天机浅。”这两句意为：如果能够断绝满足各种嗜好与欲望的念头，就永远排除了使人发挥其天性的障碍。［8］身居万物中，心在万物上：这两句，疑从《庄子·山木》“物物而不物于物”（意为：能使用外物而不被外物所役使）化出。［9］小雨闭空斋，青青竹映阶：天下着小雨，我只好闭门在家，茂盛的竹子掩映在台阶上。［10］道人终日静，一枕到无怀：道人，多指方士、有道术的人，此为白沙先生自称。无怀，即无怀氏，传说远古帝王名。这两句意为：我整天都在静静地躺着，希望梦中能回到远古的无怀氏时代。［11］子美诗之圣，尧夫更别传：子美，即杜甫。杜甫，字子美，原籍湖北襄阳，出生于河南巩县（今河南巩义）。唐代著名诗人，有诗史、诗圣之称。尧夫，即邵雍。邵雍，字尧夫，共城（今河南辉县）人。宋代理学家。居洛阳近三十年，名所居曰安乐窝，自号安乐先生。宋哲宗元祐年间赐谥康节。其著作有《皇极经世》《伊川击壤集》等。别传，另外传授的流派、特别传授的流派。其语出自禅宗“教外别传”。这两句意为：杜甫是诗人中的圣人，邵雍在诗人中则属于“教外别传”。［12］后来操翰者，二妙少能兼：翰，毛笔。古代用羽毛为笔，故以翰代称。操翰，犹言执笔。此指执笔作诗文。二妙，杜甫、邵雍之妙。这两句意为：后来执笔作诗的人，很少能兼有杜子美、邵尧夫二人之妙的。

简析

白沙先生《随笔》六首，收入《白沙先生诗近稿》“己酉诗稿卷之五”，作于弘治二年。白沙先生这六首诗，由于是随笔，似乎没有一个共同的主题。其第一首，强调人的声誉要靠自己努力，而不能靠别人；第二首强调人要知足，知足才能快乐；第三首强调心、事、理三者是可以融合为一体的，与佛徒不同，儒家并不认为有所谓事障、理障；第四首强调断绝嗜欲，就能自由自主、不为物役；第五首强调心若能虚静，身则如在上古；第六首希望作诗者能兼有杜甫、邵雍二人之妙。然而，这些观念与白沙先生主张静坐、强调自得、向往自然的学术宗旨是一致的。

读《易》偶成[1]

题旨

白沙先生此诗，系读《周易》有感而发。

南乎不可北，东乎不可西。自从孔孟来，君子恒处睽[2]。

注释

［1］读《易》偶成：《易》，即《周易》。 ［2］自从孔孟来，君子恒处睽：睽，音kuí，《周易》卦名，其含义为乖离睽违。《周易·序卦传》云："睽者，乖也。"这两句意为：自从孔孟以来，君子常常处于乖离睽违、事事不顺的境地。

简析

白沙先生的《读〈易〉偶成》，乃读《周易》有感而发。很明显，白沙先生对于当时读书人常常处于乖离睽违、事事不顺的境地，十分不满。正如其弟子湛若水在《白沙子古诗教解》中所说，此诗为白沙先生"读

《易》有感而作。言人之不相遇而相睽隔，如南北东西之不相能，‘睽’之象也。自孔孟以至今日，君臣上下不相会合，故常处睽卦也。其感慨深矣”。

七言绝句

落花

题旨

白沙先生此诗，是怀人之作。其所怀何人以及撰作时间，有待进一步考证。

落花半落流水香，鸣鸠互鸣春日长[1]。美人别我在江浦，欲来不来空断肠[2]。

注释

[1] 落花半落流水香，鸣鸠互鸣春日长：落花、流水，形容残春景象。鸣鸠，即斑鸠。《诗经·小雅·小宛》云：“宛彼鸣鸠，翰飞戾天。” [2] 美人别我在江浦，欲来不来空断肠：美人，指贤人，或所怀念的人。江浦，江滨。[案：诗中江浦若作县名（今属江苏南京），则美人应指白沙先生的朋友庄昶。阮榕龄即以为此诗“当是怀庄定山，江浦人”。参《陈献章全集》下册，第1424页。关步勋先生亦以为，白沙先生此诗乃怀念庄昶之作。参关步勋选注《陈白沙诗文选》，第126页] 断肠，形容极度思念或悲伤。

简析

白沙先生此诗撰作时间不详。陈永正先生将其系于成化十四年（1478）。［陈永正《陈献章诗编年笺校》上册，第121页。案：若诗中“别我在江浦”之江浦指县域，则此诗为怀庄定山之作。成化十九年（1483）正月，白沙先生北上赴京途中与庄㫤在江浦聚别。同年底，白沙先生南返，过南京，庄㫤“复送之龙江关”。（湛若水《明定山庄先生墓志铭》，《泉翁大全集》第三册，第1482页）若此诗果真为怀庄定山之作，则其当作于成化二十年（1484）春。孰是孰非，文献不足，无从判断。］白沙先生此诗，属于怀人之作，所怀何人不得而知。暮春之时，落花半落，鸣鸠互鸣，光阴易过，春色难留。回想当日江滨之别，赏春之约，竟成虚语，令人忧伤。有学者说，白沙先生《落花》一诗，“意境优美”“寄兴深远”。（张奕琳、郭鹏飞主编《陈白沙诗选注导读》，第125—126页）

喜雨

题旨

这是白沙先生所作的一首悯农诗，其写作的具体时间，有待进一步考证。

满眼珠玉不足珍，甘雨一洒万家春[1]。昨日苍头睦洲至，又道睦洲饥杀人[2]。

注释

［1］满眼珠玉不足珍，甘雨一洒万家春：满眼，充满视野、所见都是。珍，珍贵。满眼珠玉不足珍，典出苏轼《喜雨亭记》："既以名亭，又从而歌之曰：'使天而雨珠，寒者不得以为襦；使天而雨玉，饥者不得以为粟'。"（苏轼《苏轼文集》第二册，第349页）甘雨，及时雨。春，比喻生机。这两句意为：即使满眼都是珍珠碧玉也不值得珍视，只要时雨甘霖一落下来，就能使千家万户都充满生机。［2］昨日苍头睦洲至，又道睦洲饥杀人：苍头，奴仆、仆人。汉代时仆隶以深青色头巾包头，故称苍头。睦洲，村镇名，位于新会东部。这两句意为：昨天仆人从睦州来，又说睦州已经因天旱饥荒而饿死人。

简析

白沙先生此诗撰作时间不详。陈奇思先生以为此诗大概作于成化十八年（1482）春县尹丁积祷雨得甘霖之后，陈永正先生则将其系于成化十六年（1480）。（参陈奇思《陈白沙诗笺》，第204—205页；陈永正《陈献章诗编年笺校》上册，第164页）白沙先生此诗，从诗的题目以及第一、二句看，是对久旱得甘霖的喜悦，是对甘雨的珍视；从诗文第三、四句看，则是对久旱无雨、因饥荒而饿死人的哀伤。陈奇思先生说，白沙先生此诗"［情绪］从喜悦到沉重，沉重处反映了在'万家春'的另一面还在饿死人"。（陈奇思《陈白沙诗笺》，第205页）

舫子[1]

题旨

这是白沙先生的一首缅怀故人之诗，作于弘治元年（1488）。

此身天地一虚舟，何处江山不自由[2]。六十一来南海上，买船吹笛共儿谋[3]。

注释

［1］舫子：船夫。 ［2］此身天地一虚舟，何处江山不自由：虚舟，空船；亦用来比喻胸怀坦荡。此身天地一虚舟，语出宋代晁补之《赠麻田山人吴子野》："弃家内愧非此流，此身天地一虚舟。"（参张奕琳、郭鹏飞主编《陈白沙诗选注导读》，第148页）这两句意为：我犹如天地之间一条空船，无所牵累、胸怀坦荡，无论到什么地方都是自由自在的。 ［3］六十一来南海上，买船吹笛共儿谋：六十一，据《白沙先生诗近稿》，此诗收入"白沙先生戊申诗稿卷之四"，作于弘治元年，当时白沙先生六十一岁。买船，雇船、租船。吹笛，典出向秀《思旧赋》序云："余与嵇康、吕安居止接近，其人并有不羁之才。然嵇志远而疏，吕心旷而放，其后各以事见法。嵇博综技艺，于丝竹特妙。临当就命，顾视日影，索琴而弹之。余逝将西迈，经其旧庐，于时日薄虞渊，寒冰凄然。邻人有吹笛者，发声寥亮。追思曩昔游宴之好，感音而叹，故作赋云。"（《文选》第二册，第720页）吹笛，后为伤逝怀旧之典。谋，商量、计议。白沙先生

《伍光宇行状》云："南山之南有大江，君以意为钓艇，置琴一张、诸供具其中，题曰'光风艇'。遇良夜，皓魄当空，水天一色，君乘艇独钓，或设茗招予共啜。君悠然在艇尾赋诗，傲睨八极，予亦扣舷而歌，仰天而啸，飘飘乎任情去来，不知天壤之大也。"（《陈献章全集》上册，第146页。君，指伍云。伍云，字光宇，新会南山人，白沙先生之朋友、弟子。）不知白沙先生所缅怀之人，是否伍云。这两句意为：我今年六十一岁，来到南海边上，与儿子计议，租船前往故人旧居以表示缅怀之情。

简析

此诗作于弘治元年，当时白沙先生六十一岁。诗中，白沙先生说自己今年已到"耳顺"之年（《论语·为政》有"六十而耳顺"之说），胸怀坦荡、悠然自得、自由自在，似乎无所挂怀。然而，自己心中所排遣不去的，是对故人始终不能忘怀之情。如今来到南海边上，近于故人旧居，定当买舟前往，以表缅怀之意。这是一首颇为新奇的怀旧之作。

新年田家

题旨

此诗抒写乡村民众欢度新年之景，作于弘治二年（1489）。

古田同井今同村，同坐杯盘到子孙[1]。合是田家爱元日，白头拄杖拜人门[2]。

注释

［1］古田同井今同村，同坐杯盘到子孙：井，相传古代八家为一井，后引申为乡里或人口聚居地。古田同井，这是对古代理想中的土地制度“井田制”的一种表述。《孟子·滕文公上》云：“乡田同井，出入相友，守望相助，疾病相扶持，则百姓亲睦。方里而井，井九百亩，其中为公田。八家皆私百亩，同养公田。公事毕，然后敢治私事。”这两句意为：古代是田地同在一井，如今是田地同在一村。过年了，家家户户都是杯盘杂陈，老老少少都一同坐着吃年夜饭。

［2］合是田家爱元日，白头拄杖拜人门：合，应当、应该。元日，正月初一、新年第一日。拄杖，拄着拐杖。这两句意为：这应当是农家人都喜欢过新年，连我这样的白头老人也拄着拐杖到别人家去拜年。

简析

白沙先生《新年田家》，收入《白沙先生诗近稿》“己酉诗稿卷之五”，作于弘治二年。白沙先生在诗中所写的，是当年乡村民众欢度新年的情景。从诗中首句“古田同井”之言看，白沙先生显然希望乡村百姓都能够生活富足，过上孟子所设想的“乡田同井，出入相友，守望相助，疾病相扶持，则百姓亲睦”的田园生活。

次韵张廷实读《伊洛渊源录》[1]

题旨

此诗是白沙先生次其弟子张诩《读〈伊洛渊源录〉》之韵而作，据说作于其去世之前不久。

往古来今几圣贤，都从心上契心传[2]。孟子聪明还孟子，如今且莫信人言[3]。

注释

［1］次韵张廷实读《伊洛渊源录》：次韵，和别人的诗并完全依据原诗用韵的次序，叫作次韵。张廷实，即张诩。《伊洛渊源录》，书名。朱熹编纂，共14卷，记载周敦颐、程颢、程颐、邵雍、张载等及其交游、门弟子46人的言行事迹，以理清其师友授受关系。 ［2］往古来今几圣贤，都从心上契心传：契，契悟、领会。心传，宋儒宣扬道统，以为《尚书·大禹谟》当中所说“人心惟危，道心惟微；惟精惟一，允执厥中”十六字是尧舜禹传授心法，称为十六字心传。后来也称师徒相传为心传。这两句意为：古往今来这么多的圣人贤者，都是从自己心里契悟尧舜禹所传授之心法的。 ［3］孟子聪明还孟子，如今且莫信人言：孟子聪明，具体典出何处不详。据《孟子·万章上》记载，孟子在与咸丘蒙讨论对《诗经》的理解时，说“故说《诗》者，不以文害辞，不以辞害志。以意逆志，是为得之”；《孟子·尽心下》则云，“孟子曰：‘尽信《书》，则不如无《书》。吾于《武

成》，取二三策而已矣。仁人无敌于天下。以至仁伐至不仁，而何其血之流杵也？’”孟子一则强调“尽信《书》，则不如无《书》”，再则强调“不以文害辞，不以辞害志”，主张“以意逆志”。这或许就是白沙先生所说的“孟子聪明”，详情有待进一步考证。这两句意为：孟子的聪明终归是孟子的，无论如何，你如今还是不要轻易相信别人的说法。

简析

白沙先生《次韵张廷实读〈伊洛渊源录〉》，乃次张诩《读〈伊洛渊源录〉》之韵而作，然张诩《读〈伊洛渊源录〉》诗不见载于张诩诗文集，估计已经失传，其诗之内容如何，不得而知。张诩《翰林检讨白沙陈先生行状》云，白沙先生“临殁，具书趣至白沙，寄以斯文。告门人罗冕曰：‘吾道吾有所托矣。’示以诗云：‘古往今来几圣贤，都从心上契心传。孟子聪明还孟子，谁今且莫信人言。’”据此，白沙先生之《次韵张廷实读〈伊洛渊源录〉》乃临终之作。白沙先生病卒于弘治十三年（1500）二月初十。陈永正先生《陈献章诗编年笺校》将白沙先生此诗系年于弘治十二年（1499）。（参陈永正《陈献章诗编年笺校》下册，第850—851页）这两种说法，所言撰作时间相去不远，不知哪种说法更符合实际。文献不足，无法论定。然而，白沙先生在《次韵张廷实读〈伊洛渊源录〉》中，希望张诩能像孟子所主张的那样不要“尽信书”，而要“以意逆志”，则是毫无疑问的。

附录

陈献章编年事略

先生陈氏，讳献章，字公甫，号石斋，晚号石翁。（先生之别号甚多，如白沙子、碧玉老人、玉台居士、江门丈人、江门渔父、黄云老人、紫水归人、南海病夫等皆是。）生于广东新会都会村。因居江门白沙村，学者称其为白沙先生。

宣宗宣德三年戊申（1428）　一岁

十月二十一日，先生生于广东新会都会村。（白沙先生父陈琮，字怀瑾，号乐芸，卒于当年九月十二日；其母林氏。白沙先生《乞终养疏》云："缘臣父陈琮年二十七而弃养，臣母二十四而寡居，臣遗腹之子也。"白沙先生有兄名献文，字公载，号古愚。）

英宗正统元年丙辰（1436）　九岁

先生幼时，"无岁不病，至于九岁，以乳代哺"。（陈献章《乞终养疏》）

正统十一年丙寅（1446）　十九岁

是年，充邑庠生。其师见其所为文，异之，曰："陈生，非常人也，世网不足以羁之矣。"（张诩《翰林检讨白沙陈先生行状》）

五月二十六日，先生祖母吕氏卒，享年七十二岁。

正统十二年丁卯（1447）　二十岁

秋，由本县儒学生员应乡试，中式。（陈献章《乞终养疏》）

正统十三年戊辰（1448）　二十一岁

春，“会试礼部，中副榜，告入国子监读书”。（陈献章《乞终养疏》）

正统十四年己巳（1449）　二十二岁

十二月初五，先生祖父渭川公（陈朝昌）卒，享年七十四岁。

代宗景泰二年辛未（1451）　二十四岁

是年，先生会试下第。（陈献章《乞终养疏》）

景泰三年壬申（1452）　二十五岁

二月十九日，长子景云生。（阮榕龄《编次陈白沙先生年谱》）

景泰五年甲戌（1454）　二十七岁

先生年二十七，“始发愤从吴聘君学。其于古圣贤垂训之书，盖无所不讲，然未知入处。”［陈献章《复赵提学佥宪（一）》］

八月甲申，吴康斋为白沙撰《孝思堂记》。

景泰六年乙亥（1455）　二十八岁

春，先生自临川归白沙。

是年，与潘季亨论交；先生次子景旸生。

景泰七年丙子（1456）　二十九岁

是年，先生筑一台，名曰春阳（案：白沙先生所筑之台名，张诩、湛若水等作“春阳”，林光以及《明史》等则作“阳春”），闭门读书、静坐其中。前后十年。

英宗天顺六年壬午（1462）　三十五岁

是年，先生原配张氏卒。

天顺八年甲申（1464）　三十七岁

是年，与伍云论交。

宪宗成化二年丙戌（1466） 三十九岁

是年，先生“暇日或与门徒习射礼于旷野。未几，流言四起，众皆危之，先生漠如也。时翰林院侍读学士钱溥谪知顺德县事，雅重先生，遗书先生：‘亟起，毋贻太夫人忧。’先生以为然，遂复游太学”。（张诩《翰林检讨白沙陈先生行状》）

丙戌之秋，先生乃“策杖自南海循庾关而北涉彭蠡，过匡庐之下，复取道萧山，泝桐江，舣舟望天台峰，入杭观于西湖”。（陈献章《湖山雅趣赋》）北上赴京。

孟冬，途经南昌时，谒见李龄。［陈献章《奉悼李先生十四韵》云：“丙戌冬在孟，谒公洪城居。”］

先生抵达京师之后，即入国子监读书。一日，祭酒邢让令先生和杨龟山《此日不再得》韵。邢让见其诗，乃大惊曰：“龟山不如也。”遂飏言于朝，以为真儒复出。由是名震京师。一时名士如殿元罗伦、检讨庄昶、给事贺钦辈，皆乐与之游。贺钦执弟子礼。

成化三年丁亥（1467） 四十岁

是年，先生南归。

成化四年戊子（1468） 四十一岁

是年，先生为赴会试复入京师。

成化五年己丑（1469） 四十二岁

春，就试礼闱。下第，告回原籍。（陈献章《乞终养疏》）其时，林光亦就试礼闱，拜会先生于神乐观，“语大合意，乃叹曰：‘豪杰之学，岂止于举子之习？是必有可大可久者。’适俱下第，同舟南还”。（章拯《南川林公墓志铭》）李德孚亦同舟南归。

五月二十一日，途经南京，拜会罗伦、庄昶、章懋等。二十四日，罗伦作《送白沙陈先生序》。

十月十七日，先生之师吴与弼卒，享年七十九岁。

是年，先生与陶鲁等谋建大忠祠。

成化六年庚寅（1470）　四十三岁

夏间，林光自东莞来白沙，从先生游，曰："吾获所师矣。"（参章拯《南川林公墓志铭》）

六月，门人潘季亨卒，时年三十八岁。

成化七年辛卯（1471）　四十四岁

春，永丰人李立武挟风水之术过白沙访先生，并给先生带来胡荣所赠《相山骨髓》等书籍。［参陈献章《送李山人诗序》《与胡佥宪提学（二）》］

十月十八日，伍云卒，时年四十七岁。

成化八年壬辰（1472）　四十五岁

正月，娶继室罗氏。（阮榕龄《编次陈白沙先生年谱》）

二月，得丰城同门书，获知康斋先生已于成化五年己丑十月弃世消息。（参陈献章《跋张声远藏康斋真迹后》）

成化九年癸巳（1473）　四十六岁

八月十七日，陈真晟卒于龙岩，享年六十四岁。［先生成化十年六月十二日《与林郡博（二十二）》云："陈布衣不幸卒于龙岩，去年八月十七日也。拙挽录于别纸。"］

成化十年甲午（1474）　四十七岁

是年，先生之母林太夫人年七十。"太夫人耄耋，康强如壮，先生以古稀年顾多病，尝虑一旦身先朝露，不能送太夫人终，故自太夫人七十年之后也，每夕具衣冠秉烛焚香，露祷于天，曰：'愿某后母

死也。’”（张诩《翰林检讨白沙陈先生行状》）

成化十一年乙未（1475） 四十八岁

十一月，朝廷任命“巡抚甘肃右副都御史朱英总督两广军务兼巡抚”。（参谈迁《国榷》，第3册，第2360页）

成化十二年丙申（1476） 四十九岁

六月十二日，长子景云之妇梁氏卒，年仅二十一岁。（阮榕龄《编次陈白沙先生年谱》）

秋，前往苍梧，拜见朱英。［先生成化十三年《与朱都宪（三）》云：“去年秋，自汗才息，因得进谒执事于苍梧。”］

成化十三年丁酉（1477） 五十岁

春，永丰罗养明奉其兄一峰先生命来访白沙。（陈献章《送罗养明还江右序》）

十一月二十七日，承张方伯报，朝廷旌奖先生之母林太夫人书至。随后，修建贞节牌坊。

成化十四年戊戌（1478） 五十一岁

春，彭韶迁广东左布政使。

四月，先生往游东莞榄山，造访弟子林光。

九月二十四日，罗伦卒，时年四十八岁。

是年，李德孚卒。

成化十五年己亥（1479） 五十二岁

是年，广东左布政使彭韶上《荐举陈献章疏》。

四月二十日，林光之父林彦愈卒，享年六十五岁。

是年，丁积任新会知县。

成化十六年庚子（1480）　五十三岁

七月二十二日，先生之孙、景云之子畹生。（阮榕龄《编次陈白沙先生年谱》）

十二月，土人阴谋为孽，先生避地新会县城。［成化十七年正月六日，先生《与林郡博（二十五）》云："旧腊因土人阴谋为孽，避地城中，今幸无虞矣。"］

成化十七年辛丑（1481）　五十四岁

春，张诩来白沙，从学于先生。

二月二十一日，新会知县丁积建楼于县治之北，以为游息之所。（林光《游心楼记》云："三江丁君彦诚以名进士来尹古冈，既三年，为楼于县治之北，以为游息之所。经始于成化辛丑二月二十一日，逾两月而落成之。"）

五月，丁积所建之楼落成。白沙先生名之曰"游心楼"。

七月二十四日，李士达、刘希孟奉江西按察使陈炜等人之命，至白沙，欲请先生主白鹿洞书院教事。先生报谢不往。

年底，林光来新会，拜访白沙先生。

成化十八年壬寅（1482）　五十五岁

是年，朝廷征召先生之部檄至。

六月，先生舟发白沙，前往苍梧，拜访朱英。同月，彭韶因疏梁芳有弟扰乡，忤旨，调贵州。

闰八月，应召赴京。

九月既望，先生过南安，南安太守张弼欲用曹参礼盖公故事，款留于周程吟风弄月台上数月以受教，先生不可。（参张弼《玉枕山诗话》）

十月某甲子，过永丰，罗一峰墓。（参陈献章《告罗一峰墓文》）

十一月□日，道出剑江，祭其先师康斋墓。（参陈献章《祭先师康斋墓文》）

成化十九年癸卯（1483）　五十六岁

正月，“过江浦，访孔旸庄先生”。［参陈献章《题瑞鹊卷（有序）》］其间，于正月十八日，与怀玉娄先生（娄谦）、定山庄先生（庄昶）、石洞石先生（石淮）相会于白马庵。

三月三十日，抵达北京。（参陈献章《乞养病疏》）

七月十六日，“扶病赴部听试，而筋力朽弱，立步艰难，自揣虚薄，未堪笔砚，因续具状再延旬日”。（参陈献章《乞养病疏》）

八月二十八日，上《乞养病疏》。晦日，门人兼女婿倪麟卒，年仅二十七岁。

九月初四，“钦奉圣旨：‘陈献章既系巡抚等官荐他，今自陈有疾，乞回终养，与做翰林院检讨去，亲终疾愈，仍来供职，钦此。’”（陈献章《谢恩疏》）先生随即上《谢恩疏》，表谢不辞。月底，离京南返。

道经南安，知府张弼问出处，先生对曰：“康斋以布衣为石亨荐，所以不受职而求观秘书者，冀得间悟主也。惜乎当时宰相不悟，以为实然，言之上，令受职然后观书，殊戾康斋意，遂决去。某以听选监生荐，又疏陈始终愿仕，故不敢伪辞以钓虚名。或受或不受，各有攸宜尔。”（张诩《翰林检讨白沙陈先生行状》）

成化二十年甲辰（1484）　五十七岁

春闱，先生门人张诩举进士，林光仅中乙榜。林光中乙榜后，因家贫而谒选，获授浙江嘉兴府平湖县儒学教谕。

六月，朝廷召朱英回京为右都御史。（阮榕龄《编次陈白沙先生年谱》）

八月中秋后，宝安袁藏用（袁晖）、林子翼（林敬）、林时嘉、童子时远、时表从林光来访白沙。随后，林光赴平湖县儒学教谕任。

成化二十一年乙巳（1485）　五十八岁

夏，门人周镐卒。

七月，右都御史朱英卒，享年六十九岁。（参阮榕龄《编次陈白沙先生年谱》）

成化二十二年丙午（1486）　五十九岁

二月十七日，先生之兄古愚公献文卒，享年六十三岁。（阮榕龄《编次陈白沙先生年谱》）二十六日，新会知县丁积以病卒于官，时年四十一岁。

九月，广东布政使陈选在被逮赴京途中，卒于南昌，享年五十八岁。

年底，门人林琰卒。（成化二十三年丁未三月二十日，林光作《书秉之事寄庄定山》云："族弟琰，字秉之，号野庵，年四十二而卒。……去年果以杯酒延谩诖误入宪司狱。后宪司颇闻其才，又狱中为人作诗，往往传入上人耳，后事白得放出。就乡试，又不利而卒。其兄琬，友爱深至，收而葬之。"）

成化二十三年丁未（1487）　六十岁

开岁，林光来白沙拜见先生。（林光丁未十月《奉陈石斋先生》云："开岁在白沙，奉接教音，恍如梦寐。"）

四月二十六日，先生朋友、广东巡抚御史袁道卒于龙川。

八月二十二日，宪宗皇帝驾崩。"哀诏至，先生如丧考妣，有诗曰：'三旬白布裹乌纱，六载君恩许卧家。溪上不曾携酒去，空教明月管梅花。'"（张诩《翰林检讨白沙陈先生行状》）

孝宗弘治元年戊申（1488）　六十一岁

四月，李承箕自湖北嘉鱼来白沙，从学于先生。（参陈献章《送李世卿还嘉鱼序》）

六月下旬，贺钦上《辞职陈言疏》。疏中陈言四事，且向朝廷举荐先生。（参贺钦《辞职陈言疏》）

十二月初，李承箕辞别白沙返嘉鱼。

弘治二年己酉（1489） 六十二岁

正月，姜麟以吏事使贵州还，取道广东，来访白沙。［参陈献章《次韵姜仁夫留别（九首）》］

二月，张诩准备回京复职，来访白沙，与先生辞行，逗留二十余日。（参陈献章《送张进士廷实还京序》）

冬，邹智以谪石城千户所吏目，抵达番禺。（参邹智《谢汪傅二先生》）

弘治三年庚戌（1490） 六十三岁

夏，曹璘来访先生于玉台山中。（白沙先生《襄阳府先圣庙记》云："庚戌之夏，侍御史襄阳曹君璘访予玉台山中。"）

弘治四年辛亥（1491） 六十四岁

十月，广东右布政刘大夏行部至邑，与先生泛舟至厓门，吊慈元故址，议立祠于大忠之上。（参陈献章《慈元庙记》）九日，门人、石城吏目邹智得暴疾，卒于顺德，年仅二十六岁。（金祺《广东石城千户吏目邹君汝愚墓志铭》）

十二月，张诩之父张璜卒，享年六十二岁。

弘治五年壬子（1492） 六十五岁

是年，李承箕携其仲子李严，同乡雷震东、雷震阳，为致寿具于林太夫人，来白沙。先生筑楚云台，以居承箕。（参李承箕《祭石翁文》）

弘治六年癸丑（1493） 六十六岁

正月二十日，易赞偕其侄婿杨和、从子庸信宿白沙。［参陈献章《遇

雨诗（有序）》］

春，李承箕及其仲子李严，同乡雷震东、雷震阳返回嘉鱼。

弘治七年甲寅（1494）　六十七岁

二月，湛雨（即湛若水）来白沙从学于先生，先生语之曰："此学非全放下，终难凑泊。"湛雨遂焚原给会试部檄。（洪垣撰：《湛甘泉先生墓志铭》）

五月，林光来白沙拜见先生。（成化八年四月十八日林光《奉刘东山都宪》云："去年官满，正月抵家省母，五月在白沙聚谈，闻知执事垂念之意，益增愧感。"）

六月，巡按广东监察御史熊达（成章）谋建嘉会楼于白沙。议既定，以顾叔龙董其事。

秋，嘉会楼落成。

冬，慈元庙落成。（参陈献章《慈元庙记》）

是年，门人陈冕卒。

弘治八年乙卯（1495）　六十八岁

正月乙未（十一日），刑部尚书彭韶卒，享年六十六岁。（参谈迁《国榷》）十四日，林光之母游氏卒，享年八十二岁。（林光《母夫人游氏墓志铭》）是月，部书复至，顾别驾以两司之命来劝驾。［参陈献章《八年春，部书复至，顾别驾以两司之命来劝驾，用旧写怀韵赋诗见示，答之（二首）》］

二月十六日，先生之母林太夫人卒，享年九十一岁。

四月初八，先生葬其母林太夫人于小庐山居舍之旁。

冬，李承箕以林太夫人卒，来白沙赴吊。［弘治十年二月晦日，先生《与林郡博（三十八）》云："李世卿乙卯冬留楚云台，数日前经还武昌矣。"李承箕《祭石翁文》云："太夫人没，予来赴吊。"］

弘治九年丙辰（1496）　六十九岁

正月初三，先生迁其父乐芸公之墓于小庐山，与其母林氏合葬。

是年，《白沙先生诗近稿》（10卷）由吴廷举刊行。（湖南省图书馆、台北“中央研究院”历史语言研究所均有藏本。）

弘治十年丁巳（1497）　七十岁

二月下旬，李承箕辞别白沙，返回嘉鱼。

三月，林光来白沙拜见先生，且祭奠白沙先生之母于墓下。

五月，丁林太夫人服阕。（案：阮榕龄将先生服阕事，系于当年二月。参阮榕龄《编次陈白沙先生年谱》。依据礼制，丁父母之忧，守丧时间名为三年，实则二十七个月。而林太夫人卒于弘治八年二月。由此可推知，先生服阕时间，应当在五月。阮氏之说，非是。）

七月底，先生疾作中风，左手足不仁。

冬，门人林光再次起程赴京谒选，随后获改补浙江严州府儒学教授。

弘治十一年戊午（1498）　七十一岁

八月十四日，先生朋友、广左布政使抚治两广地方兼广东按察司副使陶鲁卒，享年六十五岁。

是年，居湛雨于楚云台。（洪垣《湛甘泉先生墓志铭》云，甘泉先生“因悟‘随处体认天理’六字符诀，白沙先生喜曰：‘着此一鞭，不患不到圣贤佳处。’于是定居楚云台。”）

弘治十二年己未（1499）　七十二岁

八月六日，先生次子景旸卒，时年四十五岁。

九月二十九日，朋友庄昶卒，享年六十三岁。

是年，赵善鸣来白沙，从学于先生。（阮榕龄《编次陈白沙先生年谱》）白沙先生仿禅宗传衣钵为信之例，将江门钓台赠与湛雨。（洪垣《湛甘泉先生墓志铭》云："已未，赠江门钓台。"）

是年底或次年初，李承箕得知先生病重，自嘉鱼来白沙探先生病。（参李承箕《祭石翁文》）

弘治十三年庚申（1500）　七十三岁

二月初十，白沙先生病卒，享年七十有三。

七月二十一日，葬先生于圭峰之麓，辛向之原，远近会葬者几千人。

弘治十八年乙丑（1505）

是年，容贯、张诩编辑《白沙先生全集》，由新会知县罗侨刊行。

武宗正德十六年辛巳（1521）

十一月十二日，先生胤子景云与门人湛若水（原名湛雨）、邓德昌、汤霔等，改葬先生于皂帽峰下。

神宗万历二年甲戌（1574）

是年，朝廷诏建白沙家祠，特赐额联并祭文、肖像祠中。赐额曰："崇正堂"；联曰："道传孔孟三千载，学绍程朱第一支"。又命翰林院撰文以祭。

万历十二年甲申（1584）

十一月庚寅（十八日），万历皇帝下旨，"准王守仁、陈献章、胡居仁从祀学宫"。（参《神宗实录》第155卷）

［作者附识：此"陈献章编年事略"，系根据拙作《陈献章年谱》（上海古籍出版社，2015）删节而成。谨此说明。］

延伸阅读推荐书目

一、陈献章著作及相关文献

1. 陈献章撰：《白沙先生诗近稿》，明弘治九年吴廷举刊本。（简称“诗近稿”）

2. 陈献章撰：《白沙先生全集》，明正德三年林齐刻本。（《中华再造善本》，国家图书馆出版社，2012年版，影印本；《广州大典》第420册，广州出版社，2015年版，影印本。简称“林齐本”）

3. 陈献章撰：《白沙子》，明嘉靖十二年高简等刻本。（《四部丛刊》三编，第73—74册，上海书店，1985年版，影印本。简称“高简本”）

4. 陈献章撰：《白沙先生全集》，明嘉靖三十年萧世延刻本。（简称“萧世延本”）

5. 陈献章撰：《白沙先生文编》（唐伯元编次），明万历十一年郭惟贤、汪应蛟等刻本。（简称“白沙文编”）

6. 陈献章撰：《白沙先生遗诗补集》，明万历十二年袁奎刻本。（简称“遗诗补集”）

7. 陈献章撰：《白沙子全集》，明万历四十年何熊祥刻本。（简称“何熊祥本”）

8. 陈献章撰：《白沙子全集》，明天启元年王安舜刻本。（简称“王安舜本”）

9. 陈献章撰：《白沙子全集》，清顺治十二年黄之正刻本。

（《景印岫庐现藏罕传善本丛刊》，台北商务印书馆，1973年版，影印本。简称“黄之正本”）

10. 陈献章撰：《白沙子全集》，清康熙四十九年何九畴刻本。（香港白沙文化教育基金会，1967年版，影印本，此为底本）

11. 陈献章撰：《白沙子全集》，清乾隆三十六年碧玉楼刻本。（简称“碧玉楼本”）

12. 陈献章撰：《陈白沙集》，《景印文渊阁四库全书》，第1246册，台北商务印书馆，1986年版。（简称“四库全书本”）

13. 陈献章撰：《慈元庙碑》（陈白沙纪念馆编），岭南美术出版社，2008年版。

14. 陈献章撰：《陈献章集》（孙通海点校），中华书局，2008年版。

15. 陈献章撰：《陈献章诗编年笺校》（陈永正笺校），广东人民出版社，2018年版。

16. 陈献章撰：《陈献章全集》（黎业明编校），上海古籍出版社，2019年版。

17. 黎业明撰：《陈献章年谱》，上海古籍出版社，2015年版。

18. 秦有朋主编：《陈献章书法集》，岭南美术出版社，2008年版。

19. 陈福树撰：《陈白沙的书法艺术》，广东旅游出版社，2008年版。

20. 陈福树撰：《陈白沙书法解读》，中国民族摄影艺术出版社，2018年版。

21. 关步勋选注：《陈白沙诗文选》，广东人民出版社，1994年版。

22. 陈奇思撰：《陈白沙诗笺》，广东人民出版社，1998年版。

23. 张奕琳，郭鹏飞主编：《陈白沙诗选注导读》，广东教育出版社，2017年版。

二、其他文献

1. 孔安国传，孔颖达疏：《尚书正义》（黄怀信整理），上海古籍出版社，2011年版。

2. 朱熹：《四书章句集注》（徐德明点校），上海古籍出版社、安徽教育出版社，2001年版。

3. 司马迁撰：《史记》，中华书局，1992年版。

4. 班固撰：《汉书》，中华书局，1992年版。

5. 范晔撰：《后汉书》，中华书局，1993年版。

6. 脱脱等撰：《宋史》，中华书局，1995年版。

7. 张廷玉等撰：《明史》，中华书局，2003年版。

8. 黄宗羲撰：《明儒学案（修订本）》（沈芝盈点校），中华书局，2008年版。

9. 郭庆藩撰：《庄子集释》（王孝鱼点校），中华书局，1993年版。

10. 刘文典撰：《淮南鸿烈集解》（冯逸、乔华点校），中华书局，1989年版。

11. 黎靖德编：《朱子语类》（王星贤点校），中华书局，1988年版。

12. 周叔迦，苏晋仁校注：《法苑珠林校注》，中华书局，2003年版。

13. 普济撰：《五灯会元》（苏渊雷点校），中华书局，1984年版。

14. 陶渊明撰，逯钦立校注：《陶渊明集》，中华书局，1995

年版。

15. 萧统编、李善注：《文选》，上海古籍出版社，1992年版。

16. 仇兆鳌撰：《杜诗详注》，中华书局，1995年版。

17. 马其昶撰：《韩昌黎文集校注》，上海古籍出版社，1998年版。

18. 周敦颐撰：《周敦颐集》（陈克明点校），中华书局，2009年版。

19. 张载撰：《张载集》，中华书局，1978年版。

20. 程颢，程颐撰：《二程集》（王孝鱼点校），中华书局，1984年版。

21. 王安石撰，李壁笺注：《王荆文公笺注》（高克勤点校），上海古籍出版社，2012年版。

22. 苏轼撰：《苏轼文集》（孔凡礼点校），中华书局，1992年版。

23. 朱熹撰：《朱子全书》（朱杰人，严佐之，刘永翔主编），上海古籍出版社、安徽教育出版社，2002年版。

24. 陆九渊撰：《陆九渊集》（钟哲点校），中华书局，1980年版。

25. 陆游撰，钱仲联校注：《剑南诗稿校注》，上海古籍出版社，2008年版。

26. 许衡撰：《许衡集》（王成儒点校），东方出版社，2007年版。

27. 林光撰：《南川冰蘗全集》（罗邦柱点校），中国文史出版社，2004年版。

28. 李承箕撰：《李承箕集》（朱志先点校），湖北人民出版社，2018年版。

29. 湛若水撰：《泉翁大全集》（钟彩钧，游腾达点校），台北“中央研究院”中国文哲研究所，2017年版。

30. 湛若水撰：《甘泉先生续编大全》（钟彩钧，游腾达点校），台北“中央研究院”中国文哲研究所，2017年版。

31. 欧阳询撰：《艺文类聚》（汪沼楹校），中华书局，1965年版。

32. 广东、广西、湖南、河南辞源修订组与商务印书馆编辑部编：《辞源（修订本）》，商务印书馆，1991年版。

33. 永瑢等撰：《四库全书总目》，中华书局，1995年版，影印本。

34. “中央图书馆”编：《明人传记资料索引》，台北文史哲出版社，1978年版。

35. 杨正泰撰：《明代驿站考（增订本）》，上海古籍出版社，2006年版。

36. 方诗铭，方小芬编著：《中国史历日和中西历日对照表》，上海人民出版社，2007年版。